鎌倉時代公武関係と六波羅探題

木村英一

清文堂

鎌倉時代公武関係と六波羅探題

目次

凡　例

一　古記録類・典籍類の出典について、特に注記のない場合は、『大日本古記録』・『史料纂集』・『増補史料大成』・『図書寮叢刊』・『新訂増補国史大系』などの刊本によった。

一　『鎌倉遺文』（東京堂出版）収録の文書については、巻数・文書番号を記した。その際、例えば第一巻第二三号文書は「『鎌倉遺文』一―二三」、補遺編・東寺文書第一巻第二三号文書は「『鎌倉遺文』補・東寺一―二三」と略記した。

一　『大日本史料』（東京大学出版会）収録の史料については、編・冊数を記した。その際、例えば第五編之一については「『大日本史料』五―一」と略記した。

一　佐藤進一・池内義資編『中世法制史料集第一巻　鎌倉幕府法』（岩波書店、一九五五年。本書は、一九九七年発行の第一四刷によった）収録の追加法については、その条数を記した。その際、例えば第一条については「鎌倉幕府追加法一条」と略記した。

一　史料名やその出典名については、必ずしも刊本史料集などのとおりでなく、筆者の判断で改めたものがある。

鎌倉時代公武関係と六波羅探題

序章　研究の現状と本書の課題

はじめに

本書は、公家政権と鎌倉幕府との関係およびそこにおける六波羅探題の役割や歴史的位置の分析・検討を通して、鎌倉時代の政治史について考察することを目的とする。

はじめに、本書で用いる用語の確認をしておきたい。まず、「公武関係」については普通、公家勢力（寺社がこれに含まれる場合もある）と武家勢力の関係という広義の意味と、上位の権力機構である朝廷と幕府の関係（「朝幕関係」とも呼ばれる）という狭義の意味で用いられている(1)。本書では必ずしも広義の公武関係について検討しているわけではないが、六波羅探題という鎌倉幕府の機関を研究素材とする点や、六波羅探題・公家政権・幕府三者の相互関係という視角をとっている点などから、本書では狭義の意味でも「朝幕関係」ではなく「公武関係」の語を用いることとする。

これに関連して、本書では「公家」を、王家・摂関家その他の貴族の家あるいは社会集団で、官職任免・儀礼などいわゆる公事を司る権門勢家の勢力を指すものとし、そのような「公家」の家々・集団で構成される政権を「公家政権」と称する。また「武家」については、一つには平氏権力・鎌倉幕府・室町幕府など、武士を私的に組織し、国家的次元での検断を職能とする権門・権力を指す呼称とする。その一方、鎌倉時代中・後期の史料では、京都に所在する六波羅探題を「武家」と呼び、鎌倉の幕府を「関東」と呼ぶことがしばしば見られた。本書でも権能上の関係から、六波羅探題の呼称として「武家」を、それに対する鎌倉の幕府本体の呼称として「関東」を用いる場合がある。

次に「王家」は、国王としての天皇を輩出する権門勢家である。近年の中世王家（天皇家）研究では、一族（氏・一門）としての王家と、父院・国母と天皇・皇子女により構成され、嫡系継承を指向する中世的「家」としての王家を区別する理解が提起されている。(2) 本書もこれを踏まえて、右のような「家」としての王家を中核とし、周辺に自立的な男院・女院・宮などの権門勢家を包含する総体として、王家という権門をとらえたい。

最後に、「王権」という用語について、荒木敏夫氏は①王の権力、②王を王たらしめている構造・制度、③時代を支配する者・集団の権力の三つの意味に分けて考えるのが妥当とする。(3) これは古代史研究の側からの提言であり、中世史研究の立場から改めて王権概念について検討する必要があるが、現段階で筆者にその準備はない。ひとまず本書では、荒木氏の提言のうち①と②を踏まえ、王の権力あるいは王としての権限・権能や権威、および王を王として成り立たせている構造・制度をもって「王権」と理解したい。そして筆者は、日本中世の王権を構成する「王」とは、中世国家における制度上・機構上の国王の地位にある天皇、および王家の家長の立場から国政の中枢を掌握する「治天の君」としての院（上皇・法皇）を指すものと現時点では考える。

一　鎌倉時代公武関係史研究の現状と課題

本節では、鎌倉時代公武関係史研究の現状を関連する研究とともに概観し、その課題について考えたい。ただし、一九八〇年代までの鎌倉時代公武関係史研究の動向については、既に森茂暁氏による概括がなされているので、ここでは筆者の関心に即して限定的にとりあげることをお断りしておく。(4)

鎌倉時代公武関係史研究の進展においてまず重要な画期となったのは、黒田俊雄氏による権門体制論の提起である。それまでの中世国家論においては、日本の中世を「古代的」な公家政権と「中世的」な武家政権とが対立し、後者が次第に前者を圧倒・克服していく時代ととらえ、武家政権（特に幕府）を中世国家（封建国家）的なものと見なしていた。これに対して黒田氏は、中世の国家体制を公家・寺社・武家など複数の権門が対立競合しつつも相互補完関係を保ちながら、天皇と朝廷を中心に構成されていたものととらえ、鎌倉幕府を国家的次元での検断を職能とする権門と把握した。(5)この権門体制論の提唱により中世国家論は活発化し、様々な見解が提起された。中でも、佐藤進一氏は権門体制論に対する批判的立場から、日本の中世には、律令国家解体後に生まれた官司請負制を主柱とする王朝国家と、それとは独自の特質を持つ、東国に生まれた鎌倉幕府との二つの国家が並立していたとする東国国家論を主張した。(6)中世国家論は現在もこの二つの学説を軸に展開されていると言ってよく、そこでは公武関係を射程に収めた議論も行われている。(7)

こうした中世国家をめぐる議論の活発化は、鎌倉時代政治史研究および公武関係史研究にも大きな影響をもたらした。まず上横手雅敬氏は、鎌倉時代政治史研究では鎌倉幕府を考察対象とするのみでは不充分であり、むしろ公武関係を重視し、公武両権力を統一的に把握するという視角・方法をとるべきと主張し、その立場から研究を推進した。(8)

その後、鎌倉時代の公武関係については、関東申次・六波羅探題などの具体的な公武間交渉に関する機構・制度を素材として研究が進められた。その代表例が森茂暁氏の研究である。氏はまず、南北朝期に北朝の勅裁が室町幕府によって遵行されていた事実に注目し、院宣・綸旨—武家執奏施行状—幕府施行状の三者を機能的につながりのあるワンセットの文書として網羅的に収集・分析し、これらによる公武間交渉の制度が鎌倉期以来の伝統的方式を踏襲する形で始められ、南北朝末期まで存続したことを解明した(9)。氏は続けて、その成立段階を探るため鎌倉時代に考察時期を遡らせ、歴代の関東申次ごとに公武交渉の諸事例を紹介・検討するとともに、先と同様に院宣・綸旨―関東申次施行状―武家・関東発給文書の三点一組を大量収集して機能論的分析を行った。その結果、公家政権側の立場から公武交渉を担う関東申次の意義を明確化するとともに、関東申次施行状が西園寺実兼在任期の建治・弘安年間に成立し、それを介する公家政権から幕府への指令伝達の方式もこの時期に確立したことを明らかにした(10)。なお、氏の六波羅探題研究については後述する。

こうした公武関係史研究と並行して、鎌倉時代の公家政権に関する研究も進展した。それ以前は幕府＝中世国家と見る視点から鎌倉幕府に研究が偏重し、公家政権に関する研究は著しく遅れていた。しかし、以上のような研究動向を背景に、それまで手薄であった公家政権研究が制度史研究を中心に促進されることとなった。そこにおいて重要な役割を果たしたのが橋本義彦氏の研究である。氏は、摂関政治・院政に関する研究を実証レベルから進展させるとともに、後嵯峨院政期以降の院評定制の展開や性格などについて考察を行い、更に院政研究においては後嵯峨院政以降を視野に入れるべきことを提言した(11)。橋本氏の研究・提言を受けて、一九七〇年代末頃から鎌倉時代の公家政権に関する研究が、公卿議定をはじめとする政治制度や訴訟制度を中心に急速に進展した(12)。これらの制度史研究は、当時やはり進展を見せていた院政期および南北朝期公家政権制度史研究の影響を強く受けながら進められた。鎌倉時代公武関係史研究も同様に、その前後の時代の公武関係史研究および公家政権研究と深く関連しつつ展開したのである(13)。

以上のような動向を受けて、一九九〇年代以降、鎌倉時代公武関係史研究および関連する研究がどのように展開したのかを次に見ていきたい。まず、公家政権・公家社会研究については、先述した公卿議定・訴訟制度に関する研究が著書にまとめられる一方で、平安〜鎌倉期公家政権の財政に関する研究が多く発表され、特に鎌倉期に関してはその財政構造における幕府の位置が一つの論点となった[14]。また、公家政権や院などの催行する儀礼に関する研究が進展し[15]、鎌倉〜南北朝期における公家政権・公家社会の構造・実態や政治的展開について考察した市沢哲氏の研究も発表された[16]。更に、中世の王家に関する研究が、王家領・女院領、王家構成員、皇統や家の存在形態などの側面から進められている[17]。特に、最近は王家の存在形態が院政のあり方と密接に関連するという政治史的視角からの研究が進められており、注目される[18]。なお、王家と並んで公家権門において重要な位置を占める摂関家に関する研究も着実に進展している[19]。

一方、鎌倉時代公武関係史研究については、それまでの議論の枠組みを継承しつつ、研究素材の多様化が進んでいる。例えば、公家側に宛てて発給される関東御教書の分析から鎌倉時代の公武関係について考察した高橋一樹氏の研究[20]、鎌倉幕府の成立のあり方が公武関係の展開や政治思想にもたらした影響について考察した川合康氏の研究[21]、鎌倉期の国家的検断をめぐる公武関係について検討した西田友広氏の研究[22]、拝賀という公家政権の儀礼を鎌倉殿・御家人が行った事例を分析することで当該期の公武関係や幕府内部の身分秩序について考察した桃崎有一郎氏の研究[23]などがある。

これに対して、中世後期の公武関係史研究については近年急速に進展し、業績が蓄積されている。南北朝・室町期については水野智之氏・早島大祐氏・松永和浩氏らの研究が、戦国・織豊期については池享氏・堀新氏・水野氏らの研究が相次いで発表されている[24]。

以上のような研究の流れを踏まえ、ここでは現段階の鎌倉時代公武関係史研究において注目される点について、二点ほど指摘しておきたい。

一点目は、鎌倉時代公武関係史研究が一時期に比べて停滞していると思われることである。前述のように、個別実証レベルでの進展は見られるが、全体的な枠組みに関する議論はあまり活発とは言えないように思う。このような状況はなぜ生じたのだろうか。

この点に関して、鎌倉時代公家政権研究の現状についての美川圭・市沢哲両氏の指摘を想起したい。美川氏は、近年の公家政権研究が、制度の詳細を解明する一方で「朝廷内部の政治的論理の独自性を重視するあまり、それが外部世界とは切り離されて論じられている」と指摘し、中世の政治・社会構造との関連という視角から位置づける必要があるとした。そして、「研究の空白部分を埋めるという目的に向かって邁進した」一九八〇年代の鎌倉時代公家政権・院政の制度史研究についても、佐藤進一・笠松宏至両氏の研究に代表される「鎌倉期国家論や法社会論に対していかなる立場をとるかを抜きにして、当該期の公家政権ないし院政研究は立ち行かない研究段階にあるといえる。換言すれば、制度の詳細を論じるだけではもうだめなのである」と鋭く批判した。氏は、制度の基本的性格やその稼働における政治的意味を考察し、白河院政から鎌倉後期の院政までの、院政が実質的意味を持ったと考えられる時期全体を見通して位置づけを行うべきと主張したのである(25)。

また、市沢氏は、訴訟制度・評定制度の復元をテーマとしていた鎌倉後期公家政権研究が、院政期のそれの影響を強く受け、そこでの問題関心を後の時代に引き延ばす形で開始されたとした上で、院政期の公家政権の政治制度史研究が中世移行期国家の歴史的役割の解明という研究の流れの中に位置づけられるのに対し、鎌倉後期のそれは「当該期の政治史研究の中でいかなる意味をもつのか」が問題となるにもかかわらず、「このような問い直しの必要性を十分に意識していなかった」として、「公家政権の制度史研究という新しいジャンルの出現は、従来、手薄であった鎌倉後期公家政権の研究を促進させるプラスの作用と、鎌倉後期公家政権が置かれた歴史的な位置を確認する意識を希薄にさせたマイナスの作用をもたらしたのである」と批判した。そして、佐藤進一・笠松宏至両氏の研究の再検討を通して、鎌倉後期公家政権を当該期政治史という広い視野からとらえるための視角と課題を提供している(26)。

美川・市沢両氏の指摘は、鎌倉時代の公家政権が当該期の国家・社会において占めた位置を正確にとらえるために、これまでの公家政権制度史研究の成果をより広い視野から意味づけ、位置づけ直すことの必要性を喚起したものである。そうであるとすれば、鎌倉時代公家政権・公家社会研究は、必然的に当該期の幕府の存在および公武関係を意識せざるを得なくなるだろう。そして、一九八〇年代の鎌倉時代公武関係史研究が、当該期公家政権研究との密接な関係のもとで進展したことを想起するならば、一九九〇年代以降における公武関係史研究の停滞の原因もまた、右の公家政権研究におけるそれと同根であるように思われる。確かに、これまでの鎌倉時代公武関係史研究は、様々な制度・事象を詳細に明らかにすることで豊かな成果を生み出してきた。しかし、その過程で、鎌倉時代における公武関係の構造と展開が、当該期の政治史においていかなる意味を持っていたのかを明らかにするという研究上の目的意識を稀薄化させたことは否めないのではなかろうか。

筆者は、このような鎌倉時代公武関係史研究の停滞状況を打開するためには、これまでの公家政権の視座からの公武関係史研究の成果を踏まえつつも、改めて武家権力に目を向け、武家の視座から鎌倉時代の公武関係をとらえ直すことが必要だと考える。公家・武家双方の視点から公武関係を広くとらえることによって、かつて上横手氏が提唱した、公武両権力を視野に入れたトータルな政治史像の構築が可能となるのではなかろうか。

鎌倉時代公武関係史研究の現状に関わってもう一点注目されるのは、公権委譲論・権限吸収論的な視角に対する批判が出現したことである。このような議論を最初に提起したのは川合康氏である。氏は、かつての鎌倉幕府成立史をめぐる視角が、公家政権と幕府の政治交渉に注目し、公家政権から幕府への公権委譲の過程を追究するものであったと見て、こうした視角の徹底化が、鎌倉幕府という新しい権力の形成を公武交渉の政治過程に解消させてしまい、幕府の権力形成の動向を見えにくくすると批判した。そして、幕府権力は治承・寿永の内乱における「戦争」への現実的な軍事動員の中で実質的に形成されたこと、源頼朝が文治五年（一一八九）の奥州合戦などを通して、幕府権力を平時に定着させる「政治」を推進したことを説いた。[27] 氏は、公家政権からの公権委譲によって鎌倉幕府が成立したとする旧来の理解に対して、内乱・戦争の実態の分析から幕府の成立を動態的に把握する視座を提起したのである。

右の川合氏の視角を南北朝期公武関係史研究に生かしたのが松永和浩氏である。[28] 氏は、佐藤進一氏によって提示され、[29] 以後の研究において通説とされてきた、南北朝内乱期を通して室町幕府が公家政権（北朝）の持つ諸権限の吸収を進め、足利義満期にそれを完了して公武統一政権を確立させたとする南北朝期公武関係史の枠組みを批判し、南北朝内乱こそが南北朝・室町期公武関係のあり方を規定した要因だとして、内乱の過程や実態から公武関係を動態的にとらえようとした。

このような、公権委譲論・権限吸収論を批判・相対化する視点は、鎌倉幕府成立以降の公武関係史をとらえるに際しても非常に有効であろう。市沢哲氏は、佐藤進一氏の中世国家論について、公武関係を相互不干渉か幕府による王朝権力の奪取かという枠組みのみで論じており、国家による実際の支配の問題や制度が実際に稼働する局面の分析が弱いと批判している。[30] 佐藤氏が、幕府権力による王朝権力吸収の指向は十三世紀後半のモンゴル襲来を契機に起こると述べていることを考えれば、[31] 鎌倉時代の公武関係に関しても、こうした公権委譲論・権限吸収論批判の成果を踏まえ、旧来の認識の枠組みを再検討していく必要がある。公武両権力が実際の国家運営に当たって直面した政治的・社会的課題にいかに対応したのか、現実の制度の稼働や権力の現実的な行使の局面において公武両権力がどのような動きをしていたのか、その結果として、公武両権力および公武関係のあり方がどのように変化・推移したのかを具体的に究明していかなければならないと考える。

以上のように鎌倉時代公武関係史研究の課題をとらえた時、鎌倉時代の公武関係を具体的に把握するためには、公家政権と鎌倉幕府の間に立ち、両者の関係や結びつきのあり方を実際に反映し、また両者の関係の変化に応じてそのあり方・性格を変容させるような存在を分析の対象に据えることが有効と思われる。そこで想起されるのが、公武関係を軸として鎌倉時代史をとらえる際のカギとなる存在として注目されてきた六波羅探題である。(32) 次節では、この六波羅探題に関する研究動向について考えていくこととしたい。

二　六波羅探題研究の現状と課題

六波羅探題は、承久の乱（一二二一）に際し鎌倉幕府軍の大将として後鳥羽上皇方を撃破し、京都に入った北条泰時・時房が、乱後の処理や庶政に当たるためそのまま京都河東の六波羅の館に逗留したことをその起源とする。その首班は北条氏一門の中から二人または一人が選任され、その居館から「北方（北殿）」・「南方（南殿）」あるいは「（両）六波羅殿」などと呼ばれた。

本節では、これまでの六波羅探題に関する研究史をまとめ、その問題点と課題を析出しておきたい。これについては、既に森幸夫氏が時系列によるまとめを行っているが、(33) 本節では研究の流れを大きく一九八〇年代以前と以後に分け、後者では更に研究対象の別に分類して整理することとしたい。なお、本書では以下、特に必要のある場合には、六波羅探題の首長個人を「探題首班」、機関としてのそれを「探題府」と称することとする。

(一) 佐藤進一・上横手雅敬・瀬野精一郎氏の研究

今日の六波羅探題研究の出発点となったのが、佐藤進一氏の鎌倉幕府訴訟制度に関する研究である。氏は幕府訴訟機関の分化・発展過程について、幕府政治史との関連から考察するとともに、地域上の分化過程にも注目し、六波羅探題・鎮西探題の設置やその訴訟機関分化の過程について、鎌倉との異同に注目しながら分析した。そして六波羅探題については、①関東における訴訟制度の発達（所務・雑務・検断三沙汰の分化）に照応して、六波羅探題でも鎌倉後期に引付以下種々の訴訟機関が設置されたが、管轄機関の分立は関東に比べ不完全であった。②初期の六波羅探題は確定判決権も守護地頭等の専断的処罰権も有さず、主として訴訟準備手続きの進行を掌っており、関東に対して下級審の地位にあった。その後、次第に裁判権が強化され専決の範囲も拡大したが、鎌倉末期に至るまで、六波羅探題訴訟制度は常に関東のそれの制約を受け、鎌倉の訴訟機関に対して完全なる諸般の管轄権を主張し得なかった、と結論づけた(34)。

佐藤氏の研究をうけて、六波羅探題について全面的な考察を行ったのが上横手雅敬氏である。氏はまず、京都守護を六波羅探題の先蹤形態と位置づけて、両者を比較しながら六波羅探題成立の歴史的意義を解明し、①六波羅探題の裁判の権限は次第に拡大し、御家人統率力も幕府権力の保証のもとではるかに強大化した。②京都守護は当初の頼朝側近から北条氏血縁（擬制）者へと変化したが、承久の乱により北条氏が執権政治の中核としてあまねく承認されたことによって、六波羅探題においては北条氏一族（血縁者）の独占的派遣が可能となった。それは北条氏の惣領制的な族的結合を意図したものであった、とした(35)。

続いて氏は、成立後の六波羅探題の構造とその変質の過程について、鎌倉幕府との関係から考察した。①六波羅探題の裁判権については佐藤氏の見解をほぼ継承し、その強化・独立の進行と関東の制約の大きさを指摘した。また、御家人統制に関しては、在京御家人を篝屋守護人として、治安維持のための末端組織に編成し統制した。②鎌倉末期になると、両統対立問題と畿内の悪党蜂起への対策によって、裁判機能よりも軍事検察機能の占める地位が大きくなった。しかしその職務は困難を極め、六波羅探題・幕府に対する不満・反感は次第に増大していった。③六波羅探題の権限の強化は、北条氏の権力の強さを背景に、その惣領制的（血縁的）全国支配の枠内でのみ進められた。そして氏は、「六波羅は幕府の惣領制的な一族配置による集権的地方支配の一環として、西国制圧に必要な最低の権能を賦与された幕府政治の請負機関にほかならなかった」とし、その支配も「地縁的関係を、惣領制的な血縁関係によって圧伏せしめた地方支配形態」に過ぎないと結論づけた。(36)

更に瀬野精一郎氏は、鎮西統治のために行使された六波羅探題の権限について考察し、承久の乱から鎮西探題設置までの長期にわたって、六波羅探題は鎮西全般に及ぶ権限を有した唯一の幕府出先機関であったこと、しかし、設置直後は西国統治への積極的姿勢が見られたものの、次第に幕府指令の施行を主たる任務とする中間的機関としての性格が表面化し、鎮西奉行・鎮西探題と比較してその権限は最も劣弱であったことを指摘した。(37)

以上、佐藤・上横手・瀬野三氏の研究の概要をまとめてきた。その方法はいずれも制度史的・法制史的分析であり、特に政治過程あるいは政治権力の動向との関連において、制度の変遷とその特質が明らかにされている点に第一の特色がある。幕府政治の影響や幕府権力の動向が、六波羅探題の制度や権限の動静を左右したという観点は、今日の六波羅探題研究においても継承されるべきものである。

もう一つの特徴として、三氏がいずれも関東の幕府との関係を重視する視角をとっていることを指摘したい。それによって、六波羅探題の機構・権限が関東と比べて不完全かつ未熟である点、また常に関東からの制約（と補強）を受けて、鎌倉の機関に対する自立性・独立性が稀薄である点が六波羅探題の本質として強調されることになった。六波羅探題を幕府の西国出先機関あるいは幕府政治の請負機関とする評価がなされたのも、この視点に原因がある。三氏が結果として六波羅探題の存在を積極的に位置づけなかったため、その後、六波羅探題そのものの研究は、鎌倉幕府研究全体の中でしばらく沈滞することとなった[38]。また、六波羅探題が京都にあって公家政権・寺社権門と接触する存在であったにもかかわらず、公家・寺社の研究が停滞していた当時の状況も相俟って、六波羅探題と公家政権との関係にも研究の目は向けられなかった。そこでは、公家政権は六波羅探題による監視・統制の対象に過ぎなかったのである。

(二) 一九八〇年代以降の研究の成果と問題点

六波羅探題研究の進展がしばらく見られなかった中でも、鎌倉幕府の政治史・制度史研究は様々な方面から着実に積み重ねられた。一方、前述のように、黒田俊雄氏による権門体制論の提起を契機として、中世国家をめぐり本格的な議論がなされるようになった。また、政治史研究の面でも公武関係を重視する視点が打ち出され、更に、幕府に比べて著しく遅れていた公家政権に関する制度史研究が一九七〇年代末頃より急速に進展した。

このような研究動向を背景として、一九八〇年代の半ば頃から、六波羅探題の様々な側面に関する研究成果が立て続けに発表され、一転して六波羅探題研究は活況を呈するに至った。本節では以下、それらをおおまかに七つの分野に分類しながら内容を概括し、その特徴・成果と問題点について考えることにしよう。

1　職員・職制に関する研究

まずはじめに、探題府を構成する職員とその職制に関する基礎的研究があげられる。この分野を主導してきたのが森幸夫氏である。氏は、六波羅探題の首班である北方（北殿）・南方（南殿）の性格的差異について検討を加え、そのうちの一方がリーダーとして政務を主導する「執権」の地位にあったことを指摘し、その変遷を究明した。また、評定衆・引付奉行人・検断頭人以下の探題職員を網羅的に抽出し、六波羅評定衆の人的構成とその特色・政治的位置、奉行人の氏族的構成とその出自などについて明らかにした(39)。

氏の研究によって、探題首班をはじめとする六波羅探題の構成職員の人名や在職期間などの基礎的データが蓄積された。今後はその成果を活用して、関東・鎮西探題の奉行人等との比較検討など多角的な視点からその職制の全貌や特質を解明し、幕府制度史や鎌倉時代政治史を更に豊かにすることが求められる。

なお、熊谷隆之氏は、『六波羅守護次第』という史料の紹介を通して、歴代の六波羅探題の執権・連署とその任免時期の確定を行っている(40)。

2　発給文書に関する研究

次に、六波羅探題の発給した文書の種類・様式などに関する基礎的研究がある。久保田和彦氏は、その様式・機能双方を基準として文書の分類を試み、下文・下知状・御教書・書下・書状の五種類を発給文書名の統一的基準とする仮説を提示した。またその成果を踏まえて、成立以降北条義宗期までにおける南北両探題首班の関係と「執権」の変遷について述べるとともに、六波羅探題が鎌倉幕府の出先機関という性格だけでなく、公家政権の西国支配機関・執行機関としての役割も有していたことを主張した(41)。

これに対して熊谷隆之氏は、久保田氏の分類方法に批判を加え、文書様式を唯一の基準としてその体系化を図った。その際、正文のみを分析対象とし、事書の有無と署判の位置に注目して、様式を下文様文書（下文・下知状・書下（甲））・書札様文書（御教書（書下（乙）・書状））に分類するとともに、泰時・時房期～時盛・重時期（承久三年〈一二二一〉～仁治三年〈一二四二〉）、重時単独期～義宗単独期（仁治三年～建治二年〈一二七六〉）、時村・時国期～仲時・時益期（建治三年～元弘三年〈一三三三〉）の三段階に区分して文書様式の確立過程を明らかにした。また、関東発給文書を西国に伝達する六波羅施行状の様式・発給形態などの分析も行った。(42)

両氏とも発給文書を網羅的に収集し、古文書学的方法を用いてそれらを様式・機能などから分類した点に特徴がある。ただ、その分類基準に関しては、従来の古文書学上の概念と齟齬する部分もあり、鎌倉幕府・鎮西探題および室町幕府の発給文書と比較対照する必要があると思われる。なお、この分野は、後述する分野３・４の研究をうけて、発給文書の基礎的考察の必要性が自覚された結果進展したものであって、分野２が分野３・４に先行したわけではないことを付記しておきたい。(43)

3　公武関係・公武間交渉における役割に関する研究

次にとりあげるのは、鎌倉時代の公武関係および公武間交渉の特色と、そこにおいて六波羅探題が果たした役割について考察した研究である。この分野は本書と密接に関わるものだが、先行研究の問題点については本論で詳しく述べるので、ここではその概要と方法的特徴・成果を中心に述べることとしたい。

この分野の中心となったのが森茂暁氏と外岡慎一郎氏である。前節で述べたように、森氏は、鎌倉・南北朝期において武家権力が院宣・綸旨を伝達・施行する方式の制度史的分析を行い、それを通して当該期における公武関係の推移を究明しようとした。この成果をうけて氏は、幕府の対京都政策を担う存在としての六波羅探題に注目し、『沙汰未練書』にある「洛中警固」・「西国成敗」の二つの機能に関わる事例の紹介や史料の収集を進め、公武交渉における六波羅探題の役割について検討したのである。

まず「洛中警固」については、①院宣・綸旨を六波羅探題に下してその助力を得る事例は早くから確認され、北条時村探題期に公家政権―関東申次―六波羅探題の勅裁伝達ルートとして定着した。②寺社嗷訴・討幕運動などの重事は関東の管轄下にあり、六波羅探題の果たす権限は限られていた。③モンゴル襲来と北条時村の探題就任を契機に、公家政権側の洛中警察機構である検非違使庁の追捕・検断機能を六波羅探題が代替し、洛中の警備を主導する態勢が整えられていったとした(44)。次に「西国成敗」に関しては、関東の直接支配に関わる事案についてはその指示を仰いだり注進を行ったりする一方で、公家側に提起された訴訟案件を関東の介在なしに処理したり、武家所轄の案件に関する訴訟手続き上の文書を朝廷・公家とやりとりしながら独自の裁量で訴訟を指揮するなど、六波羅探題が王朝の西国支配権と深く関わりながら独自の活動を行っていたと主張した(45)。

一方、外岡慎一郎氏は、森氏と同じく公家政権→関東申次→鎌倉幕府・六波羅探題と伝達される訴訟関係文書を網羅的に収集しつつ、公家政権の指令の伝達先に注目して西国における関東と武家の所轄関係を分析した。そして、関東によって施行される訴訟案件の中に北条氏との関係からなされるもの（港湾・関所などの海上交通路関係、禅宗寺院関係）があることを指摘するとともに、六波羅探題は所管国内の殺害・刃傷・押領・年貢抑留などの犯罪に関するものを管轄したこと、その場合、勅裁を受けた六波羅探題が関東の指示を仰ぐことなくそれを執行しており、六波羅探題が王朝権力の意思を強制執行する役割を担っていたことを明らかにした(46)。

両氏の研究によって、関係する事例の紹介が豊富になされ、発給文書の書式や伝達ルート、関東・武家の管轄する訴訟案件の内容など、鎌倉期の公武交渉に関する基礎的事実がほぼ提示された。また、関係文書（院宣・綸旨―関東申次施行状―武家・関東発給文書）の大量処理とその機能論的分析という古文書学的手法の採用も、両氏に共通する方法的特徴である。また視角としては、六波羅探題を公家政権との関係の推移の中で位置づけようとしたことが重要である。その中で、六波羅探題が関東の幕府の指示を仰ぐことなく院宣・綸旨の趣旨を施行した事実が指摘され、六波羅探題が公家政権の意思を実現する機能を備えていたことを明らかにした点は貴重な成果と言えよう。

4　西国支配の構造と実態に関する研究

この分野は、近年の六波羅探題研究の出発点となったものであり、また中世地域社会論ともリンクして、最も成果が蓄積された分野と言えよう。当該分野の研究に最初に着手し、その中心的存在となったのが外岡慎一郎氏である。

氏は、六波羅探題より派遣されてその指令の伝達・執行に当たる二人制の使節＝「両使」を分析の素材として、六波羅探題の西国支配機構の全容と西国守護との関係、およびその室町幕府への継承のあり方について考察し、以下のように結論づけた。①王朝権力（権門体制国家）の軍事・暴力機構としての性格を次第に強めていった六波羅探題は、建治三年（一二七七）の体制改革による西国守護の六波羅探題中枢への進出、在京御家人（西国守護・地頭）に対する指揮統制権強化を背景として、十三世紀末以降、両使による指令の強制執行システム＝「六波羅―〈両使〉制」を創出した。②在京人編成を基軸に構築された六波羅探題の西国支配構造（「六波羅―守護・両使制」）は、西国守護・西国地頭の力量に負うところの大きいシステムであった。その支配能力は、畿内近国―畿外北条氏守護国―北条氏以外の御家人守護国の順に強力であり、一方探題守護兼任国においては六波羅分国とも称すべき独自の支配地域を形成する一方で、非北条氏分国では一定の守護領国化への動きが見られた。③室町幕府の遵行システムは六波羅―守護・両使制の延長線上に成立し、それぞれの地域的秩序が受け皿として有効に機能した。しかし、観応の擾乱による直義派の没落を背景に守護中核の体制にシフトし、両使としてシステムの一端を担ってきた国人は、守護被官化するか将軍家奉公衆に編成されるかの二者択一を迫られた。こうして十四世紀末に「室町幕府―守護・奉公衆制」と称すべき遵行システムが形成された。(47)

外岡氏は、先行研究が鎌倉後期の幕府の地方支配を、得宗専制に相応した北条氏の惣領制的一門配置を根幹とする集権的地方支配ととらえていると理解した上で、その対極にある広域支配機関（六波羅・鎮西両探題）の分権・独立化の傾向に注目し、鎌倉後期の幕府の地方支配システムを室町幕府のそれに引きつけて理解しようとした。以後の六波羅探題研究において、その活動の独自性が注目されるようになったのもここに淵源がある。氏の研究の方法的特徴は、事例を網羅的に収集して編年整理し、使節を検出して守護・両使の別に遵行経路を分類する点にあり、指令伝達ルートに着目した点で古文書学的手法がその基礎にある(48)。また遵行システムについて、鎌倉後期から南北朝期までを通観し、その継承性・連続性を見出すという制度史的視点を提起した点、使節遵行における地域的特性・地域的秩序を重視し、鎌倉・室町両幕府の地方支配や、南北朝期以降に本格化する守護の領域的支配の様相も、それぞれの地域的特性のあり方に規定されていることを指摘した点は大きな成果だと言えよう。

ただし氏は、両使制の基盤とされた「在京人」を、全ての西国守護・西国地頭および六波羅奉行人にわたるものと解している(49)。しかし五味文彦氏が、篝屋守護人・六波羅評定衆を大番衆その他の在京幕府勢力と区別されるところの「在京人」と規定したこと、その条件として「不退在京奉公」をあげたことはやはり軽視できず(50)、この点で外岡氏の規定は曖昧になっている。また、六波羅—守護・両使制が確立する以前の西国支配システムのあり方や確立後の西国支配構造との相違、および六波羅—守護・両使制の形成過程については、依然として解明が不充分であり、今後の課題として残されている。

さて、外岡氏はその後、使節遵行の運用・効果といった機能的側面に考察対象を移し、使節遵行の形態の段階的変容とその歴史的背景の究明を通して、南北朝内乱期を転換点とする社会構成の変容を探り、中世国家論と在地社会論の接点の提示を図った。そこで氏は、①使節遵行は訴人である荘園領主側の当事者主義的訴訟手続きの進行の中で実施されたこと、②使節遵行の意義は、武家権力の意思を在地に強制するシステムと言うよりは、個別本所の力量を超えた紛争を解決する手段として随時要請された武家権力発動の形態と理解すべきことを主張した。そして③十三〜十四世紀の社会動向を、個別本所による在地支配を前提とし、本所の権益保護を第一の存在意義とする院—権門（本所）体制から、様々な地域公権を統合して地域公権相互および本所—地域公権間の利害を国家権力＝室町幕府権力が調整する将軍—地域公権体制への転換ととらえ、その要因として、「悪党」に象徴される在地秩序の成長・地域権力化と本所からの自立、本所権力の権益保護を課題とする専制権力の登場と守護を中核とする遵行システムへの転換、在地の利害を尊重しつつ日常的「平和」保障機能を果たし得る地域公権の出現と在地秩序・守護との連携をあげている。(51)

ところで、外岡氏の研究成果は、以後のこの分野において最も基礎的なものとなり、それだけに批判の対象ともなった。例えば佐藤秀成氏は、六波羅探題発給文書の伝達経路について、守護代宛の場合と守護宛の場合との違いなどを指摘するとともに、六波羅探題成立後の守護・守護代への文書伝達ルート分化に関する外岡氏の見解を批判し、六波羅探題は中継点・文書施行機関としての側面を最後まで拭い去れなかったと主張した。(52)また加藤克氏は、文永・弘安期以降、六波羅探題の守護兼帯国において、少なくとも文書発給面では六波羅探題としての職務と守護としての職務は明確に区別されていたこと、守護正員不在の西国諸国に六波羅探題が奉行人を派遣し、「六波羅奉行国」として守護の職務を代行していたことを指摘した。(53)更に本間志奈氏は、六波羅探題より使節として派遣された人物の性格を再検討し、使節選抜の最も重要な要素は対象国・地域内に本拠・所領を有するなど何らかの関係を持つことだとし、対象国・地域への影響力を有した御家人への依存を前提としたシステムとして六波羅探題使節を再評価した。(54)

こうした批判的検討の中で、最も注目されるのが熊谷隆之氏の研究である。氏は、右の諸研究をはじめ既往の研究に再検証を加え、六波羅御教書の分析を通して六波羅探題の支配体制像の再構築を図った。氏はまず、①六波羅探題の遵行体系の全体構造について、守護正員、守護代、在京御家人、その他の御家人など、西国に存在する様々な遵行主体が相互補完的な関係を保ちながら、案件の内容や当該国の状況に応じて使節として選択され遵行を行うものととらえた上で、②六波羅探題の西国支配構造（「六波羅・守護体制」）は、京都（六波羅）を中心とする同心円状の構造にあり、畿内とその外縁部では複合発展型の両使遵行が多用される一方、西国西側周縁部では守護正員・守護代を単独の遵行主体とする傾向にあった、とした。そして③その確立過程について、成立当初は守護正員・守護代・探題被官が主要な遵行主体であったが、北条重時単独探題期より御家人による遵行が増え始め、建治三年（一二七七）以降には畿内近国で両使遵行が増加し、遵行が訴訟手続きの一環として組み込まれる一方、守護正員・守護代経路は鎮西など遠国にほぼ限定され、永仁年間以降、周防・長門および鎮西の管轄離脱により消滅したと説いた。更に④その背景として、モンゴル襲来を契機とする幕府の西国支配体系の改変をあげ、六波羅探題が畿内近国の支配機関として位置づけ直されたと主張した(55)。

熊谷氏の研究は、それまでの分野４（および分野５）の研究成果を再検討・総合化した点で評価できる。特に、鎌倉幕府の遵行の理解には後代の守護の存在形態が過度に反映され、室町幕府・守護（領国）研究の流れに呼応する側面があると指摘した点や、これまでは守護と両使の遵行のみが注目され、かつ両者が二項対立的なものとして理解されてきたことを批判した点は興味深い。しかし、①六波羅探題の権力編成・人員編成の具体的あり方や展開が依然不明確なこと、②篝屋守護人・評定衆・奉行人・探題被官を「在京御家人」と一括したことで、いわゆる「在京人」との違いが不明確となった上、後述する探題被官独特の役割・位置が埋没してしまったこと、③成立当初の遵行経路が守護正員・守護代ルート中心であったことの意味と建治年間以降の変化の評価、および関東・鎮西との相違が明らかにされていないこと、④室町期遵行論の反映を警戒するあまり、南北朝・室町期への展望がなく、外岡氏の視角が考慮されていないこと、⑤外岡氏の重視した使節の機能的側面や国レベルの特性の問題が捨象されてしまっていることなど、解決すべき点も多い。

5　探題被官に関する研究

探題首班に任じられた北条氏庶流の被官の活動実態について、検断・軍事行動、西国支配、使節機能の各側面から分析し、探題府の存在意義を明らかにしようとしたのが高橋慎一朗氏である。氏は、洛中・畿内近国の検断活動・軍事行動において、検断頭人以下の探題被官が中核的役割を果たしており、在京人は探題被官の指揮下にあったこと、畿内近国の探題守護兼任国では探題被官を守護代に任じ、両使の一方を守護代（探題被官）として支配を行ったこと、在京人・奉行人が公的連絡・重事に関して使節に起用されたのに対し、探題被官は公的連絡の中の検断関係や家政関係以下の私的連絡のために起用されたことなどを明らかにした。その上で、探題首班が公的機関の首長という側面と北条氏庶流家の家長としての私的性格を併せ持ち、探題府には探題首班個人（北条氏一門）が被官との主従関係を中核に据えて西国支配を行うための制度的拠点という側面があったと主張した(56)。

氏の研究は、探題被官を網羅的に抽出した基礎的研究の側面と、探題被官の西国支配に占める位置の究明という二つの側面を持つ。また、氏の六波羅の空間論的研究(57)とも関連して、六波羅探題がその活動に私的性格を濃厚に含み、その被官が活動の基盤であったことを指摘した点は、六波羅探題の特質を考える上で重要である。しかし、氏が事例列挙の方法をとり、探題被官の活動実態の解明に重点を置いたため、六波羅探題成立当初とその後とで被官の活動とその特質にいかなる相違があるのか、それが探題府としての活動や公家・寺社との関係にどのように関わっているのか、といった点にまでは充分目が向けられていないと考える。

6　裁判制度に関する研究

この分野については、熊谷隆之氏の研究があげられる。氏は、六波羅裁許状の古文書学的分析を行い、裁許・評定以下の六波羅探題の訴訟手続きとその確立過程を明らかにし、六波羅探題の制度的充実が訴訟制度から重点的に進行したと論じた。また、裁判上の関東との関係について注進状から考察し、西国の訴訟案件はまず六波羅探題に係属し、関東が裁許を下す場合も六波羅探題からの注進を受ける原則が確立したとした。そして以上から、建治三年（一二七七）十二月以降、六波羅探題が独自の訴訟裁断機関として確立したと主張した。氏は右の成果をもとに、鎌倉幕府訴訟制度の確立過程を、六波羅探題・鎮西探題などの独自の訴訟裁断機関としての確立と、各訴訟機関の関東への体系化という一連の同時進行的な動きとしてとらえている[58]。これは、佐藤進一氏の研究以来の幕府訴訟制度に関する認識の枠組みを大きく転換させる可能性を持つ見解だと思われる[59]。

7　その他

その他、六波羅探題に関わる研究としては、その国家財政上の役割に関する本郷恵子氏の研究[60]、幕府・六波羅探題が公家政権にとって、官制上は大宰府・検非違使と同じ国政機関として位置づけられていたとする井原今朝男氏の研究[61]、史料用語・研究用語としての「六波羅探題」について論じた熊谷隆之氏の研究[62]がある。また六波羅探題そのものの研究ではないが、その軍事・検断活動や西国支配に重要な役割を果たした在京人の成立・構成・性格や歴史的位置に関する研究[63]、都市空間としての六波羅の性格とその変化および洛中との関係や京都全体における位置に関する高橋慎一朗氏の研究[64]がある。

以上、七つの分野に分類して、近年の六波羅探題研究の概要をまとめてきた。本節の最後に、それらの全体的な特徴と成果および問題点を指摘しておきたい。

まず、それまで分析が手薄であった評定衆・奉行人・探題被官などの構成員（分野1・5）、発給文書（分野2）、公家政権との交渉（分野3）といった、六波羅探題の諸制度に関する新しい事実を発掘しようとする基礎的研究、あるいはそうした制度の時期的変遷を明らかにしようとする研究が主流となっている。そこで特に重視されるのは、分野2・3・4・6のように、古文書学の手法と成果に基づく分析が行われていることである。文書単体の分析のみならず、その伝達ルートの解明や関連文書の機能論的分析を行ったものもあり（分野3・4）、今後の研究の深化・発展に向けての重要な成果と言えよう。

次に視角として、公家政権あるいは京都との関係に注目する研究が多いことがあげられる。例えば分野1・4においては、執権探題の確定、あるいは両使の機能や六波羅—両使制の性格を考察する素材として六波羅探題宛の院宣・綸旨が用いられているし、分野2でも六波羅探題が公家政権の西国支配機関・執行機関という性格を持っていたとの指摘がなされている。特に分野3の研究において、院・天皇より発せられた命令あるいはその文書化された院宣・綸旨を、六波羅探題が関東の幕府の指示を仰ぐことなく施行するという仕組みが形成されており、六波羅探題が公家政権の意思を実現する役割を果たしていた事実が明らかにされた点は重要である。これによって、六波羅探題が公家政権と密接な関わりを持ちながら独自の活動を行っていたことが鮮明となり、六波羅探題の西国支配システムの特質（分野4）とも相俟って、六波羅探題が（関東からの制約的側面を有しながらも）持つ独自性が重視・強調されることとなったのである。

そして、内容面での最大の成果は、北条時村・時国がそれぞれ北方・南方探題に就任した建治三年（一二七七）十二月が六波羅探題の制度的画期であることを明らかにした点である。北条時村の上洛と時村・時国の探題就任に際して、長井頼重・後藤基頼・伊賀光政・町野政康・中条頼平・佐々木頼綱・長沼宗泰ら計十五名が六波羅評定衆に任命され、諸政務の分担とその担当者が決定された(65)。近年の一連の研究は、この時の人事刷新・体制改革によって、吏僚系の御家人を中心とする西国守護が評定衆に多数任じられて六波羅探題の中枢に進出したこと（分野1・4）、発給文書の書式が確立したこと（分野2）、両使による遵行が本格的に機能するようになって六波羅探題の西国支配構造が確立したこと（分野4）、院宣・綸旨が関東申次を介して六波羅探題に伝達されるルート・方式が確立したこと（分野3）、六波羅探題の裁判制度の整備が進んで訴訟裁断機関として確立したこと（分野6）などを明らかにしたのである(66)。

ただ、以上の特徴・成果が同時にその問題点につながっていることも否めない。まず、それらの制度史研究には政治史との関連という意識が意外に稀薄であり、当該期の政治過程や権力の動向が六波羅探題の諸制度の変遷や特質を左右するという、旧来の研究で重視されていた観点が充分貫徹しているとは言えない。また、六波羅探題の制度の発展過程とその到達点を明らかにしようとするあまり、結果として分析対象が鎌倉後期に集中してしまっている。六波羅探題の成立期および建治年間以前の鎌倉中期は、諸制度が確立する鎌倉後期の前提として位置づけられる程度であり、その時期自体を考察対象とする研究は少ないと言わざるを得ない。

次に近年の諸研究では、六波羅探題と公家政権の関係に注目することの根本的な意味・目的が必ずしも充分に踏まえられていないように感じられる。旧来の研究は対幕府関係に議論が集中しており、公家に対して視線が向けられることは多くなかったが、近年の公武関係・公武交渉に関する研究においても、公家政権との関係を追究することで何を明らかにするのかという問いかけが充分なされているとは言えない。例えば、分野3の諸研究で指摘された六波羅探題の活動の独自性については、旧来の研究で重視されていた関東からの制約的側面とどう整合的に理解したらよいのかが明らかにされていない。六波羅探題と関東（幕府）の関係については、既に熊谷隆之氏が訴訟制度の側面から新たな評価を提示している（分野6）[67]。この成果も踏まえながら、六波羅探題と公家政権あるいは畿内・西国との関係を位置づけ直すことが必要な段階にあるのではなかろうか。

そして最大の問題点は、個々の六波羅探題研究における関心が分散し、その成果も多岐にわたるため、それらを総合化しようとする試みがいまだ不充分なことである。現段階では、熊谷隆之氏の研究のような、西国支配構造に関する議論の再検証・再構築までにとどまっており、新たに得られた成果から、六波羅探題に関するどのような全体像を描こうとするのか、ということについてはまだまだ議論が充分行われていないのである。六波羅探題自体の制度史研究がある程度煮詰まってきた現在、それらの蓄積を総括し、公家政権・関東の存在を念頭に置いて、鎌倉時代政治史研究ひいては中世国家論の次元にまで昇華しうるような方法・視角を提示することが求められていると言えよう。

三　本書の視角・課題と構成

以上、これまでの鎌倉時代公武関係史研究および六波羅探題研究の動向を整理し、その成果と問題点について検討してきた。本節ではそれを踏まえて、本書の視角・課題と構成を提示しておきたい。

まず、本書では、近年の六波羅探題研究の成果を継承し、六波羅探題と公家政権との関係という視角を更に徹底しながら考察を進めることとする。ただ、前節の検討を踏まえるならば、それに当たっての目的や戦略を明確化する必要があるだろう。そもそも六波羅探題研究において、なぜ公家政権との関係を重視しなければならないのか。それは、京都にあって関東の幕府の意向・利害を代弁する立場にある六波羅探題が、公家政権と接触しながらその役割をいかに果たしていたのか、そのあり方や展開を明らかにすることによって、公武両権力を視野に入れた政治過程・政治構造を把握することが可能となるし、ひいては中世国家論をも展望し得る視座を得ることができると考えるからである。そこでは、六波羅探題に関する先行研究の多種多様な成果を総合化することも必須となろう。前述したように、上横手雅敬氏は一連の六波羅探題研究を発表した後、鎌倉時代政治史研究では鎌倉幕府を考察対象とするのみでは不充分であり、むしろ公武関係を重視し、公武両権力を統一的に把握するという方法・立場をとるべきだと主張した。しかし氏は、その視角から六波羅探題の機能・展開を分析し、その歴史的位置を究明するには至っていない。本書では氏の主張を受けとめて、公武関係の要となる存在として六波羅探題をとらえ、その実態と変遷を分析し、鎌倉時代の政治過程に正確に位置づけることを目指す。

次に、右の点と関連して、六波羅探題と関東の幕府との関係を改めてとらえ直しつつ、六波羅探題・公家政権・関東の三者相互間の関係を具体的に明らかにしていきたい。六波羅探題と公家政権、武家と関東、公家政権と鎌倉幕府といった一対の関係だけでなく、これら三者を一体としてとらえて、六波羅探題が公家政権・関東と相互にいかなる有機的関係を保ちながら、いかなる役割を果したのか、という見地から考察することが有効ではないかと考える。

このように、六波羅探題と公家政権との関係、あるいは六波羅探題・公家政権・関東三者の総体的関係について考えるため、本書では六波羅探題が実際の歴史の中で有していた機能に着目して、その内容や実際の遂行の形態および展開の過程を具体的に解明し、その特質について考察することとしたい[68]。『吾妻鏡』は、承久の乱直後に北条泰時・時房を首班として設置された六波羅探題について、「如二右京兆爪牙耳目一、廻二治国之要計一、求二武家之安全一」とする[69]。また、鎌倉末期に成立した鎌倉幕府法制の解説書である『沙汰未練書』には、「一　六波羅トハ、洛中警固幷西国成敗御事也」とある[70]。つまり両書からは、六波羅探題が幕府・北条氏の京・

西国における軍事・警察機構および情報収集の窓口として、京都とその周辺の警察・治安維持と、西国に関する裁判以下の支配に当たったという認識がうかがえる。しかし、これはあくまで、『吾妻鏡』・『沙汰未練書』が編纂された鎌倉末期の認識であり、右の「洛中警固」・「西国成敗」の機能が歴史的にどのように形成されたのか、あるいは六波羅探題が右の機能以外にどのような機能を現実に有していたのかは、いまだ充分に明らかにされていないのである。本書では、六波羅探題が実際に有していた諸機能の具体的内容や形成・展開の過程を追究し、その特質について解明することとしたい。そして、その作業を通して、六波羅探題が鎌倉時代の具体的な政治過程・政治構造の中で、右の諸々の機能・役割をどのように果たしていたのか、また、そこにおいて公家政権および関東といかなる有機的な関係を保ち、その関係がどのように変容していったのかを明らかにしたい。そのことによって、鎌倉幕府・公家政権両者の関係あるいは権力動向の中に六波羅探題を歴史的に位置づけることが可能になるものと考える。

更に、六波羅探題が有していた諸機能の展開過程を、できるだけ長い時間の中でとらえることが必要である。そのためにはまず、その制度の整備が進んだ鎌倉後期だけでなく、六波羅探題が成立した承久の乱直後を含む鎌倉中期の分析を進めなければならない。それは鎌倉後期の六波羅探題を正確に位置づけるためにも必要なことである。また、六波羅探題が存在していた期間だけでなく、その前後の時期と比較し、より広範な視野から六波羅探題の位置づけを図ることも必要である。このうち、六波羅探題滅亡後に関しては、既述のように外岡慎一郎氏が、鎌倉後～南北朝期を通して両使遵行システムの分析を行い、六波羅探題から室町幕府に至るその制度的連続性と西国支配構造の変化について考察している。しかし、六波羅探題成立以前の平安末～鎌倉前期については、上横手雅敬氏がその成立の意義をとらえるために京都守護との比較を行った程度であり、近年の研究に至ってはその視線は殆ど皆無と言ってよい。だが、六波羅探題が担う諸機能について前代からの継承関係を明らかにし、その成立の意義をとらえるためには、院政期（白河院政期から後鳥羽院政期まで）の分析が不可欠である。六波羅探題成立以前の時期と比較し、可能な限り中世前期を見通すことで、その歴史的な位置づけがより正確に行えるものと考える。

以上のような視角と課題のもとに、本書では、①六波羅探題が有していた様々な機能の具体的内容およびその遂行の形態や歴史的変遷、②六波羅探題がこうした諸機能を果たすにあたっての公家政権・王権との関係、あるいは公家政権・関東（幕府）との相互関係を中心に検討し、六波羅探題の本質と歴史的位置について考察することによって、鎌倉時代の公武関係を視野に入れた総合的な政治史を描き出すことを目指す。具体的には以下の構成で取り組むこととしたい。

第一章・第二章では、平安時代より武士がその役割を担ってきた王（王権）と都の守護について論じる。これらの役割は、国家的検断を職能とした軍事権門である鎌倉幕府によって継承された。ここでは、その鎌倉中期への展開の具体的ありようについて、平安末〜鎌倉前期と比較しながら論じる。第一章では都の平和維持をとりあげ、六波羅探題がそれを「洛中警固」という機能として継承した過程と、そこにおける公家政権との関係について検討し、六波羅探題成立の歴史的意義を明らかにする。続く第二章では、都の平和維持と密接に関連する王（院・天皇）の守護について、六波羅探題が実務を掌った京都大番役を素材に考える。具体的には、大番役における御家人の勤仕先の変化を分析することで、鎌倉幕府と王権の関係の変遷について考察する。なお、第二章では院御所をその勤仕先とする大番役を中心に論じるが、もう一つの勤仕先である内裏の大番役についてては、補論で言及することとしたい。

第三章では、六波羅探題・幕府による公家の儀礼への関与について考察する。中世前期において院が主催した年中行事である新日吉社小五月会をとりあげ、その基本的性格と展開過程、および六波羅探題・幕府の小五月会への関与のあり方を分析し、儀礼から見た院と六波羅探題・幕府との関係について明らかにする。

第四章では寺社紛争をとりあげる。中世国家が最も重視し、かつ最も対応に苦慮した政治問題であった寺社紛争の処理をめぐって、六波羅探題が果たした機能・役割を具体的に抽出するとともに、そこにおける公家政権・関東との関係とその変化を究明することで、鎌倉時代の諸権力間に占める六波羅探題の歴史的位置を明確にしたい。

第五章・第六章では、鎌倉後期における「西国成敗」に関連して、六波羅探題が院・天皇の指令（院宣・綸旨）を施行する「勅命施行」について、近年の悪党研究の成果を踏まえながら論じる。第五章では、勅命施行の機能として重要な位置を占めた本所一円地悪党の検断に焦点を当て、その方式の成立のあり方や、公家政権と六波羅探題の関係における位置について検討する。第六章では、右の悪党検断を含む勅命施行システムの実態について、裁判・紛争の内実や訴訟当事者の性格、施行の実相とその影響・結果を中心に検討し、六波羅探題による勅命施行の歴史的意義を明らかにする。そしてそれを通して、鎌倉後期における六波羅探題の歴史的位置について考察する。

付論では、鎌倉後期の中級貴族である勘解由小路兼仲の日記『勘仲記』の裏文書に収められている多武峯の相論関係文書を分析し、鎌倉後期における多武峯の組織や摂関家・興福寺との関係について論じるとともに、右の相論の処理からうかがえる当該期の公家政権と六波羅探題の関係に言及する。

最後に終章で本書の結論をまとめ、今後の課題を提示する。

〔注〕

（1）水野智之『室町時代公武関係の研究』（吉川弘文館、二〇〇五年）序論、松永和浩「室町期公武関係論の現状と課題」（同『室町期公武関係と南北朝内乱』吉川弘文館、二〇一三年、初出二〇〇七年）。

（2）栗山圭子「中世王家の存在形態と院政」（同『中世王家の成立と院政』吉川弘文館、二〇一二年、初出二〇〇五年）、佐伯智広「中世前期の政治構造と王家」（『日本史研究』五七一、二〇一〇年）、同「中世前期の王家と家長」（『歴史評論』七三六、二〇一一年）。なお、中世王家の概念を最初に提起し、近年の中世王家研究の基礎となっているのが黒田俊雄氏の研究である。本書では、氏の論文は『黒田俊雄著作集第一巻　権門体制論』〈法蔵館、一九九四年〉による）、同「朝家・皇家・皇室考―奥野博士の御批判にこたえる―」（同『歴史学の再生』校倉書房、一九八三年、初出一九八二年）。

（3）荒木敏夫「王権論の現在―日本古代を中心として―」（同『日本古代王権の研究』吉川弘文館、二〇〇六年、初出一九九七年）。なお、日本史学における王権概念については、水野智之「室町時代公武関係論の視角と課題―王権概念の検討から―」（同前掲注（1）著書、初出二〇〇一年）、大津透編『王権を考える―前近代日本の天皇と権力』（山川出版社、二〇〇六年）も参照。

（4）森茂暁『増補改訂　南北朝期公武関係史の研究』（思文閣出版、二〇〇八年、初刊一九八四年）はしがき、同『鎌倉時代の朝幕関係』（思文閣出版、一九九一年）まえがき。

（5）黒田俊雄「中世の国家と天皇」（同『日本中世の国家と宗教』岩波書店、一九七五年、初出一九六三年）、同「鎌倉幕府論覚書」（同右著書、初出一九六四年）など。黒田氏の権門体制論については、現段階の研究状況において再検討を要する点もあると思われるが、筆者は現在、権門体制論を含めて中世国家について全面的に論じる準備は持ち合わせておらず、本格的な考察は今後の課題としたい。なお、権門体制論に関する近年の議論としては、川岡勉「中世日本の王権と天下成敗権」（『愛媛大学教育学部紀要』五六、二〇〇九年）などがある。

（6）佐藤進一「武家政権について」（同『日本中世史論集』岩波書店、一九九〇年、初出一九七六年）、同『日本の中世国家』（岩波書店、一九八三年）。

（7）近年の中世国家に関する議論としては、井原今朝男『日本中世の国政と家政』（校倉書房、一九九五年）第Ⅰ部、新田一郎「日本中世の国制と天皇―理解へのひとつの視座―」（『思想』八二九、一九九三年）、同『中世に国家はあったか』（山川出版社、二〇〇四年）、河内祥輔『日本中世の朝廷・幕府体制』（吉川弘文館、二〇〇七年）などがある。

（8）上横手雅敬『日本中世政治史研究』（塙書房、一九七〇年）第三章、同「建久元年の歴史的意義」（同『鎌倉時代政治史研究』吉川弘文館、一九九一年、初出一九七二年）、同「鎌倉幕府と公家政権」（同右『鎌倉時代政治史研究』、初出一九七五年）、同「鎌倉・室町幕府と朝廷」（同『日本中世国家史論考』塙書房、一九九四年、初出一九八七年）。

（9）森茂暁前掲注（4）『増補改訂　南北朝期公武関係史の研究』第四章「北朝と室町幕府」。なお、岩元修一「所務相論を通してみたる南北朝期の朝幕関係について―足利尊氏・義詮期を中心に―」（『九州史学』七二、一九八一年）、同「開創期の室町幕府政治史についての一考察―北朝との関係を中心に―」（『古文書研究』二〇、一九八三年）も参照。

（10）森茂暁前掲注（4）『鎌倉時代の朝幕関係』第一章第一節「西園寺実氏「関東申次」指名以前の朝幕交渉」、同第二節「関東申次をめぐる朝幕交渉―西園寺実氏以降―」、同第三節「幕府への勅裁伝達と関東申次」（初出一九八四年）、同第四節「関東申次施行状の成立」、同第五節「関東申次制の意義」。氏はこの他にも同右著書において、鎌倉から京都に派遣される東使の役割・性格の分析や、当該期公武関係・公武間交渉に関する事例・史料の紹介などを行っている。なお、関東申次の研究としては、山本博也「関東申次と鎌倉幕府」（『史学雑誌』八六―八、一九七七年）、梶博行「中世における公武関係―関東申次と皇位継承―」（『鎌倉』三二、一九七九年）、西山恵子「関東申次をめぐって」（『京都市歴史資料館紀要』一、一九八四年）、美川圭「関東申次と院伝奏の成立と展開」（同『院政の研究』臨川書店、一九九六年、初出一九八四年）などもある。

（11）橋本義彦「院評定制について」（同『平安貴族社会の研究』吉川弘文館、一九七六年、初出一九七〇年）、同

「貴族政権の政治構造」（同『平安貴族』平凡社、一九八六年、初出一九七六年）。

(12) 富田正弘「中世公家政治文書の再検討」（同『中世公家政治文書論』吉川弘文館、二〇一二年、初出一九七八年）、同「口宣・口宣案の成立と変遷―院政＝親政と天皇＝太政官政―」（同右著書、初出一九七九・八〇年）、同「室町殿と天皇」（『日本史研究』三一九、一九八九年）、森茂暁前掲注(4)『増補改訂　南北朝期公武関係史の研究』第一章、同前掲注(4)『鎌倉時代の朝幕関係』第四章、美川前掲注(10)著書、藤原良章「公家庭中の成立と奉行―中世公家訴訟制に関する基礎的考察―」（同『中世的思惟とその社会』吉川弘文館、一九九七年、初出一九八五年）、岡田智行「院評定制の成立―殿下評定試論―」（『年報中世史研究』一一、一九八六年）、稲葉伸道「中世の訴訟と裁判―鎌倉後期の雑訴興行と越訴―」（『日本の社会史第五巻　裁判と規範』岩波書店、一九八七年）、本郷和人『中世朝廷訴訟の研究』（東京大学出版会、一九九五年）など。

(13) 院政期公家政権研究の動向については美川前掲注(10)著書序章を、南北朝期公家政権研究および公武関係史研究の動向については森茂暁前掲注(4)『増補改訂　南北朝期公武関係史の研究』はしがき、水野前掲注(1)著書序論、松永前掲注(1)論文などを参照。

(14) 井原前掲注(7)著書第Ⅱ部、上島享『日本中世社会の形成と王権』（名古屋大学出版会、二〇一〇年）第三部、遠藤基郎『中世王権と王朝儀礼』（東京大学出版会、二〇〇八年）第一部、同「中世における扶助的贈与と収取」（『歴史学研究』六三六、一九九二年）、上杉和彦「鎌倉幕府と官職制度―成功制を中心に―」（同『日本中世法体系成立史論』校倉書房、一九九六年、初出一九九〇年）、同「国家的収取体制と鎌倉幕府」（『歴史学研究』六五七、一九九四年）、同「中世国家財政構造と鎌倉幕府」（『歴史学研究』六九〇、一九九六年）、白川哲郎「鎌倉期王朝国家の政治機構―公事用途調達を素材とした基礎的考察―」（『日本史研究』三四七、一九九一年）、同「平安末～鎌倉期の大嘗会用途調達―鎌倉期王朝国家の臨時公事用途調達に関する一考察―」（『ヒストリア』一三四、一九九二年）、同「鎌倉時代の国雑掌」（『待兼山論叢』史学篇二七、一九九三年）、本郷恵子『中世公家政権の研究』（東京大学出版会、一九九八年）など。

(15) 井原前掲注(7)著書第Ⅱ部、白根靖大『中世の王朝社会と院政』（吉川弘文館、二〇〇〇年）、遠藤前掲注

(14)著書第二・三部など。なお、白根同右著書については、拙稿書評(『日本史研究』四六三、二〇〇一年)も参照されたい。
(16) 市沢哲『日本中世公家政治史の研究』(校倉書房、二〇一一年)。
(17) 伴瀬明美「院政期〜鎌倉期における女院領について—中世前期の王家の在り方とその変化—」(『日本史研究』三七四、一九九三年)、同「院政期における後宮の変化とその意義」(『日本史研究』四〇二、一九九六年)、金井静香『中世公家領の研究』(思文閣出版、一九九九年)、野口華世「安嘉門院と女院領荘園—平安末・鎌倉期の女院領の特質—」(『日本史研究』四五六、二〇〇〇年)、栗山前掲注(2)著書、佐伯前掲注(2)論文など。なお、近年の中世王家論の動向については、「院政期王家論の現在」と題する特集を組んだ『歴史評論』七三六号(二〇一一年)所収の諸論文、および栗山前掲注(2)著書序章などを参照した。
(18) 栗山前掲注(2)論文、佐伯前掲注(2)論文。
(19) 井原前掲注(7)著書第Ⅲ部、樋口健太郎『中世摂関家の家と権力』(校倉書房、二〇一一年)など。
(20) 高橋一樹「関東御教書の様式にみる公武関係」(同『中世荘園制と鎌倉幕府』塙書房、二〇〇四年、初出二〇〇一年)。なお、本家職など新たな所職の創出や重層的領有体系の構築といった、鎌倉期以降の荘園領有体系の変質における鎌倉幕府の役割・位置に関する氏の一連の研究も、当該期公武関係の展開と密接に関わるものである。同「鎌倉後期〜南北朝期における本家職の創出」(同右著書、初出二〇〇三年)、同「重層的領有体系の成立と鎌倉幕府—本家職の成立をめぐって」(同右著書)。
(21) 川合康「武家の天皇観」(同『鎌倉幕府成立史の研究』校倉書房、二〇〇四年、初出一九九五年)、同「後白河院と朝廷」(同右著書、初出一九九三年)。なお、同右著書については、拙稿書評(『ヒストリア』二〇五、二〇〇七年)も参照されたい。
(22) 西田友広『鎌倉幕府の検断と国制』(吉川弘文館、二〇一一年)。なお、同書については、拙稿書評(『日本歴史』七七八、二〇一三年)も参照されたい。
(23) 桃崎有一郎「鎌倉幕府の秩序形成における拝賀儀礼の活用と廃絶—鎌倉殿・御家人・御内人と拝賀—」(阿

部猛編『中世政治史の研究』日本史史料研究会、二〇一〇年）、同「鎌倉殿昇進拝賀の成立・継承と公武関係」（『日本歴史』七五九、二〇一一年）。

(24) 水野前掲注(1)著書、早島大祐「公武統一政権論」（同『首都の経済と室町幕府』吉川弘文館、二〇〇六年）、松永前掲注(1)著書、池享『戦国・織豊期の武家と天皇』（校倉書房、二〇〇三年）、堀新『織豊期王権論』（校倉書房、二〇一一年）など。

(25) 美川前掲注(10)著書序章。引用は七・一〇〜一一頁。

(26) 市沢前掲注(16)著書序章。引用は一四頁。

(27) 川合前掲注(21)著書、同「鎌倉幕府研究の現状と課題」（『日本史研究』五三一、二〇〇六年）。

(28) 松永前掲注(1)著書。

(29) 佐藤進一「室町幕府論」（同前掲注(6)『日本中世史論集』、初出一九六三年）。

(30) 市沢前掲注(16)著書序章。なお、遠藤前掲注(14)著書は川合・松永・市沢各氏とは異なる視角から、公権委任的議論に対する批判を展開している。

(31) 佐藤前掲注(6)『日本の中世国家』。

(32) 外岡慎一郎「書評　上横手雅敬著『鎌倉時代政治史研究』」（『日本史研究』三五九、一九九二年）。

(33) 森幸夫『六波羅探題の研究』（続群書類従完成会、二〇〇五年）序章。

(34) 佐藤進一『鎌倉幕府訴訟制度の研究』（畝傍書房、一九四三年。復刊・岩波書店、一九九三年）第四章「六波羅探題」。

(35) 上横手雅敬「六波羅探題の成立」（同前掲注(8)『鎌倉時代政治史研究』、初出一九五三年）。

(36) 上横手雅敬「六波羅探題の構造と変質」（同前掲注(8)『鎌倉時代政治史研究』、初出一九五四年）、同「六波羅探題と悪党」（同右著書、初出一九六〇年）。引用は同右著書二一八・二二四頁。

(37) 瀬野精一郎「鎮西における六波羅探題の権限」（同『鎮西御家人の研究』吉川弘文館、一九七五年、初出一九六八年）。

(38) 五味文彦氏は、確定判決権の付与を「探題」成立の要件と考えれば、「六波羅にはついに確定判決権は与えられなかったのであるから、探題として成立をみなかったという議論も生まれてこよう」と述べている（同「執事・執権・得宗—安堵と理非—」同『増補　吾妻鏡の方法—事実と神話にみる中世—』吉川弘文館、二〇〇〇年、初出一九八八年）。

(39) 森幸夫前掲注(33)著書第一編第一章「南北両六波羅探題の基礎的考察」（初出一九八七年）、同第二章「六波羅評定衆考」（初出一九九一年）、第二編第一章「六波羅探題職員の検出とその職制」（初出一九八七・一九九〇年）、同第三章「六波羅奉行人の出自に関する考察」（初出二〇〇二年）、同第四章「六波羅奉行人斎藤氏の諸活動」、および同「六波羅評定衆長井氏の考察」（『ヒストリア』二三七、二〇一三年）。

(40) 熊谷隆之「六波羅探題任免小考—『六波羅守護次第』の紹介とあわせて—」（『史林』八六—六、二〇〇三年）。

(41) 久保田和彦「六波羅探題発給文書の研究—北条泰時・時房探題期について—」（『日本史研究』四〇一、一九九六年）、同「六波羅探題発給文書の研究—北条重時・時盛探題期について—」（鎌倉遺文研究会編『鎌倉遺文研究Ⅰ　鎌倉時代の政治と経済』東京堂出版、一九九九年）、同「六波羅探題発給文書の研究—北条時氏・時盛探題期について—」（『年報三田中世史研究』七、二〇〇〇年）、同「六波羅探題北条長時発給文書の研究」（『日本史攷究』二六、二〇〇一年）、同「六波羅探題発給文書の研究—北条時茂・時輔・義宗探題期について—」（北条氏研究会編『北条時宗の時代』八木書店、二〇〇八年）。

(42) 熊谷隆之「六波羅探題発給文書に関する基礎的考察」（『日本史研究』四六〇、二〇〇〇年）、同「六波羅施行状について」（『鎌倉遺文研究』八、二〇〇一年）。

(43) この他、東京大学史料編纂所所蔵の六波羅探題発給の制札二枚を紹介した田良島哲「六波羅探題発給の二枚の制札」（『日本歴史』五一一、一九九〇年）もある。

(44) 森茂暁前掲注(4)『鎌倉時代の朝幕関係』第三章第一節「六波羅探題の「洛中警固」」（初出一九八八年）、同第三節「六波羅探題と検非違使庁」。

（45）森茂暁前掲注（4）『鎌倉時代の朝幕関係』第三章第二節「六波羅探題の「西国成敗」」（初出一九八七年）。

（46）外岡慎一郎「鎌倉後期の公武交渉について―公武交渉文書の分析―」（『敦賀論叢』一、一九八七年）。なお氏は、「鎌倉時代後期の鎌倉と京―訴訟関係文書の分析から―」（日本古文書学会第二一回学術大会報告、要旨『古文書研究』三〇、一九八九年）において、本所勢力を訴人とする東国関係の訴訟は基本的に関東に直接提起され、王朝権力・六波羅探題は介在しなかったとする。

（47）外岡慎一郎「六波羅探題と西国守護―〈両使〉をめぐって―」（『日本史研究』二六八、一九八四年）、同「鎌倉末～南北朝期の守護と国人―「六波羅―両使制」再論」（『ヒストリア』一三三、一九九一年）。なお、氏の幕府使節研究としては、六波羅探題管轄内の個別地域を分析対象とした同「鎌倉末～南北朝期の備後・安芸―幕府・守護・両使―」（『年報中世史研究』一五、一九九〇年）、同「一四～一五世紀における若狭国の守護と国人―両使の活動を中心として―」（『敦賀論叢』五、一九九〇年）、同「鎌倉幕府と西国社会」（川岡勉・古賀信幸編『日本中世の西国社会一　西国の権力と戦乱』清文堂出版、二〇一〇年）、六波羅探題以外の使節を分析対象とした同「鎮西探題と九州守護―鎮西使節の評価をめぐって―」（『敦賀論叢』一一、一九九六年）、同「鎌倉幕府と東国守護―東国使節の評価をめぐって―」（『敦賀論叢』一九、二〇〇四年）、同「建武政権期の使節遵行について」（『敦賀論叢』二一、二〇〇七年）がある。

（48）ただし、そこには本来、幕府指令の内容と指令伝達ルートとの間に一定の対応関係があると見なす視線があった（外岡慎一郎「鎌倉幕府指令伝達ルートの一考察―若狭国の守護と在地勢力―」『古文書研究』二二、一九八三年）が、その後に外岡氏は、指令内容をめぐり指令伝達ルートの選択基準はないとして微妙に認識を変化させている（同前掲注（47）「一四～一五世紀における若狭国の守護と国人」）。

（49）外岡前掲注（47）「鎌倉末～南北朝期の守護と国人」。

（50）五味文彦「在京人とその位置」（『史学雑誌』八三―八、一九七四年）。

（51）外岡慎一郎「使節遵行に関する覚書」（『敦賀論叢』七、一九九二年）、同「使節遵行と在地社会」（『歴史学研究』六九〇、一九九六年）。なお、後者については古澤直人氏の批判（『歴史学研究』六九二、一九九六年）

がある。
(52) 佐藤秀成「六波羅探題発給文書の伝達経路に関する若干の考察」(『古文書研究』四一・四二、一九九五年)。
(53) 加藤克「「六波羅奉行国」に関する一考察」(『北大史学』三七、一九九七年)。
(54) 本間志奈「鎌倉幕府派遣使節について—六波羅探題使節を中心に—」(『法政史学』六九、二〇〇八年)。
(55) 熊谷隆之「六波羅・守護体制の構造と展開」(『日本史研究』四九一、二〇〇三年)。
(56) 高橋慎一朗「六波羅探題被官と北条氏の西国支配」(同『中世の都市と武士』吉川弘文館、一九九六年、初出一九八九年)、同「六波羅探題被官の使節機能」(『遙かなる中世』一〇、一九八九年)。
(57) 高橋慎一朗「「武家地」六波羅の成立」(同前掲注(56)著書、初出一九九一年)。
(58) 熊谷隆之「六波羅における裁許と評定」(『史林』八五—六、二〇〇二年)。
(59) この他、稲葉伸道氏は、六波羅探題での全訴訟の最終的判決権が永仁年間に一時関東に移されたことを指摘し、これを得宗貞時による専制化と絡めながら、幕府の裁判権の上位化と六波羅探題の権限の縮小を意図するものであったとする(同「鎌倉幕府裁判制度覚書(一)—六波羅探題の裁判管轄について—」『年報中世史研究』一五、一九九〇年)。また高橋一樹氏は、鎌倉幕府の訴訟に関して発給された訴陳状の古文書学的検討を通して、幕府の訴訟機構・手続きの一部が文永~弘安期の六波羅探題から発達を始めた可能性を指摘する(同「訴陳状の機能論的考察」同前掲注(20)著書、初出二〇〇一年)。更に酒井紀美氏は、鎌倉後期の東寺領大和国平野殿荘相論を素材に、六波羅法廷における「声のことば」の役割の大きさを指摘する(同「六波羅探題における「内問答」と「言口法師」」東寺文書研究会編『東寺文書と中世の諸相』思文閣出版、二〇一一年)。
(60) 本郷恵子前掲注(14)著書、同『中世人の経済感覚—「お買い物」からさぐる』(日本放送出版協会、二〇〇四年)。
(61) 井原今朝男「中世の国政と家政—中世公家官制史の諸問題—」(同前掲注(7)著書、初出一九九二年)。
(62) 熊谷隆之「六波羅探題考」(『史学雑誌』一一三—七、二〇〇四年)。
(63) 五味前掲注(50)論文、齋藤潤「鎌倉幕府在京人制成立試論」(『羽下徳彦先生退官記念論集　中世の杜』東北

大学文学部国史研究室中世史研究会、一九九七年）、森幸夫「在京人に関する一考察」（同前掲注(33)著書、初出一九九八年）など。

(64) 高橋慎一朗前掲注(57)論文、同「空間としての六波羅」（同前掲注(56)著書、初出一九九二年）、同「洛中と六波羅」（同右著書、初出一九九二年）。

(65) 『建治三年記』建治三年十二月十九・二十五・二十七日条。

(66) これに付け加えれば、熊谷隆之氏が六波羅探題発給文書の様式の確立過程から、建治三年（一二七七）とともに、北条重時が単独探題となった仁治三年（一二四二）を画期として、六波羅探題の制度的変遷に関する三段階区分を提唱した点も注目される（同前掲注(42)「六波羅探題発給文書に関する基礎的考察」）。

(67) 秋山哲雄氏は、当該期の「得宗政権」の性格について、得宗がその専制的性格をもって他の北条氏一門を完全に統制していたわけではなく、むしろ一門の活動は得宗や他の一門に対して独自性を持っており、得宗も相互に矛盾を抱えつつも一門の力を得て政権を構成していたと説く（同「北条氏一門と得宗政権」同『北条氏権力と都市鎌倉』吉川弘文館、二〇〇六年、初出二〇〇〇年）。氏の理解を踏まえれば、六波羅探題は幕府の畿内・西国支配機関であるとともに、探題首班が得宗によって一門より任命されていたのであるから、機関・一族の両側面において、六波羅探題はそれ自体独自性を持ちつつ、関東（得宗政権）を支える存在であったと考え得る。単に制約を受ける側面だけでなく、六波羅探題が関東の政治行動・政治判断に一定の役割を果たしていた側面も正当に評価しなければならないと考える。

(68) 黒田俊雄氏は、国家史の研究対象を制度のみに限定するのではなく、むしろ国家の機能的側面の研究を正しく位置づけることが必要だと主張し、その具体的な分析対象として軍事・警察・流通・都市などをあげている（同「国家史研究についての反省」同前掲注(2)『現実のなかの歴史学』、初出一九七七年）。ここには、二つの点で鎌倉時代政治史および中世国家を論じるに当たっての重要な論点が提示されている。一つは、国家機構の特質を制度だけでなくその機能のあり方から動態的に把握することが必要だという点である。もう一つは、そうした国家の機能的側面として、軍事・警察が重要な分析対象となることである。鎌倉幕府をはじめとする武家権門を政治史・国家論の視座から位置づけるに当たっての、軍事・警察の問題の重要性が改めて認識される。ところで、鎌倉時代には武家権門の首長である鎌倉殿は鎌倉に存在していたのであるから、少なくとも京都を中心とする畿内・西国においては、六波羅探題が武家権門の機能を現実に担うこととなった。そうであるとすれば、六波羅探題が果たす個々の機能は、幕府の持つ国家的職能（検断）を基盤として成立したものということになる。本書において六波羅探題の機能に着目する理由はここにある。本書は政治史研究の枠を出るものではなく、中世国家論としては不充分なものであるが、六波羅探題が果たす諸々の機能の内容や特質が幕府の国家的職能を具体的にどう反映していたのか、そこにおいて六波羅探題が公家政権・関東とどのような関係を有していたのかといった見地から考察を進めることによって、中世国家について論じる際の重要な視角・材料が得られると考える。

(69)『吾妻鏡』承久三年六月十六日条。

(70)『沙汰未練書』（佐藤進一・池内義資編『中世法制史料集第二巻　室町幕府法』岩波書店、一九五七年）。

〔追記〕本書三校の段階で、外岡慎一郎『武家権力と使節遵行』（同成社、二〇一五年）が刊行された。本章で紹介した論文のほか、新稿も収録されている。本来ならば、本章の記述も同書の内容を踏まえて再検討すべきであるが、時間の制約などもあって果たせなかった。あわせて参照していただければ幸いである。なお、外岡氏には、同書の成果を本書に反映できなかった非礼を深くお詫び申し上げる。

第一章　六波羅探題の成立と公家政権

はじめに

本章は、承久の乱直後に京都河東の六波羅の地に設けられた鎌倉幕府の機構である六波羅探題の成立の歴史的意義について、公家政権との関わりから論じるものである。

六波羅探題については、佐藤進一氏による訴訟制度の発展過程や裁判管轄権に関する考察(1)、裁判・軍事検察の両機能の分析を通してその成立から変質までの過程や構造を論じた上横手雅敬氏の研究(2)などによってその全体像が明らかにされたが、そこでは主に関東の幕府との関係が注目され、六波羅探題が幕府の西国出先機関としてその強い制約のもとに置かれていたことが強調された。その後の研究は、右の成果を基礎として、一九八〇〜九〇年代に急速に進展した。それらは、南北両探題や評定衆・奉行人等の職員に関する基礎的研究、発給文書の分類・分析、両使や探題被官を素材にその西国支配の構造・特質を解明しようとする研究、公武関係・公武交渉における役割を追究するものなどに分けられる(3)。

こうした研究の盛行の中で重視されてきたのが、六波羅探題と公家政権との関係という視点である。鎌倉期政治史研究において、公武関係の展開や公武両権力の統一的把握が不可欠な視角となっている今日、六波羅探題は両者の関係を具体的に把握するための鍵となる存在としてとらえられている。本章でもこの視角を基本的に継承することとしたい。

しかしながら、近年の諸研究には、関係史料の残存状況も相俟って、分析が鎌倉後期に偏る傾向が見受けられる。そのため、成立当初の六波羅探題のありようや、以後その機構が整備されていく過程、そこにおける公家政権との関係についてはあまり解明されていない状況にある。また右の成果によって、その制度や機構に関する理解がかなり深められたにもかかわらず、鎌倉期政治史に占める六波羅探題の位置が充分明らかにされたとは言いがたい。ややもすれば、六波羅探題と公家政権との関係は、鎌倉幕府と公家政権とのそれ一般に代替して論じられているように思われるのである。その意味で、関東との関係は意識しつつも、六波羅探題と公家政権との関係自体は独自に考察されるべきであろう。

このような問題関心から、本章では成立期六波羅探題の実像や公家政権との関係について考察し、その歴史的位置を明らかにしていくこととする。その際、六波羅探題が他ならぬ京都に設置されたことを改めて重視したい。六波羅探題は、承久の乱で後鳥羽上皇の軍を打ち破った幕府軍の大将北条泰時・時房が入洛して「六波羅館」に入ったことに始まる(4)。そして、以後滅亡の時までこの地を拠点としたが故に、六波羅探題は公家政権や諸権門と接触する役割を担うこととなったのである。つまり京都という場を通して見ることで、公家政権と六波羅探題との関係がより明瞭に浮かび上がるものと考えるのである。

本章では、右の課題に迫るための素材として京都の警固をとりあげたい。鎌倉末期に編纂された鎌倉幕府の法律書である『沙汰未練書』には、「一　六波羅トハ、洛中警固幷西国成敗御事也」という記述があり(5)、六波羅探題の果たす役割の一つが「洛中警固」と認識されていたことが分かる。しかし、これはあくまで『沙汰未練書』が編纂された鎌倉末期段階の認識であり、六波羅探題の「洛中警固」の機能が歴史的にどのように形成されたのか、充分解明されたとは言いがたいのである。

ここで想起したいのが、近年の職能論的武士論の成果である。髙橋昌明氏は、日本中世における武士とは、弓馬の芸を家業として代々継承する職業的戦士身分であったこと、武士を武士たらしめるのは王権であり、平安期以来、王権によって認知された武士が王の安全と都の平和維持の機能を担っていたことを説いた。そして、平氏こそがこのような武士のあり方の達成点であったこと、およびこの平氏を、源頼朝を頂点とする鎌倉の御家人勢力が打倒したことで、彼らが王と都の守護の役割を担うようになったことを主張した(6)。

氏の見解を踏まえれば、王と都の安全の確保は、平安期だけでなく鎌倉期の公家政権・王権および国家にとっても必要不可欠なことであり、御家人を権力基盤とする幕府がその役割を継承したが故に、承久の乱後に京都に置かれた六波羅探題が京都の警固に密接に関与することになったと想定できる。そのことは、六波羅探題（および幕府）が当該期の国家において重要な位置を占めたことをも意味しよう。右の『沙汰未練書』に見える認識も、六波羅探題成立後の歴史的展開の中で形成されたものと考え得るのである。そうであるとすれば、京都の警固をめぐる平安期の武士と鎌倉期の六波羅探題および御家人との機能的連続性に注目し、六波羅探題がいかなる過程により京都の警固の機能を担うに至ったのか、六波羅探題による京都の警固の機能のあり方およびそこにおける公家政権との関係はいかなるものであったのか、六波羅探題成立の前後で都の平和維持のあり方はどのように変化したのかといった点を明らかにすることが、中世前期の公武関係および六波羅探題と公家政権との関係の展開、あるいは当該期の国家のあり方について考察する上での重要な課題となるだろう(7)。

そこで本章では、六波羅探題成立後の時期を主な対象とし、京都の警固の実態とそこにおける六波羅探題の関与のあり方や公家政権（院・検非違使庁）との関係について、承久の乱以前と比較しながら論じ、成立期六波羅探題の歴史的位置を明らかにしたい。

なお本章では、京都とその周辺の治安維持、および寺社の嗷訴入京の阻止や紛争の鎮圧との両様の意味で「京都の警固」という表現を用いる。この点については先行研究でも厳密に区分がなされているわけではないが、それは中世において保安警察と軍事とを明確に区別することが困難な点に原因の一つがあると思われる。本章では両者共に考察の対象とするが、実際の検討に際してはできる限り区別して論じていきたい。また「洛中警固」という語については、『沙汰未練書』に見えることを踏まえ、六波羅探題が主体的に担うに至った段階の京都の警固を指す用語として、それ以前とは区別して用いることとしたい。

一　承久の乱以前における京都の警固

(一)　平安末期における京都の警固

まず、六波羅探題が成立する以前の段階における京都の警固について確認したい。最初に、平安末期のそれの典型的なあり方について、先行研究をもとに抽出しよう。

白河・鳥羽院政期において、京都の警固を主導したのは院である。その軍事力・警察力となったのが、在京活動を主とし、代々武芸を家職とする河内源氏・摂津源氏・伊勢平氏などの軍事貴族・武士であった[8]。院は彼らを院北面などに組織して使庁に送り込んだり、検非違使尉に任じられている武士と主従関係を結んだりして自己の武力に編成し、直接犯人・謀叛人追捕や寺社嗷訴の制止に派遣したのである[9]。例を一つあげれば、久安三年（一一四七）六月の祇園臨時祭で平忠盛・清盛の郎等と同社下部とが闘争を起こし、延暦寺衆徒と日吉・祇園両社神人が二人の流罪を要求して蜂起する事件が起こった。この時、鳥羽法皇は河内守源季範や検非違使尉源光保・源近康・源為義、隠岐守平繁賢、前右馬助平貞賢など、院北面・検非違使尉を中心とする武士を派遣し、衆徒の入洛を防いだのである。(10)

ところが、保元・平治の乱を経て、平氏が軍事権門として政治的地位を上昇させてくると、京都の警固のあり方にも変化が見られる。指揮・動員の主体が院であることに変わりはなかったが、警固活動を担ってきた軍事貴族・武士の淘汰が進む一方、平氏は検非違使尉と主従関係を結んで使庁を自らの権力基盤に取り込み、追捕行為以下洛中の行政機能を掌握した。(11)寺社嗷訴においても、安元三年（一一七七）の白山事件に見られるように、平氏は後白河の下す鎮圧指令を拒否するなど独自の行動をとるようになったのである。(12)

では、このような京都の警固のあり方は、平氏が滅亡して鎌倉幕府が成立するとどうなったのであろうか。

(二)　鎌倉前期における京都の警固

まず、日常的な治安維持・犯人追捕の方から検討しよう。建保四年（一二一六）二月五日夜、東寺宝蔵の仏舎利・仏具が何者かに盗まれる事件が起こり、九日に盗人の捜索を命じる官宣旨が五畿七道諸国に発給されたが、二十九日、河東の東山新日吉付近で、大夫尉藤原秀能と淡路守藤原秀康が強盗を捕らえた。四月十八日、藤原秀能は家子四人・郎等二人を引き連れ、三条坊門東洞院の自家より正親町西洞院の検非違使別当宅の門前まで罪人を連行し、これを禁獄した。通りには見物人が押し寄せ、後鳥羽上皇も車からこの様子を見物していたという。そして二十八日、東寺強盗以下罪人五十数人が一条河原で検非違使尉より佐々木広綱に引き渡され、後日幕府によって奥州に配流とされた。(13)

この事件で犯人逮捕に当たった藤原秀康・秀能の兄弟は、河内北部・大和にそれぞれ本拠を持つ武士で、承久の乱の際には京方として幕府軍と戦っている。(14)事件の時、秀能が五位の検非違使尉であったのに対し、秀康は淡路守で官制上は京中追捕の任にはない。しかし、建暦三年（一二一三）七月にも、秀康が右の事件と同様に強盗を拘束したことが知られる[15]。二人が後鳥羽院政期より院下北面として登用されていることから[16]、藤原秀康・秀能は院の警察力として追捕活動を行ったものと考えられる。つまり当時は、院北面や検非違使尉といった在京の武士が、院の主導のもとで犯人の捜索・追捕に当たっていたのである。これは、院政期の典型的な警固方法とほぼ一致していると言えよう。

また、この事例では、幕府が使庁から佐々木広綱を介して京中罪人を請取っている。森幸夫氏によれば、この制度は建久元年（一一九〇）の源頼朝上洛を契機に創始されたが、当時は幕府が院の意向を尊重し、朝廷（院）からの指令によって実施されていた[17]。実際、「今夜日来被二搦置一強盗十人、賜二衣装一被二追放一、自二叡慮一発云々」とあるように[18]、院は自らの意志で強盗を釈放したこともあった。後鳥羽院政期においては、京中犯罪人の追捕だけでなくその処断も院の裁量下にあったのである。

では次に、寺社嗷訴・紛争の鎮圧のあり方について検討しよう。建暦三年（一二一三）、清水寺の僧が清閑寺領内に仏堂を建てたのを発端に両寺間で紛争が起こった。八月三日、清閑寺の本寺である延暦寺の衆徒が清水寺を焼き払うため長楽寺に集結し、清水寺も防備のため城郭を構えて一触即発の事態となった。後鳥羽は両者の説得工作に乗り出し、まず検非違使を清水寺に派遣して城郭の破却と武装解除を命じ、寺僧もこれに同意した。続いて院庁官が長楽寺に向かい制止に当たったが、山門側は承伏しないどころか使者に放言し飛礫を投げつけるありさまであった。説得の失敗が奏聞されると、後鳥羽は「忽然被レ仰二西面之輩幷在京武士・近臣家人等一、囲二彼寺四至一、不レ泄二一人一可二搦取一由宣下」した。この命を受けて、近江守源頼茂、駿河大夫判官大内惟信、検非違使中原親清・藤原秀能および「西面衆」が「官軍」として出動し、山僧十数人を生け捕ったが、官兵の側でも、西面衆源広業が戦死したのをはじめ数人の死傷者が出た[19]。

以上の経過から次のことが分かる。第一に、官軍動員の主体となっていたのが後鳥羽上皇であったこと。第二に、官兵が院西面・下北面の武士や検非違使、その他在京の武士で構成されていたこと。第三に、後鳥羽はこれらの武士各人に直接両寺の説得や鎮圧の指示を下していたことである。特にその数日後、官軍に加わった院西面の武士数名の処罰が決定されていることから[20]、紛争の制圧に携わった官軍の中核が院西面の武士であったことは明らかである[21]。このように、寺社嗷訴・紛争の制止においても、後鳥羽上皇は院政期以来の典型的な方法でそれを主導していたのである。

この事件で院に動員された武士のうち、大内惟信は義光流の信濃源氏であり、検非違使に任じられて在京活動を行っていた。その父惟義も、院領荘園を知行するなど後鳥羽と密接な関係を有していた[22]。後鳥羽の指揮のもとで京都の警固に携わる大内氏は、院政期のあり方からすれば、院に組織されてその武力行使に動員される軍事貴族とも言うべき存在だったのである。また源頼茂は、以仁王と共に反平氏の兵を挙げた摂津源氏頼政の孫に当たる。大内守護の任にあって京の軍事行動に従事する一方、近江守以下の国守も歴任していた。このような彼の活動のあり方もまた、院政期の「京武者」と同様である。この頃、従来「追捕尉」として京の治安維持に当たっていた良門流藤原氏（近藤氏、盛重一族）・文徳源氏（坂戸氏、康季一族）・満政流清和源氏（重時一族）の追捕活動は既に減少していたが[23]、後鳥羽は彼らに代わる軍事貴族・武士を新たに登用し、軍事・警察活動に当たらせていたのである。

しかし、ここでもう一つ注意しなければならないのは、その軍事貴族・武士の中に、大内惟信・源頼茂・源広業[24]のような鎌倉幕府の御家人が含まれていたことである。特に大内氏は、伊賀・伊勢・美濃・越前・摂津・丹波の計六ヶ国の守護職を持ち、源氏一門として幕府内で高い地位を維持しつつ、在京御家人の中でも中核的な存在であった。また『吾妻鏡』は、清水寺側の説得に派遣された検非違使を五条有範・大内惟信・後藤基清とする[25]。五条有範・後藤基清は、共に検非違使および院下北面・西面として活動し、一条能保に家人として仕える一方、御家人でもあり、後者は讃岐・播磨の守護に任じられていた[26]。更に、建仁三年（一二〇三）の延暦寺行学合戦では、官軍に佐々木定綱・広綱・経高・盛綱・重綱ら佐々木氏一族も動員され、堂衆と戦っている[27]。彼らの中には検非違使や院西面として活動する者がおり[28]、また定綱・広綱父子は近江・石見・隠岐・長門四ヶ国の守護に、経高・高重父子は淡路・阿波の守護にそれぞれ任じられている[29]。上横手雅敬氏が指摘するように、院のもとで京都の警固に従事していたこれらの軍事貴族・武士は、検非違使・衛門尉や受領などの官位を帯び、院北面・西面衆あるいは貴族の家人となる一方、鎌倉幕府の御家人でもあるという、二重三重の主従関係を有していたのである[30]。

　後鳥羽上皇は治安維持や軍事活動のため、幕府の介在なしにそうした重層的性格を持つ在京御家人を動員した。特に、その中に西国守護が多く含まれていたことは、彼らが内裏大番役により統率する管国御家人を、後鳥羽が京都の警固に動員し得たことを意味する。建久三年（一一九二）六月二十日に美濃国御家人に対して守護大内惟義の催促に従うよう命じた前右大将家政所下文には、「就レ中近日洛中強賊之犯有二其聞一、為レ禁二遏彼党類一、各企二上洛一、可レ勤二仕大番役一」とあり[31]、内裏大番役を勤仕する御家人が同時に洛中の警衛にも従事することになっていたことが分かる。森幸夫氏は、この畿内近国守護――御家人による追捕体制も、建久元年の源頼朝上洛を契機に成立したとするが[32]、先に見た動員形態を考えれば、後鳥羽上皇は京都の警固に当たって、幕府の追捕体制を含み込みつつ平安末期以来のあり方を基本的に踏襲し、幕府の御家人を含む軍事貴族・武士を検非違使や院下北面・西面に組織するなどしてそれに従事させていたのである[33]。

　それでは、上横手氏が六波羅探題の前身ととらえた京都守護は、当該期の京都の警固にどう位置づけられるのであろうか。氏は、京都守護の在京御家人に対する統率力は弱く、御家人としては両者間に上下の関係は存在しないと指摘するが、[34]この点は京都の警固においても確認できる。例えば、元久元年（一二〇四）三月に平氏一族余党が伊賀・伊勢両国で蜂起した際、二十一日の院議定の結果、時の京都守護平賀朝雅に「伊賀国可㆓吏務㆒」との仰せが下り、即時に謀叛人追討が命じられた。彼は翌日数百騎を率いて現地に下向し、これを平定した。[35]この方法は、従来の反乱追討のあり方をほぼ踏襲するものである。確かにこの時、彼は幕府からも指示を受けているが、[36]直接には院の指示で乱の鎮圧に動いていたのである。このことは、彼が後鳥羽から、他の軍事貴族・武士と同様に院の武力として扱われたことを示している。平賀朝雅は大内惟義の弟であり、源氏一門として幕府内でも高い地位にあったが、上洛した直後から院上北面と同様の待遇を受けていた。[37]彼もまた、院に組織され京都の警固に動員される軍事貴族の一人と解釈することが可能であろう。

　また、中原親能については、建永元年（一二〇六）九月二十五日に今津・和邇浜に乱入し狼藉を行った延暦寺堂衆を官軍が追討する際、「親能入道辺甲兵成㆑群」していたり、子息左衛門尉某（大友能直カ）に追討令が下されたりしているが、[38]必ずしも彼本人が追討に動いているわけではない。つまり、京都守護は京都の警固に際して、本人またはその一族や家人・郎従が他の軍事貴族・武士とともに院に動員されていたのであり、自ら在京御家人を指揮・統率して京中の警察や軍事活動に当たっていたわけではなかったのである。

　以上から、後鳥羽院政期における京都の警固のあり方は次のように整理できる。①後鳥羽上皇が警固における指令の主体であり、動員の主導者であった。②その指令は、院から個々の武士に直接下された。③そこで動員されたのは、検非違使や院下北面・西面などとして院に組織・把握されていた在京の軍事貴族・武士であった。確かに、彼らの中には幕府の御家人が多数含まれ、院による幕府方の武力の直接動員という側面もあった。このような当該期固有の特徴にもかかわらず、警固体制の大枠としては、後鳥羽上皇は白河・鳥羽院政期以来の京都の警固の方法を基本的に踏襲していたのである。

二　成立期六波羅探題と京都の警固

(一)　寺社嗷訴・紛争鎮圧の指示系統

本節では、六波羅探題が成立した時期における京都の警固のあり方と、そこにおける六波羅探題の関与の仕方について検討したい。まず、寺社の嗷訴・紛争が勃発した際の鎮圧の指示系統から見ていこう。とりあげるのは、文暦二年（一二三五）の山城国薪・大住両荘の用水相論に端を発する石清水八幡宮と興福寺との紛争である。[39]

六月三日、興福寺衆徒が寺領大住荘住民の殺害に報復するため石清水八幡宮領薪荘を襲撃し、在家を焼き払った。この情報を受けて公家側より「被レ仰二武士一」、多数の軍勢が「官軍」として現地に向かっている。[40]また、十二月二十一日に興福寺衆徒が二度目の蜂起を行い、春日社の神木を奉じて木津にまで進んだ時も、「在京勇士等、依二勅定一為レ奉二禦留一、悉以馳向」かったという。[41]これらの記事から、興福寺衆徒防御・制止の指示が「勅定」として発せられていること、それを受けて発向した軍勢が「官軍」と称されていることが分かる。

また、六月の記事に「雖三各向二六波羅一、今夕不レ向、帰二家々一猶用意云々」、「而去夜衆徒已発向由、夜中有二馳来使者一、仍可二馳向一由夜中被レ催、今朝未（ママ）時急会二六波羅一」とあり、[42]召集された武士は一旦六波羅に集結して編成を整えてから現地に下向していたことがうかがえる。この点は、「公家」（四条天皇、幼少のため実際は摂政九条道家）の「勅定」を、武士個々人にではなく六波羅探題が受理し、そこから「官軍」＝「在京勇士等」に動員の指示が出ていたことを示唆している。仁治三年（一二四二）九月、祇園社・清水寺の堺相論により延暦寺衆徒が蜂起した際、関白二条良実が「被レ仰二武家一暫被レ鎮二両方一、可レ待二御裁断一」と指示したこと、この後南都に「宣旨幷六波羅状等到来」したことも(43)、鎮圧を命じる公家政権からの「宣旨」が六波羅探題に下されていることを裏づけていると言えよう。

このように、寺社の嗷訴・紛争鎮圧の指令は「公家」（院・天皇・摂関）の「勅定」として出され、動員された武士は「官軍」・「官兵」と呼ばれていた。この形式自体は従来とほぼ同様であるが、実際には公家側の指令は個々の武士にではなく六波羅探題に下され、六波羅探題がその時点で在京する御家人を召集し、防御・鎮圧に当たらせていたのである。

(二)　群盗問題と公家政権・六波羅探題

(一)では、寺社の嗷訴・紛争に際しての公家政権・六波羅探題間の指示系統について考えたが、今度はより日常的な、京中の治安維持について検討していきたい。

承久の乱直後の二・三年間は洛中各所で放火が相次ぎ、特に院宮御所や貴族の邸宅が多数焼失した(44)。また、一二二〇～四〇年代前半には「群盗」の活動に関する記事が頻繁に見られるようになる。『明月記』・『民経記』・『平戸記』などから、彼らが五・六人から時には数十人程度の集団で行動していたこと、強窃盗だけでなく住人の殺傷や放火も行い、時には路次でも通行人を襲撃していたこと、寺社・官衙、院宮御所や貴族邸宅、都市民の住宅など各所にゲリラ的に出没する機動力を備えていたことなどの特徴が浮かび上がる(45)。当該期の都市貴族・住民にとって、洛中とその周辺の治安の不安定化、特に「群盗」の蜂起は深刻な社会問題として認識されていた。

では、この洛中群盗問題に関して、公家政権と六波羅探題（・幕府）は当初いかなる対応を示したのであろうか。まず、嘉禄元年（一二二五）十月二十九日に発せられた公家新制の中に博戯の輩の逮捕・断罪を検非違使に命じる条項があり、翌年正月二十六日に幕府がこの新制を施行しているが[46]、これはあくまで博戯の輩に限定されたものであり、群盗全体への対策とは言えない。次に嘉禄三年には、群盗狼藉防止のため武士を所々に配置したり、京中の辻ごとに夜行者を六人ずつ警固させたりしているが[47]、群盗の蜂起はやまず、「武士巡検無レ詮事也」、「武家雖レ有二警衛之聞一、全無二守護之実一云々」と言われるありさまであった[48]。

続いて、寛喜三年（一二三一）五月三日の殿下（関白九条道家）評定において、群盗問題が「天下飢饉事」の議題の一つとしてとりあげられた。この頃、寛喜の大飢饉によって京都には餓死者があふれ、群盗の横行にも拍車がかかったものと思われるが、その記事には、「群盗制止事、仰云、雖レ被レ仰二六波羅一、成敗不二分明一云々、使庁沙汰不二事行一云々」とあり[49]、「群盗」の制圧に関して公家政権より六波羅探題に指令が下されたこと、およびそれに対する六波羅探題側の成敗は不明であり、使庁の沙汰も充分なされていないことが分かる。そして、この年の十一月三日に発せられた公家新制では、「可レ令レ催二勤京中諸保夜行一事」、「可レ令レ停二止京中強盗一事」という条目が立てられ、「仰二左近衛権中将藤原朝臣一、令下在京郎従、分二居諸保一、以助中保長坊令上」と、将軍九条頼経に対して、その「在京郎従」を諸保に配置させて公家側による京中警備を援助することが期待されている[50]。

以上から、承久の乱後十年余りの期間における公家政権側の洛中治安維持対策についてまとめると、当時深刻化していた群盗問題に関しても、公家政権より六波羅探題にその対応を求める指示が出されていたことが注目される。しかし、実際の対応としては、公家側の警察機構である使庁が充分機能しておらず、公家政権が六波羅探題や在京の御家人に洛中の治安の維持を依存する姿勢が見られること、一方の六波羅探題も、その要請に対して必ずしも積極的に動いておらず、表面的かつ場当たり的な対応にとどまっていたことが明らかとなる。

では、両者はなぜこうした対応を見せたのであろうか。

㈢　京都の警固の実態

当該期の使庁の警察機能が低下していた原因としてまず考えられるのは、いわゆる「追捕尉」の家系の固定化と実際の追捕活動の減少である(51)。ただこのこと自体は、前節で触れたように、承久の乱以前より慢性的に進行していたのであり、必ずしも当該期固有の要因というわけではない。むしろ問題は、承久の乱で後鳥羽軍を破った幕府方の戦後処理にあろう。幕府は、院固有の武力組織と言うべき西面の武士を解体し、後藤基清、五条有範、佐々木広綱・経高、藤原秀康・秀澄などの京方武士を捜索・逮捕し処刑した(52)。これによって院の私的武力は壊滅し、同時にその有力な武力となり得る大内惟信のような軍事貴族の出現の可能性も消滅したのである(53)。乱以前の使庁の軍事・警察力が、院と私的関係を持つ軍事貴族・武士で構成されていたことを考えれば、このことは、検非違使尉に送り込まれて追捕を担当する武士の供給が停止したことを意味しよう。公家政権が、自身にとって最重要課題とも言い得る京の安全確保の実質を、六波羅探題に依存せざるを得なかった理由はここにある(54)。

では一方、成立直後の六波羅探題による京都の警固の実態はいかなるものであったのだろうか。実はこの頃、洛中の治安維持に携わっていたのは、主として六波羅探題の被官や、六波羅付近に居所を持つ一部の御家人であった。例えば、寛喜元年（一二二九）三月二十一日、日吉二宮宮仕法師が楊桃町付近の民家に負物を譴責し、「河東武士」三善（壱岐左衛門尉）為清の従者と闘争に及んで殺害されたため、武家・延暦寺双方が下手人の召喚・処罰を求める事件が起こった(55)。その際の延暦寺衆徒の要求に「殺㆓害神人㆒事、所行是時氏郎従也、何被㆑仰㆓関東㆒、早被㆑仰㆓時氏㆒、可㆑給㆓下手人㆒」とある(56)。ここに見える「時氏」とは、六波羅北方探題の北条時氏である。つまり、この時に保安警察に当たって宮仕法師を殺害したのは、六波羅北方探題北条時氏の「郎従」だったのである。(57)

また、嘉禄三年（一二二七）六月七日、菅十郎左衛門尉周則が小笠原某と共に、承久の乱の張本で当時洛中に潜伏していた二位法印尊長の逮捕を図っている。(58)この人物も、「武蔵太郎《北条時氏》近習者」とあることから、(59)北方探題北条時氏の被官と考えられ、ここでも探題被官が京都における追捕活動に従事していたことが分かる。(60)

一方、文暦二年（一二三五）三月には、前日向守藤原宣親に群盗の嫌疑がかけられ、大友親秀がその身柄を捕らえようとしたが、親秀の留守中にその所従が宣親邸を襲撃してこれを殺害した。(61)これは一見すると、一般の御家人による警察活動と見えなくもない。しかし、その父能直が「六波羅家」(62)を有しており、これが後年大友氏嫡流に相承されたと考えられることから、(63)文暦二年時点の親秀の宿所もこの「六波羅家」であった可能性が高い。よってこの事例は、治安維持をめぐる六波羅探題と御家人一般との指示系統の形成というよりは、探題邸と大友親秀の居所が近接していたことにより、両者の意思疎通が比較的容易だったことによるものと見なし得る。(64)

このように、承久の乱直後の段階では、探題被官や、六波羅近辺に居住する一部の御家人が洛中の追捕・治安維持活動を担っていた。一方、一般の御家人がそれに従事したことを示す事例はあまり見られず、関与の度合いも低かったものと考えられる。

もちろん前述したように、寺社嗷訴・紛争の際、六波羅探題はその時々に在京する御家人を「官軍」として編成していた。薪・大住両荘の事件において官軍に加わっていた御家人として、武田と宇都宮修理亮泰綱の名が挙げられている。(65)前者は前安芸守護であった武田氏であろう。また後者は、その父頼綱がこの頃伊予の守護であったことから、(66)その代官として在京していた可能性が高い。そうであるとすれば、その時に宇都宮泰綱が率いていた「士卒」五百騎は、京都で管国である伊予国の大番御家人の統率に当たっていた彼が、嗷訴勃発に際して編成したものと考えられよう。[67]

また、これと同時期に、近江守護佐々木信綱の子息高信の代官が日吉社宮仕法師を殺傷し、延暦寺衆徒が断罪を求めて蜂起する事件が起こるが、[68]官軍の防戦により衆徒数人が負傷したことに山門側が抗議したため、佐々木高信の鎮西配流とともに、官軍の先陣であった足立右衛門尉遠政とその子息兵衛尉遠信の流刑も決定した。[69]この父子の素性はあまり明らかではないが、その一族と思われる足立遠親が、翌嘉禎二年（一二三六）七月二十五日に石清水八幡宮領讃岐国本山荘の地頭職を停止されていることを考えれば、[70]足立遠政・遠信父子は、所領の経営もしくは大番役の勤仕に関わって在京活動を行っており、当該事件勃発時に官軍に召集されたものと推測される。

当時、御家人が在京するケースとしては、右のような京都大番役の勤仕や西国守護によるその統率、所領経営に関連しての在京が考えられる他、朝廷儀礼への出仕や貴族への奉仕などもあげられる。[71]彼らは、武田氏・宇都宮泰綱や足立遠政・遠信のように、寺社嗷訴・紛争の際に「官軍」として動員されることはあっただろうが、日常の治安維持にまで関与している積極的な証拠は見出せない。彼らはあくまで右の事柄を目的として在京しているのであり、洛中の治安維持自体を任務としていたわけではない。この段階では、これら在京する御家人が、公家政権側の検非違使や後述する在京人のように、常駐の警察力として六波羅探題に組織されていたとは必ずしも言えないのである。

そもそも六波羅探題は、承久の乱の勝利によって、幕府軍の大将北条泰時・時房がいわば占領軍として六波羅の館に入り、それがそのまま現地に逗留した機関である。その当初の最大の目的は乱の張本の拘束・処刑と残党の掃討にあった。[72]また六波羅探題は、守護・地頭などとして西遷してきた東国御家人を通して西国在住の御家人を統制するとともに、彼らが院と主従関係を結んで勢力を拡大することのないよう努めた。このように、戦後処理と西国御家人の統制が成立当初の六波羅探題が帯びていた第一の役割だったのである。それに対して、京都の警固は六波羅探題にとって乱後の戒厳体制の延長に過ぎず、関東の幕府の意向が不明確であったことも相俟って、洛中の日常的な警察・治安維持に対する六波羅探題の姿勢は消極的になりがちであった。後の在京人に連なる御家人の多く（小早川・波多野・長井・富樫・二階堂など）はいまだ京都の警固の場に現れていない。成立期の六波羅探題は、洛中の治安に関する問題が起きた時には、探題被官や一部の御家人で場当たり的に対応する程度であり、京都の警固においてその手足となるべき組織・体制は充分整えられていなかったのである。

しかし、幕府側による戦後処理は公家政権の軍事・警察の実働部隊を消滅させ、公家側が京都の警固を六波羅探題に依存するという結果を招いた。そのため六波羅探題は、京都の警固に対して消極的ながらも、それに関与せざるを得なくなったのである。

以上、本節では承久の乱後における京都の警固の様相と、そこにおける六波羅探題の関与のあり方について考察した。承久の乱後もなお、京都の警固の指令は公家政権から発令されていたが、それは在京武士個々人にではなく六波羅探題に下されるようになっていた。特に寺社嗷訴・紛争の場合、六波羅探題は西国守護や京都大番役勤仕などにより在京する御家人を動員してその制止・鎮圧に当たっていた。その一方、六波羅探題は群盗蜂起への対処など洛中の治安維持に対しては消極的姿勢を貫き、個々の事件について被官や一部の御家人をもって対処する程度であり、その京都の警固のシステムはいまだ形成されていなかった。しかし、公家政権（院・使庁）の武力を幕府が自らの手で解体したため、公家政権側が京都の警固を武家に依存する態度を見せるようになり、六波羅探題は否応なくそれに関わらざるを得なくなったのである。六波羅探題・幕府の京都の警固に関する主導性が、承久の乱直後すぐに形成されたものではなく、その体制が整備されるまでにはなお時間を要したことを改めて強調しておきたい。

三　六波羅探題「洛中警固」体制の形成

㈠　洛中警察体制の形成過程

表1は、幕府が京都の警固に関連して発した法令を一覧にしたものである。この表から、幕府の立法が殆ど一二三〇年代から一二四〇年代前半の間になされていること、特に延応元・二年（一二三九・四〇）に立法が集中していることが分かる。これらの点は何を意味しているのであろうか。本節では、六波羅探題・幕府が京都の警固対策に乗り出し、自らの主導する「洛中警固」体制を確立させるに至る過程について、当該期の政治史と絡めながら見通してみたい。まずはじめに、洛中の警察・治安維持の側面から検討していこう。

京都の警固に対する六波羅探題の姿勢の微妙な変化は、天福元年（一二三三）五月四日の殿下評定の場においてうかがえる。この日、関白九条教実は自邸に公卿を招集し、群盗の停止について評議を行った。この件につき、六波羅探題北条重時が「公卿・殿上人以下屋、開㆓門戸㆒可㆓守護㆒」と申し出て、もしこの申請が施行されなければ、今後群盗問題には一切口入しないと強い調子で訴えた。これに対して参仕の公卿は「閉㆓門戸㆒之時猶以群盗乱入、況開㆓門戸㆒哉、如法可ㇾ招㆓群盗㆒歟」と反対し、結局「子細可ㇾ被ㇾ仰㆓合関東㆒」きことのみ決定した[73]。このように、双方の意思疎通はまだ不充分だが、公家政権と六波羅探題との間で群盗問題に関する交渉が行われていることが見てとれる。おそらくこの交渉を経て発せられたのが、同年八月十五日の鎌倉幕府追加法六三条であろう。これによれば、京中の強盗・殺害人について、その前年に公家側が「可ㇾ為㆓使庁沙

表1　鎌倉幕府「洛中警固」関係立法一覧

年　月　日	西暦	内　　容	出典
嘉禄2年正月26日	1226	同元年10月29日宣旨の施行(博戯の輩の逮捕・処罰)	16
寛喜3年4月21日	1231	強盗・殺害人張本の断罪、余党は鎮西御家人在京の輩と守護人に命じて鎮西に配流	22
寛喜3年4月21日	1231	諸社祭の時、非職の輩および武勇を好む者が飛礫の次いでに刃傷・殺害に及ぶことを禁止	28
貞永元年12月29日	1232	在京御家人の大番役勤仕を免除	52
天福元年8月15日	1233	大番衆・在京の輩が召人を逃し失った場合は清水寺橋の修造	61
天福元年8月15日	1233	京中強盗・殺害人は殿下(九条教実)の仰せに従い武士も使庁と共に沙汰	63
文暦2年正月27日	1235	弓箭兵具を帯びて洛中を横行する僧徒は交名を本所に通達して身柄を関東に召し下す	70
文暦2年5月13日	1235	京都の荒廃や強盗警固の煩いのため、京中の空き地(関東御家人給分)に屋舎を構築させる	吾
文暦2年5月23日	1235	渡部付近の御家人が京都警固や運上物点定停止の催促に違背すれば交名を注進	71
文暦2年7月23日	1235	京都刃傷・殺害人について、武士が関与していなければ使庁の沙汰	85
嘉禎3年3月21日	1237	京中警衛について去々年正月結番、不法の輩相交わるにより殊に沙汰し御家人に催促	吾
嘉禎4年6月19日	1238	洛中警衛のため辻々に篝屋を設置、役を御家人に賦課	吾
延応元年4月13日	1239	四一半の徒党については京中は使庁、辺土は本所の沙汰、拘禁されれば身柄を関東に下す	100
延応元年4月13日	1239	京都に召し置いている犯人は、大番衆や下向人の便宜に従い関東に送る	101
延応元年4月13日	1239	僧徒兵仗の禁制	102
延応元年4月13日	1239	諸社神人が在京武士の宿所に神宝を振り狼藉を行うことを停止、違背の張本は関東に召し下す	103
延応元年4月13日	1239	武士が召し取った犯人の住宅資財は、洛中は使庁、辺土は本所の沙汰	104
延応元年4月13日	1239	篝屋に打ち留める物具はその守護人に充て行う	105
延応元年7月26日	1239	強盗・重科の輩は禁獄されていても身柄を関東に送進	117
延応2年6月11日	1240	篝屋用途を勤仕する所での犯過人の処置法	149
仁治元年11月23日	1240	本新補地頭の下知違背については篝屋用途を召す	吾・152
仁治元年11月28日	1240	京都大番衆の遅参については未作篝用途銭を召す	153
仁治元年11月29日	1240	洛中群盗が蜂起した際の処置法	吾
仁治元年12月12日	1240	洛中辻々篝松用途は役所の多少により賦課、対捍者は交名を注進	吾
仁治2年6月10日	1241	殺害人は使庁の沙汰でも重犯の輩は身柄を給わり処罰	162
寛元元年閏7月6日	1243	洛中辻々篝屋の未作地については承久没収注文より選び相博	吾
寛元元年11月10日	1243	「不退祗候六波羅者」は大番役を免除	吾
弘長2年5月23日	1262	公家より召し渡された輩を預人の縁者に預けることを停止(本所還住、洛中横行の風聞)	407
弘長2年5月23日	1262	召人を逃がした預人の罪科は六波羅で取り計らう	414

注記：「出典」欄の数字は鎌倉幕府追加法の条数を、「吾」は『吾妻鏡』を示す。

汰一」と決めた[74]にもかかわらず、今年になって関白九条教実から「猶武士相共可レ致二沙汰一」との仰せが下された。六波羅探題より対応の教示を求められた幕府も、「武家不二相交一者、難二事行一歟、随レ被二仰下一、可レ有二沙汰一也」とこれを承諾している。ここには、公家政権側が京中の警察・治安維持への協力を求めてきたので事に当たるのだという、幕府・六波羅探題の積極的とは言えない姿勢が依然としてうかがえる。また、文暦二年（一二三五）七月二十三日に出された鎌倉幕府追加法八五条では、京都の刃傷・殺害人について「為二武士一之輩、於レ不二相交一者、可レ為二使庁之沙汰一也」とある。従来はこの反対解釈として、武士が関与する洛中刃傷・殺害案件については武家の沙汰であることが重視されてきたようである[75]。しかし、条文を素直に読めば、この法は武士が関与しない案件については使庁の管轄であることを明文化したものであることが分かる。鎌倉幕府追加法六三条の発布によって、公家側から京中重犯の処理を頻繁に命じられかねない状況が生じたので、いわばその予防線を張るため、六波羅探題がこの問題に必要以上に関与しないことを幕府が法の形で強調したものと考えられる。この段階では、公家政権の意向を受けて京都の警固に関与せざるを得なくなった状況を踏まえて、六波羅探題が最低限の対応をしていることがうかがえる。

ところで、この時期の京都の警固に関する最大の出来事と言えば、嘉禎四年（一二三八）六月の篝屋設置であろう[76]。その制度的様相については塚本とも子氏の研究[77]に譲るとして、ここでは、それが将軍九条頼経上洛の四ヶ月後であったということを重視したい。森幸夫氏や上杉和彦氏は、篝屋の設置が頼経の父で四条天皇の外祖父でもあった摂政九条道家の働きかけによるものとしているが[78]、更に注目すべきは、九条頼経が上洛間もない二月二十六日に検非違使別当に補任されていることである[79]。ただし、彼は閏二月を経て三月七日にはこれを辞したのであるが[80]、武家権門の首長が検非違使別当となり、その統率のもとで、鎌倉殿の郎従たる御家人が洛中の警備に当たるという状況が出現したのである。これはまさに、先の寛喜三年新制にうかがえるような、公家政権の期待する警固方法が実現したものと言うことができよう。篝屋の設置は将軍上洛という政治的事象と密接に関わっており、そこには九条道家・頼経父子の公武上層部間による政治的決定が存在していたのである。

しかしながら、たとえ政治の産物とはいえ、洛中警衛のための機構の設置が決まった以上、九条頼経が鎌倉に戻った後もその維持・運営が求められることになる。将軍の代行としてその主体的役割を担わなくてはならなかったのが、他ならぬ六波羅探題であった。表1に見える延応元・二年の盛んな立法は、篝屋の設置を進める過程で噴出した、造営や用途負担（鎌倉幕府追加法一四九・一五二・一五三条、『吾妻鏡』仁治元年十二月十二日条・寛元元年閏七月六日条）、使庁との管轄範囲の明確化（鎌倉幕府追加法一〇〇・一〇四・一〇五・一一七・一六二条）、警備の具体的方法（『吾妻鏡』仁治元年十一月二十九日条）[81]といった、京都の警固をめぐる諸問題のすり合わせの結果だと評価することができよう。

しかし、六波羅探題にとって何より問題になったのは、こうして各所に設けられた篝屋に常駐して警備・治安維持に当たる武力をいかに確保するかということであったと思われる。六波羅探題は、この問題をどのようにして解決したのであろうか。

（端裏書）
「□（のカ）せの□（判カ）官代」

将軍家政所下　源頼仲

可ㇾ令㆓早領知㆒舎弟能勢蔵人跡地頭職事、

右、件蔵人在京雖ㇾ及㆓多年㆒、不忠之間、被㆓改易㆒畢、而頼仲依ㇾ致㆓住京奉公㆒、所㆓宛給㆒也者、為㆓彼職㆒可ㇾ令㆓領知㆒之状、所ㇾ仰如ㇾ件、以下、

仁治三年三月廿一日　　案主左近将曹菅野

令左衛門少尉清原（満定）（花押）　　知家事弾正忠清原（花押）

別当前武蔵守平朝臣（北条泰時）（花押）
前摂津守中原朝臣（師員）（花押）
前陸奥守源朝臣（足利義氏）
前美濃守藤原朝臣（親実）（花押）
前甲斐守大江朝臣（長井泰秀）（花押）
武蔵守平朝臣（大仏朝直）（花押）
散位藤原朝臣（安達義景）（花押）(82)

この史料は、仁治三年（一二四二）三月二十一日に将軍九条頼経が、能勢蔵人清経の地頭職を「不忠」のために改易し、代わりに兄頼仲を補任したものである。ここで注意したいのは、「在京」・「住京奉公」の事実が地頭職の補任や維持の要件となっていることである。この能勢氏は、建治元年（一二七五）五月の六条八幡宮造営に際して、その用途を負担する「在京」人としてリストアップされているが(83)、その根拠の一つがこの「在京（住京）奉公」だったのである。

この頃から、「在京奉公」もしくはそれに類する文言を持つ文書が散見されるようになるが(84)、それらの文言はいずれも、西国の御家人が裁判などで自己の立場を主張し権益を維持・確保するための根拠として用いられている。このように、当該期の西国御家人の所職補任や裁判勝訴において、「在京奉公」は一種のキーワードとなっているのである。

ここで想起されるのが、『吾妻鏡』寛元元年（一二四三）十一月十日条の記事である。

十日壬子、在京御家人等大番役勤仕免否事、有㆓其沙汰㆒、仮令就㆓西国所領㆒、下㆓向其所㆒、於㆓時々指出㆒者、不㆑可㆑准㆓不退在京奉公㆒、不退祗㆓候六波羅㆒者、尤為㆓奉公㆒、可㆑免㆓其役㆒云々（下略）(85)

既に京都大番役の免除に関しては、貞永元年（一二三二）十二月二十九日に「在京御家人者、大番役不レ能二勤仕一」との立法がなされていたが、[86] 今回は単なる在京御家人ではなく、「不退祗二候六波羅一者」のみ大番役を免除することが規定された。時々西国の所領から京都に出て来るのではなく、普段から京都あるいは六波羅探題で奉仕していた者を「不退在京奉公」と見なしたのである。その一方、篝屋に関しては、寛元四年正月までに「大番衆之勤役」を停止し、「以二在京武士一可二守護一」しとされた。[87] こうして京都大番役と京都の警固との制度的分離と各制度の整備が進められ、[88] 大番役は全国から京都に上ってくる大番衆が勤仕し、篝屋守護に関しては「在京武士」（「不退祗二候六波羅一者」）が担う体制となったのである。

以上から、京都の警固に関する六波羅探題の動きを次のようにまとめることができる。この時期に六波羅探題は、「在京奉公」すなわち六波羅探題への祗候を基準として、畿内・西国の御家人を選定し直接的に掌握した。そして、彼らに京都大番役の免除や所職の給与といった特権を付与する代わりに篝屋常駐・洛中警備を義務づけたのである。これによって、院等に組織されない六波羅探題独自の御家人組織＝「在京人」が形成され、[89] 西国御家人に対する六波羅探題の統制は一層進展することとなった。それと同時に、彼らが京都常駐の警察力として京都の警固に当たることで、六波羅探題は公家政権側の要請に応えることができるようになったのである。

そもそも、幕府による京都の警固に関する立法の殆どがなされた寛喜三年（一二三一）～寛元元年（一二四三）は、北条重時が六波羅北方探題に在任していた時期である。この時期には寺社紛争において、六波羅探題はそれまでの武力制圧に加えて容疑者の検断や寺社との交渉といった役割を担い、公家政権と連携しつつ紛争の解決に当たるようになっていた。また、当該期に幕府は京都大番役制度を整備してその運営・管理の主導権を掌握し、内裏だけでなく院御所をも大番役による警備の対象として、中世王権全体を守護・統制する地位を確立した[90]。北条重時探題期には、六波羅探題の寺社紛争処理機能の充実、幕府による王権守護の主導的体制の整備とともに、六波羅探題の主導のもとで篝屋守護人以下の在京人が京都の警備を行う「洛中警固」体制が整備されたのである。

なお、寛元四年（一二四六）に九条頼経が宮騒動によって鎌倉から京都に送還され、京都では九条道家が没落して後嵯峨院政が確立した。この時に関東から公家政権に対して篝屋の停止が提議され、更に「関東武士於レ今者為二大番一上洛之条、可レ停二止之一、以二畿内輩一、内裏・仙洞許如レ形可レ勤二番役一云々」という風聞がたっている[91]。これについて美川圭氏は、篝屋の停止はあくまで暫定的処置であり、「徳政」遂行のために北条時頼が行った政治的駆け引きであると指摘している[92]。この提議によって、後嵯峨上皇が院評定設置などの形で「徳政」を実施したことを考えれば、関東からの篝屋停止の通告は間もなく撤回されたと推測できよう。また鎌倉後期成立の『吉口伝』には、洛中の「夜行事」について「宝治定嗣卿庁務之時、殊致二沙汰一、直触二武家一、且又申二下院宣於関東一、殊申沙汰、仍洛中静謐」とあり[93]、宝治年間に葉室定嗣が検非違使別当に任じられていた時、公家政権が洛中の夜行の実施を直接六波羅探題に指示し、関東にも院宣を下して励行を図ったことが分かる。つまり、後嵯峨院政確立の段階で改めて公武上層部間で京都の警固に関する政治決定がなされ、それにより六波羅探題が洛中警察の中核的役割を担うという体制が最終的に確立したのである[94]。

(二)　寺社嗷訴・紛争鎮圧の形態

では、この時期以降の寺社嗷訴・紛争に対する六波羅探題の鎮圧の仕組みはいかなるものだったのだろうか。弘安四年（一二八一）から翌年にかけて起こった、薪・大住両荘の堺相論を契機とする石清水八幡宮と興福寺との紛争を素材として考えたい[95]。

弘安四年十月四日、興福寺衆徒は寺領大住荘の神人五人が六波羅探題に召し出されたことに抗議して蜂起した。入洛に際して武士が防御を図り合戦に及んだため、後日衆徒はその処罰を幕府に要求した。翌年正月二十九日に東使が上洛し、「狼藉武士等可レ処二流刑一」とする関東の下知を六波羅探題に伝えた。これに対して六波羅北方探題北条時村は、「可レ奉レ防由奉二　勅定一、時村下二知在京武士一了、可レ被レ罪二科彼等一者、向後如レ此重事之時、下知定不二叙用一歟、任二下知一奉レ防之上者、不慮之狼藉出来、更不レ可レ為二在京之武士咎一、武家両方可レ謝二此罪一」と抗議した。この訴えは関東の容れるところとなり、北方探題時村・南方探題時国それぞれの被官計四人が選ばれ流刑となる一方、実際に入洛の阻止に当たった「篝屋武士等」の処罰はことごとく免除された[96]。この後十二月五日、幕府は再び東使を上洛させ、長井頼重と弾正忠職直の流罪を六波羅探題に下知した。この件は、関東申次西園寺実兼を通して亀山上皇に伝えられた[97]。

右の事例から次のことが分かる。まず、治天の君亀山上皇が関東申次西園寺実兼を介して、警固を命じる「勅定」を六波羅探題北条時村に下している。そして、それを受理した六波羅探題は、「在京武士」に動員の指令を発して嗷訴の防御に当たらせているのである。この「在京武士」は「篝屋武士」と言い換えられている。つまり、六波羅探題は篝屋守護の御家人すなわち在京人を京都の防備のために動かしているのである。また、長井頼重はこの時六波羅評定衆であったが[98]、興福寺衆徒から「下手人[99]」と糾弾されており、恐らく「篝屋武士等」の先頭に立って衆徒入洛の防御に当たったのであろう。

もちろん、内裏・院御所に衆徒らが襲来した際には、その時点で勤番中の大番御家人がその制止に当たったし[100]、場合によっては「西国近国地頭御家人等[101]」が召集される場合もあった。しかし、この段階において京都の警固の中核的武力となっていたのは、篝屋守護人・六波羅評定衆などの在京人だったのである。

本節の最後に、宝治元年（一二四七）五月九日に催された新日吉社小五月会に触れておきたい[102]。この儀礼は、後白河の院御所法住寺殿の鎮守である新日吉社で行われた院主催の年中行事であり、承久の乱以後一時衰退していたのを、この年に後嵯峨上皇が復興したものである。そこではメインイベントとして、公家側の近衛官人が披露する競馬とともに流鏑馬が奉納されることになっていた。それは「承久以往北面・西面輩騎レ之、天福武士騎レ之、今度同被レ仰二遣関東一」とあるように、承久の乱以前は院北面・西面の武士が勤仕していたが、乱後の天福・宝治では、院から関東に仰せが下され、関東の指令によって御家人が勤仕するようになっていた。しかも、この年の役の配分を見てみると、全七番のうち一番は六波羅探題北条重時が、二番以下は小笠原長経・波多野宣政（義重）・佐々木泰清・太田政直・小早川茂平・長井泰重ら西国守護・地頭職を有する有力在京人が勤仕していた。更に、彼らが提供した射手・的立にはその子息や一族が多数含まれていたのである。

後嵯峨自ら現地に御幸し、関東申次西園寺実氏と六波羅探題北条重時が共に桟敷で見物していたというこの年の小五月会は、六波羅探題の「洛中警固」・西国支配体制と公家政権との関係を象徴するものと言えよう。つまり流鏑馬の勤仕形態からは、六波羅探題をトップとし、そのもとで在京人が一族などを率いてこれに奉仕するという、西国武家勢力の序列・秩序構造が見てとれよう。また、院が自ら院北面・西面（その多くは検非違使尉を兼任していた）を動員する形態から、院が六波羅探題（幕府）に在京人動員を要請する形態に変化したことは、この儀礼を通して六波羅探題―在京人が公家政権の軍事・警察機構を掌握し、公家政権および王権の所在する京都の守護者であることをアピールする効果を有したと言えよう。一方、院の側でも、自ら主催する年中行事に六波羅探題・在京人を出仕させることで、幕府に依存する形で王権の権威を喧伝することが可能となったのである。

本節の結論をまとめておこう。成立後二十数年を経て確立した六波羅探題の「洛中警固」体制は次のようなものであった。①治天の君（院・天皇）から六波羅探題に警察・治安維持や寺社嗷訴・紛争制止の指令が発せられる。②指令を受理した六波羅探題は、在京する個々の御家人に指示を下して実際の動員に当たる。③この「洛中警固」の中核となったのが、六波羅探題の統制下に置かれた軍事力＝在京人であった。この体制は篝屋の設置とその整備、常駐警察力としての在京人の成立によって構築されたものであり、その過程は当該期における公武間の政治動向に規定されていた。六波羅探題の「洛中警固」体制は、当時の政治過程の中で六波羅探題が本格的に京都の警固に関与する状況が整った結果として確立したのである。

むすびにかえて

宝治元年（一二四七）七月、北条重時が探題職を辞して鎌倉に下向した時、葉室定嗣は日記に「当時無㆓京都守護之棟梁㆒歟」と記している。(103)平安期より武士が担ってきた王の守護と都の平和維持の機能は、承久の乱後、幕府によって一層整備された形で継承された。それに際し京都において、将軍に代わり大番役の実務や「洛中警固」の統轄に当たった中心的存在が六波羅北方探題北条重時であった。右の記事からは、武士が王と都の守護を担っていた平安末～鎌倉前期の状況を前提として、六波羅探題北条重時が、「京都守護」の役割を担う御家人たちの統率に当たる存在と認識されていたことがうかがえよう。(104)

本章では、成立期六波羅探題の歴史的位置について、当該期の京都の警固のあり方や、そこにおける公家政権との関係から考察してきた。最後に、一二四〇年代半ばに形成された六波羅探題の「洛中警固」体制が抱えていた矛盾に触れてむすびにかえたい。

前節で検討した、弘安四・五年の薪・大住両荘の相論における六波羅北方探題北条時村の言葉を振り返ってみよう。まず、六波羅探題が発した嗷訴制圧の下知と、それを受けた「在京武士」の行動は、「可㆑奉㆑防」との「勅定」に基づくものであった(105)。つまり、六波羅探題の「洛中警固」は、京都や国家の守護という国家的義務としてなされるものだったのである。「勅定」として指令が発せられている以上、六波羅探題および在京人は、義務として「洛中警固」の職責を果たさざるを得ない。ところが、興福寺の武士処罰要求に直面した関東は、それを受諾する政治的判断を下した。すなわち幕府は必ずしも、実際に嗷訴の制圧に当たる六波羅探題や在京人の立場を保証するわけではないのである。

六波羅探題による「洛中警固」体制が形成されると、六波羅探題が院の警固指令を一旦拒否するケースも目立つようになる。それは既に、宝治二年（一二四八）八月の興福寺寺内衆・若徒党両部衆徒の対立に際して、御家人の派遣を命じた後嵯峨上皇の下知に対し、探題北条長時が「申㆓子細㆒」した事例(106)にうかがわれる。また、弘安二年（一二七九）五月、大山崎神人の妻女を殺害した日吉末寺赤山神人蓮法法師の断罪を求め、石清水八幡宮神人が神輿を奉じて入洛し、武士がこれを防御する事件が起きた時、亀山上皇が六波羅探題に蓮法の召し出しを命じたのに対し、北方探題北条時村は「座主解㆓神人職㆒之由令㆑申之上、日来為㆓使庁沙汰㆒、使庁尤可㆑致㆓沙汰㆒」としてこれを拒否したのである。この後、使庁の召喚が結局失敗に帰したため、院は重ねて六波羅探題に指令を下し、ようやく六波羅探題は蓮法の身柄の確保に乗り出したのである(107)。

六波羅探題がこうした対応をとったのは、嗷訴・紛争の制止・鎮圧に対する衆徒・神人らの反撃と、それに伴う在京武士の処罰という事態の生起を恐れてのものと考えられる。関東のみならず、警固の指令を下す治天の君にしてもその責任はとらないのであり、六波羅探題としては自己防衛を図らざるを得ない。もし、なお出動せねばならぬ際には、その行動の根拠となるべき確実な治天の君の指令を必要としたのである。

鎌倉後期、こうした寺社勢力の嗷訴や寺社間および内部の紛争は頻発する傾向にあった。そうなれば、六波羅探題・在京人に対する出動・鎮圧の要請が強まることになる。しかし同時に、彼らが警固活動を行えば行うほど、寺社勢力からの反発・糾弾が六波羅探題に集中することとなり、動員された在京人は処罰される。そして、公家政権（治天の君）も関東も彼らの行動・立場を保障するわけではない。そのため、公家側の指示を受ければ最終的には警固を命じざるを得ない六波羅探題と、実際に出動しても何の得にもならないばかりか糾弾・処罰されかねない立場にある在京人との間には溝が生じることになるのである。北条時村が関東の決定に抗議し、篝屋武士の罪科免除を強く求めた理由もここにある。

さらに、建治三年（一二七七）十二月に行われた六波羅探題の体制改革において、「番役幷篝屋事」を探題北条時村・時国が「差㆓代官㆒可㆑令㆓奉行㆒」きことが定められた。[108] これ以降、検断頭人以下の探題被官が検断活動の中核となり、「洛中警固」に際して在京人を指揮・統率するようになる。[109] このことは、「洛中警固」における在京人の位置の相対的低下という結果を招いた。加えて、この体制改革を契機として在京人が「西国成敗」にも動員されるようになり、在京人の両使遵行や院宣（綸旨）の施行の事例が目立つようになる。[110] そして、そこにも探題被官の関与が深まり、西国支配の面でも「洛中警固」と同様の事態が生じてきたのである。[111]「洛中警固」・「西国成敗」双方に占める探題被官の位置が拡大することで、六波羅探題と在京人との溝はますます深まることとなった。元弘三年（一三三三）、六波羅探題が近江国番場蓮華寺で滅亡した時、そこに在京人の姿は殆ど見えなかったという。このような六波羅探題滅亡に向けての条件は、その「洛中警固」・「西国成敗」体制形成の時から次第に醸成されていったのである。

〔注〕

（1）佐藤進一『鎌倉幕府訴訟制度の研究』（畝傍書房、一九四三年。復刊・岩波書店、一九九三年）第四章「六波羅探題」。

（2）上横手雅敬「六波羅探題の成立」（同『鎌倉時代政治史研究』吉川弘文館、一九九一年、初出一九五三年）、同「六波羅探題の構造と変質」（同右著書、初出一九五四年）、同「六波羅探題と悪党」（同右著書、初出一九六〇年）。

（3）本書序章第二節を参照。

（4）『吾妻鏡』承久三年六月十六日条。

（5）『沙汰未練書』（佐藤進一・池内義資編『中世法制史料集第二巻　室町幕府法』岩波書店、一九五七年）。

（6）髙橋昌明『武士の成立　武士像の創出』（東京大学出版会、一九九九年）第一章「武士を見なおす」、第五章「中世成立期における国家・社会と武力」（初出一九九八年）、付論「武士発生論と武の性格・機能をめぐって―諸氏の批判に応える―」。

（7）京都の警固とそれをめぐる公武関係について考察した研究としては、五味文彦「使庁の構成と幕府―一二～一四世紀の洛中支配―」（『歴史学研究』三九二、一九七三年）、森幸夫「鎌倉幕府による使庁からの罪人請取りについて」（『日本歴史』五〇五、一九九〇年。改題・改稿の上、同『六波羅探題の研究』〈続群書類従完成会、二〇〇五年〉に収録）、森茂暁「六波羅探題の「洛中警固」」（同『鎌倉時代の朝幕関係』思文閣出版、一九九一年、初出一九八八年）、同「六波羅探題と検非違使庁」（同右著書）などがあげられる。しかし、これらは幕府と検非違使庁との関係、あるいは立法過程や制度の分析および事例の紹介を中心としており、警固の実態面や六波羅探題の関与のあり方を軸に再検討する余地があると考える。

（8）院政期におけるこのような軍事貴族・武士を元木泰雄氏は「京武者」と概念化した。氏は、「京武者」が畿内近国を中心とする小規模な所領を軍事的基盤とする点を、諸国の広範な武士を組織した平清盛などの「武門の棟梁」と区別される重要な特色とする（同「摂津源氏一門―軍事貴族の性格と展開―」〈『史林』六七―六、一九八四年〉、同『武士の成立』〈吉川弘文館、一九九四年〉。長村祥知「後鳥羽院政期の在京武士と院権力―西面再考―」〈上横手雅敬編『鎌倉時代の権力と制度』思文閣出版、二〇〇八年〉もこの点を継承する）。これに対して、「京武者」を畿内近国武士に限定せず、東国など京を離れた諸国において在地経営を行う一方で都でも活動した武士を含めて広範にとらえる研究もある（須藤聡「平安末期清和源氏義国流の在京活動」〈『群馬歴史民俗』一六、一九九五年〉、川合康「内乱期の軍制と都の武士社会」〈『日本史研究』五〇一、二〇〇四年〉、同「鎌倉幕府研究の現状と課題」〈『日本史研究』五三一、二〇〇六年〉など）。本章の原論文も後者に近い意味で「京武者」の語を使用していたが、誤解を招く恐れがあるので、本書では後鳥羽院政期における在京の軍事貴族・武士自体を指す語として「京武者」は使用しないようにしたい。なお筆者は、今日の中世武士論は京都に視点を据えて、平安期から鎌倉期（後鳥羽院政期だけでなく承久の乱以降鎌倉末期までも含めて）までを一貫した視野で見通すことが必要な研究段階に達していると考えており、その点で「京武者」の概念や用語の用い方（そもそもこの語を使用すべきか否かも含めて）についても再検討が必要と思われる。

(9) 満冨真理子「院政と検非違使―その補任より見たる―」（『史淵』一〇四、一九七一年）、井上満郎「院政政権の軍事的編成」（同『平安時代軍事制度の研究』吉川弘文館、一九八〇年、初出一九七二年）。なお、横澤大典氏は、白河～鳥羽院政期における武力編成・軍事動員形態の変遷について論じている（同「白河・鳥羽院政期における京都の軍事警察制度―院権力と軍事動員―」『古代文化』五四―一一、二〇〇二年）。

(10) 『本朝世紀』久安三年六月二十八日・七月十八日条。この事件については、髙橋昌明『増補改訂　清盛以前―伊勢平氏の興隆―』（文理閣、二〇〇四年）第六章二一一～二一九頁を参照。

(11) 白川哲郎「平氏による検非違使庁掌握について」（『日本史研究』二九八、一九八七年）。

(12) 田中文英「後白河院政期の政治権力と権門寺院」（同『平氏政権の研究』思文閣出版、一九九四年、初出一九八三年）。

(13) 『吾妻鏡』建保四年二月十九日・三月二十二日・六月十四日条。

(14) 田中稔「承久京方武士の一考察―乱後の新地頭補任地を中心として―」（同『鎌倉幕府御家人制度の研究』吉川弘文館、一九九一年、初出一九五六年）。

(15) 『明月記』建暦三年七月十一日条。なお彼は、建仁二年（一二〇二）四月二十三日以前に検非違使・左衛門尉に補任され（『明月記』同日条）、元久二年（一二〇五）正月二十九日に下野守に転じている（『明月記』同年正月三十日条)。
(16) 鈴木一見「後嵯峨院北面考証」(『国史談話会雑誌』二一、一九八〇年)。
(17) 森幸夫前掲注(7)論文。氏は、幕府による京都の警固での罪人処断権の代行を象徴するものとしてこの制度をとらえており、筆者もその点には賛同する。ただし、検非違使別当宅への罪人連行から幕府の請取りに至る一連の過程は、京の群衆が見物する前で行われたパレード・儀礼という色合いが濃い。また、罪人処罰の過程に公家政権・幕府両者の機構が姿を見せるところは、公武の安定した関係のもとで、公武の協働により京の治安が維持されていることを誇示する政治的パフォーマンスの性格も強いことに留意しなければならない。
(18)『明月記』建永元年九月二十九日条。
(19)『明月記』建暦三年七月二十五日・八月三日条、『華頂要略』同年八月三日条(第七十代公円)。
(20)『皇帝紀抄』建暦三年八月九日条、『明月記』同年八月七・八日条、『仲資王記』同年八月十一日条、『華頂要略』同年八月六日条(第七十代公円)。
(21) 院西面については、平岡豊「後鳥羽院西面について」(『日本史研究』三一六、一九八八年)、秋山喜代子「西面と武芸」(同『中世公家社会の空間と芸能』山川出版社、二〇〇三年)、および本書第三章「新日吉社小五月会と院・鎌倉幕府」を参照。なお長村前掲注(8)論文は、建暦三年の寺社紛争関係史料の検討を通して、院西面の武士は後鳥羽院政期における在京武力の主力ではないとする。しかし、兵力規模はともかくとして、成立当初は武芸専門の奉仕集団であった院西面の武士が、この段階では京都の警固における院の軍事力の中核的存在の一つとして位置づけられていることは明らかであろう。
(22) 大内惟義・惟信については、田中稔「大内惟義について」(同前掲注(14)著書、初出一九八九年)を参照。
(23) 宮崎康充「鎌倉時代の検非違使」(『書陵部紀要』五一、二〇〇〇年)。
(24) 源広業が御家人であることについては、平岡前掲注(21)論文を参照。
(25)『吾妻鏡』建暦三年八月十四日条。
(26) 上横手雅敬『日本中世政治史研究』(塙書房、一九七〇年)第三章三四七・三四八頁、平岡前掲注(21)論文。

なお、佐伯智広「一条能保と鎌倉初期公武関係」（『古代文化』五八―一、二〇〇六年）は、一条能保と後藤基清との家人関係が徳大寺家を介して形成されたこと、京都守護在任期において能保は徳大寺家との関係を通じて基清・梶原景時一族の動員が可能であったことを指摘している。

(27)『明月記』建仁三年十月十五日条、『華頂要略』同年十月十五日条（第六十六代実全）、『吾妻鏡』同年十月二十六日条。この紛争の経過については、平岡前掲注(21)論文を参照。

(28)『尊卑分脈』によれば、佐々木定綱の検非違使補任は元久元年（一二〇四）四月十六日、広綱は建保四年（一二一六）閏六月二十六日、高重は承久二年（一二二〇）十二月十五日である（第三篇四二一・四三八頁）。また、広綱は院西面でもあった（平岡前掲注(21)論文）。

(29)佐藤進一『増訂　鎌倉幕府守護制度の研究―諸国守護沿革考証編―』（東京大学出版会、一九七一年）。

(30)上横手前掲注(26)著書第三章三四七～三五一頁。

(31)『吾妻鏡』建久三年六月二十日条。

(32)森幸夫前掲注(7)論文。

(33)元木泰雄氏は、元暦元年（一一八四）の一の谷の戦い以後、源頼朝が王権に従順な五位以上の軍事貴族を粛清・抑圧してその組織化・従属化を進め、後白河王権の無力化を図ったとする（同「頼朝軍の上洛」上横手雅敬編『中世公武権力の構造と展開』吉川弘文館、二〇〇一年）。しかし、川合康氏が指摘するように、内乱終結のあり方は都の武士社会秩序を御家人をも含み込んだ形で存続させ、「京武者社会」と鎌倉幕府権力との接点を基盤とする後鳥羽の権力を生み出すこととなった（同前掲注(8)論文）。頼朝没後の京都の警固が、後鳥羽上皇主導のもとで、御家人を含む在京の軍事貴族・武士によって遂行される体制となった原因はここにある。

(34)上横手前掲注(2)「六波羅探題の成立」。

(35)『明月記』元久元年三月二十一・二十二日条、『仲資王記』同年三月二十二日・二十三日・四月二日条、『三長記』同年四月二日条。

(36)『吾妻鏡』元久元年三月十日条。

(37)『明月記』建仁四年正月二十一日条。
(38)『明月記』建永元年九月二十五日条。なお、左衛門尉某が大友能直と推測される点については、森幸夫氏のご教示を得た。
(39) 紛争の詳細については、黒田俊雄「鎌倉時代の国家機構―薪・大住両荘の争乱を中心に―」(同『日本中世の国家と宗教』岩波書店、一九七五年、初出一九六七年)を参照。
(40)『明月記』・『百練抄』文暦二年六月三日条。
(41)『吾妻鏡』嘉禎元年十二月二十九日条。
(42)『明月記』文暦二年六月三・四日条。
(43)『平戸記』仁治三年九月十三日条、『維摩会講師研学竪義次第　下』仁治三年項(『大日本史料』五―一五、四〇頁)。
(44)『百練抄』・『吾妻鏡』・『承久三年四年日次記』(『大日本史料』五―一)などから、後高倉院御所大炊殿(承久三年〈一二二一〉九月九日)、摂政近衛家実第・右大将西園寺公経第(同年十月三日)、故藤原範茂旧宅(同年十二月十日)、土御門定通第(貞応元年〈一二二二〉五月三日)、陰明門院御所(同年五月二十八日)、承明門院御所(同年七月二日)、後高倉院御所高陽院(同二年正月十二日)などが放火で焼失したことが知られる。
(45) 山本幸司『日本の歴史第九巻　頼朝の天下草創』(講談社、二〇〇一年)第四章二一六～二二〇頁に事例がまとめられている。
(46) 鎌倉幕府追加法一六条。『明月記』嘉禄二年二月十四日条には、「河東」の武士が、藤原信成家の門・築垣付近で双六を行っていた博徒を捕らえ身体刑を加えた記事が見える。
(47)『明月記』嘉禄三年正月十日・十一月八日条。
(48)『明月記』嘉禄三年正月二十七・三十日条。
(49)『民経記』寛喜三年五月三日条。
(50) 寛喜三年十一月三日後堀河天皇宣旨(近衛家文書、『鎌倉遺文』六―四二四〇)。

(51) 宮崎前掲注(23)論文。

(52) 『吾妻鏡』承久三年六月十六日・七月二日・十月十二日・十六日条。

(53) 川合康氏は、承久の乱の意義を、白河・鳥羽院政期以来の伝統的な都の武士社会秩序（「京武者」秩序）が幕府によって解体された事件と理解する（同前掲注(8)論文）。ところで、氏の「京武者社会」・「「京武者」秩序」概念については、注(8)で見た「京武者」概念に関する理解の相違を背景に、その呼称の妥当性に関する批判が出されている（野口実『源氏と坂東武士』〈吉川弘文館、二〇〇七年〉、長村前掲注(8)論文）。しかし筆者は、呼称の問題よりも、鎌倉前期において都を中心とする伝統的な武士社会秩序と鎌倉を中心とする武士社会秩序とが併存・重複していたとする視座こそが重要だと考える。なお、生駒孝臣「中世前期の畿内武士と公家社会―鎌倉後期の摂河泉武士の事例を中心に―」（同『中世の畿内武士団と公武政権』戎光祥出版、二〇一四年、初出二〇〇七年）は、承久の乱後の公家社会における院下北面を中心とした武士の枠組みとそこにおける畿内武士の位置について考察している。

(54) 検非違使を兼任する御家人についても、この頃には氏族的補任の傾向が強まるとともに、追捕など京都の日常業務には従事しなくなっていた（秋元信英「関東御家人の検非違使補任をめぐって―その制度的おぼえがき―」『日本歴史』三〇六、一九七三年）。またこの頃から、明法家中原氏が治安維持以下の使庁の活動を全面的に担うようになる（宮崎前掲注(23)論文）が、その力のみでは、集団で行動しかつ機動力を持つ群盗の蜂起に対処することは困難であったと思われる。

(55) 『明月記』寛喜元年三月二十五・二十七日条、『華頂要略』同年四月四日条（第七十四代尊性親王）。

(56) 『明月記』寛喜元年四月六日条。

(57) この後、関東が三善為清を処罰するよう六波羅探題に「内々申」してきた時、北条時氏が「猶不㆓承伏㆒渋申」した（『明月記』寛喜元年四月二十二日条）理由はここにある。なお、三善為清は翌月に日向国へ配流された（『明月記』同年五月六・十日条、『華頂要略』同年五月四日条〈第七十四代尊性親王〉、『皇帝紀抄』同年六月十九日条）。

(58)『吾妻鏡』嘉禄三年六月十四日条、『明月記』同年六月十一日条、『民経記』同年六月七日条。
(59)『明月記』嘉禄二年七月十四日条。
(60)また、嘉禄二年（一二二六）八月四日、高野山衆徒と対立した金峯山衆徒が宇治に発向した際に、「菅十郎左衛門と云武士已下三百騎許馳向了云々」とあり（『明月記』同日条）、菅十郎左衛門が寺社紛争の鎮圧にも当たっていることが知られる。
(61)『明月記』文暦二年三月二十八日条。
(62)『吾妻鏡』建暦三年五月二十二日条。
(63)高橋慎一朗「「武家地」六波羅の成立」（同『中世の都市と武士』吉川弘文館、一九九六年、初出一九九一年）。
(64)大友親秀の所従が藤原宣親邸に向かう前に「先触二六波羅一」れたこと、宣親の一族が復讐を企て北条重時の制止を受けていることも、探題邸と大友氏宿所の距離的近接さによるところが大きいと考える。なお小笠原氏についても、その宿所が六波羅にあった可能性が指摘されている（高橋慎一朗前掲注(63)論文）。
(65)前掲注(42)史料。ただし、興福寺衆徒の三度目の蜂起に際して、幕府・六波羅探題が大和国内の交通路封鎖に探題被官や北条氏一門を起用していたことが指摘されている（熊谷隆之「嘉禎の南都蜂起と鎌倉幕府―「大和国守護職」考―」大和を歩く会編『古代中世史の探究』法蔵館、二〇〇七年）。この点からも、当時、寺社紛争の鎮圧において探題被官の占める位置は大きかったものと考えられる。
(66)佐藤前掲注(29)著書二〇四～二〇六頁。
(67)木内正広「鎌倉幕府と都市京都」（『日本史研究』一七五、一九七七年）。氏は、西国守護の一般的な存在形態について、管国大番御家人の統率などのため恒常的に在京もしくは代官・事務機関を設置していたとする。
(68)この事件については、黒田俊雄「延暦寺衆徒と佐々木氏―鎌倉時代政治史断章―」（同前掲注(39)著書、初出一九六九年）を参照。
(69)『吾妻鏡』文暦二年七月二十九日条、『華頂要略』同年七月二十六日・八月七日条（第七十六代尊性親王）。

なお、子息兵衛尉遠信は実際には配流されなかったようである。

（70）『吾妻鏡』嘉禎二年七月二十五日条。

（71）承久の乱後も御家人が貴族との関係を維持し在京活動を行っていたことは、既に個々の御家人に即して指摘されている。例えば、小早川氏と西園寺家との関係については髙橋昌明「西国地頭と王朝貴族―安芸国沼田荘地頭小早川氏の場合―」（『日本史研究』二三一、一九八一年）が、長井氏と近衛家に関しては森幸夫「六波羅評定衆考」（同前掲注（7）著書、初出一九九一年）がある。また、宇都宮氏も幕府成立以前から京に独自のパイプを持っていた（大村拓生「中世前期の首都と王権」〈『日本史研究』四三九、一九九九年〉など）。

（72）前述の二位法印尊長の他、寛喜二年（一二三〇）十二月十四日には、日吉社内の庵室に潜伏していた大内惟信が延暦寺から六波羅探題に引き渡されている（『明月記』同年十二月十六日条）。また、嘉禄二年（一二二六）七月には京中で謀反が発覚し、六波羅探題が張本高桑次郎らを拘束している（『明月記』同年七月二十二日・八月三日条）。

（73）『民経記』天福元年五月四日条。

（74）『民経記』貞永元年三月六日条に、「頃之殿下令レ参給、召二有親《（平）》朝臣一、有下被二仰下一之旨上云々、京中強盗事、可レ下二知使庁一御教書事歟」とある。

（75）例えば、五味前掲注（7）論文。

（76）『吾妻鏡』嘉禎四年六月十九日条。

（77）塚本とも子「鎌倉時代篝屋制度の研究」（『ヒストリア』七六、一九七七年）。

（78）森幸夫前掲注（7）論文、上杉和彦「鎌倉将軍上洛とその周辺」（『古代文化』四三―一一、一九九一年）。

（79）『吾妻鏡』嘉禎四年二月二十六日条。

（80）『吾妻鏡』嘉禎四年三月七日条。

（81）この条文に「毎二篝辻一置二大鼓一、於二事出来之時一、随レ発二其声一、毎二在家一令レ用二意続松一、不レ経二時刻一可レ指二出松明一之由、保官人可二申沙汰一」とあるように、群盗蜂起に対処するため篝屋守護人と京都住民（「在家」・

「在地人」)・保官人が連携して治安の安定を図るよう求められていることは注目される。また、十二月にはこの決定が六波羅探題北条重時を介して公家方に通達され、使庁に指示が下されており(『吾妻鏡』仁治二年正月十九日条)、六波羅探題と使庁との間で緊密な連絡が行われていることが分かる。

(82)　仁治三年三月二十一日将軍家政所下文(村井祐樹・末柄豊編『東京大学史料編纂所研究成果報告二〇一〇―一　真如寺所蔵能勢家文書』、二〇一〇年)。翌月には六波羅探題がこれを施行している(同年四月二日六波羅施行状、同右書)。

(83)　海老名尚・福田豊彦「『田中穣氏旧蔵典籍古文書』「六条八幡宮造営注文」について」(『国立歴史民俗博物館研究報告』四五、一九九二年)、森幸夫「在京人に関する一考察」(同前掲注(7)著書、初出一九九八年)。

(84)　例えば、年月日欠(貞永元年十二月四日ヵ)関東下知状(田代文書、瀬野精一郎編『増訂　鎌倉幕府裁許状集上　関東裁許状篇』〈吉川弘文館、一九八七年〉補七)、文永九年十二月二十六日関東下知状案(正閏史料外編、『鎌倉遺文』一五―一一一六七)、正応二年八月日若狭国太良荘雑掌浄妙重申状案(東寺百合文書は、『鎌倉遺文』二二―一七一二五)、嘉元三年六月十二日六波羅下知状(熊谷家文書、『鎌倉遺文』二九―二二二四〇)。

(85)　『吾妻鏡』寛元元年十一月十日条。

(86)　鎌倉幕府追加法五二条。

(87)　寛元四年正月十九日北条重時書状案(東寺百合文書イ、『鎌倉遺文』九―六六〇九)。

(88)　京都大番役の制度整備については、本書第二章「京都大番役の勤仕先について」を参照。

(89)　在京人については、本章は五味文彦「在京人とその位置」(『史学雑誌』八三―八、一九七四年)の定義に従う。なお森幸夫氏は、在京人制は一二四〇～五〇年代に成立したとする(同前掲注(83)論文)。

(90)　本書第二章「京都大番役の勤仕先について」、第四章「鎌倉時代の寺社紛争と六波羅探題」。

(91)　『葉黄記』寛元四年十月十三日条、『民経記』(暦記)同年十二月八日条。

(92)　美川圭「関東申次と院伝奏の成立と展開」(同『院政の研究』臨川書店、一九九六年、初出一九八四年)。

(93)『吉口伝』(『続群書類従』巻第三一〇)九一七頁。葉室定嗣の検非違使別当在任期間は宝治元年(一二四七)十二月八日~同三年正月二十日である(『公卿補任』)。この間、同二年七月三日に「夜行奉行事」が使庁官人中原章澄に命じられている(『葉黄記』同日条)が、武家・関東への指示に関する記事は管見の限り見られない。

(94)森幸夫氏は、後嵯峨院政の段階に使庁から幕府への罪人請取りが復活したこと、そこでは後鳥羽院政期と異なり、罪人受理における六波羅探題(幕府)の主体性が見られることを指摘している(同前掲注(7)論文)。洛中犯罪人の追捕・処断両面において、六波羅探題が主導的役割を果たしていることが分かる。

(95)紛争の過程については、海津一朗「鎌倉後期の国家権力と悪党―弘安の大隅・薪荘境界相論をめぐって―」(悪党研究会編『悪党の中世』岩田書院、一九九八年)を参照。

(96)『勘仲記』弘安五年二月一日条(一部、国立歴史民俗博物館所蔵原本の紙焼き写真により訂正)。

(97)『勘仲記』弘安五年十二月六日条。

(98)森幸夫前掲注(71)論文。

(99)『勘仲記』弘安五年三月十三日条。

(100)『実躬卿記』正応五年正月十七日条、『花園天皇日記』正和二年閏三月四日条など。

(101)建長元年八月二十三日関東御教書(尾張文書通覧、『鎌倉遺文』一〇―七一一一)。

(102)以下は『葉黄記』宝治元年五月九日条による。新日吉社小五月会については、本書第三章「新日吉社小五月会と院・鎌倉幕府」で考察した。

(103)『葉黄記』宝治元年七月三日条。

(104)鎌倉末期成立と推測される『六波羅守護次第』(京都大学大学院文学研究科日本史研究室所蔵)の「六波羅守護」という呼称も、六波羅において京都の守護(「洛中警固」)という軍事・警察機能を果たす存在という意味で理解すべきだろう。なお、熊谷隆之「六波羅探題考」(『史学雑誌』一一三―七、二〇〇四年)は、六波羅探題を国別に置かれた守護と相補う形で西国を管轄する「守護」として理解しようとする。しかし「六波羅守護」と各国守護とは系譜や性格が異なるのであって、両者を同一線上でとらえることには賛成できない。

（105）前掲注（96）史料。

（106）『葉黄記』宝治二年八月十二日条。ただし、結局北条長時は院の指令を承諾して武士を現地に出動させていることから、この事例は、北条長時が武士の行動の根拠となる後嵯峨の指令の確認あるいは院宣の発給を求め、公家政権との間で意見調整・意思確認が行われたものと推測される。この点については、本書第四章「鎌倉時代の寺社紛争と六波羅探題」も参照されたい。

（107）『吉続記』弘安二年五月六・七・十二日条。この事件については、森茂暁前掲注（7）「六波羅探題と検非違使庁」を参照。

（108）『建治三年記』建治三年十二月二十五日条。

（109）高橋慎一朗「六波羅探題被官と北条氏の西国支配」（同前掲注（63）著書、初出一九八九年）。

（110）外岡慎一郎「六波羅探題と西国守護―〈両使〉をめぐって―」（『日本史研究』二六八、一九八四年）、同「鎌倉末～南北朝期の守護と国人―「六波羅―両使制」再論」（『ヒストリア』一三三、一九九一年）、森茂暁「六波羅探題の「西国成敗」」（同前掲注（7）著書、初出一九八七年）、および本書第六章「勅命施行にみる鎌倉後期の六波羅探題」。

（111）高橋慎一朗前掲注（109）論文。

第二章　京都大番役の勤仕先について

はじめに

中世前期に武士・御家人によって勤仕された軍役である京都大番役については、三浦周行氏の研究(1)を先駆とし、五味克夫氏によって、勤仕の手続きや期間・場所、役の負担方法など、その制度の全貌がほぼ明らかにされた(2)。以後の京都大番役に関する研究は、この五味氏の成果をもとに進められたと言ってもよい。例えば、氏が成立当初の大番役を諸国武士の交替勤仕すべき公役ととらえたことから、その成立時期や基本的性格（国衙軍制下の公役か、平氏家人制下の家人役か）をめぐって活発な議論がなされた(3)。また氏は、源頼朝が建久年間にそれまでの例を改めて大番役を御家人のみの所役としたことも指摘したが、このことは、一国単位の御家人交名の注進とあわせて、特に西国における御家人制の確立の指標とされた(4)。更に、近年は大番役をはじめとする御家人役への関心が高まり、そのあり方や賦課形態、性格の変化などの問題から、幕府の主従制・御家人制の成立・構造とその変遷を解明しようとする研究が進んでいる(5)。鎌倉幕府において大番役が、鎌倉殿と御家人との主従関係に関わる重要な軍役として位置づけられていた以上、その研究が右のような方向から行われたのも当然であったと言えよう。

しかし、そうであるが故に、京都大番役がほかならぬ京都の、王とその居所を警固する軍役であったことそのものの意味は意外に追究されてこなかったのではなかろうか。武士が王あるいは王権の安全と都の平和を護る存在だという建前は、鎌倉幕府においても継承されていた。王と都の守護は国家がその機能を維持していく上で不可欠の前提であり、その意味で国家の守護にもつながることであった。[6]だからこそ、大番役は国家的な軍役すなわち「公家をも含めた国家の制度としての勤務」[7]だと言い得るのである。従って、王権（・公家政権）との関係、あるいは中世国家における役割といった視角から大番役をとらえ直すことも意味のあることではないかと考える。

本章では、京都大番役における御家人の勤仕先について検討することで、右の課題に迫る手掛かりを得たい。[8]

一　京都大番役の勤仕先

鎌倉末期に編纂された『沙汰未練書』に「一　大番トハ　諸国地頭御家人等、内裏警固番役也」とある[9]ように、京都大番役は、諸国の御家人が内裏を警固する番役と認識されていた。ところが、五味克夫氏は「京都大番役ははじめ内裏大番、大内大番等と呼ばれ（中略）主として内裏・院御所諸門の警固役であった」とする。[10]氏がその根拠としたのが表2に掲げた八つの事例である。これによれば、事例(ニ)・(ホ)・(ヘ)・(チ)の勤仕先は内裏であり、(イ)・(ロ)・(ハ)・(ト)の方は院御所となっている。

しかし、ここで注意したいのは、表2の諸事例がいずれも文応元年（一二六〇）以降のものであるという事実である。特に、五味氏が院御所を勤仕先とする大番役が存在することの根拠とした史料に一二六〇年代以前のものが見られない点は看過できないと思う。なぜならば、幕府の御家人が院御所を大番役として警固するよ

表2　五味A論文掲載　京都大番役勤仕先一覧

	勤　仕　期　間	勤仕者名	勤仕場所	史　料
(イ)	文応元年正月（1日）〜6月晦日	深堀五郎左衛門尉行光	新院御所西面土門	深堀記録証文
(ロ)	弘長元年（7月1日〜12月晦日ヵ）	都甲左衛門尉惟家代官	院御所西面之土門	都甲文書
(ハ)	文永6年4月2日〜7月7日	若狭四郎入道代官	新院御所殿上口	東寺百合文書
(ニ)	文永6年5月□日〜6月□日	深堀左衛門太郎時光	五条内裏西対南妻	深堀記録証文
(ホ)	弘安2年7月1日〜9月晦日	広峯兵衛大夫家長代官	内裏姉小路南唐門	広峯文書
(ヘ)	弘安8年7月1日〜9月朔日	鷲見安吉・諸安	大内二条西土門	鷲見家譜
(ト)	弘安8年7月1日〜10月1日	和田修理亮入道性蓮代官	院御所万里小路面棟門	和田系図附録文書
(チ)	正安3年正月1日〜6月晦日	和田修理亮	内裏棟門	和田文書

［注記］　五味A論文32頁掲載の京都大番役勤仕場所一覧表に訂正を加えた。

うになるのが一二六〇年代に入ってからだと想定することが可能だからである。これを証明するためには、当然文応元年以前の史料に当たり、院御所の大番役の存在がそれを遡らないことを実証することが求められよう。だが、従来の研究では、表2にある鎌倉後期の諸史料をもって、大番役の成立当初から院御所もその勤仕先であったかのごとく理解されていたように思われる。

更に付け加えるならば、表2の諸事例の典拠とされているのはいずれも古文書、正確に言えば覆勘状をはじめとする大番役の勤仕手続き上の文書である（後掲表3「備考」欄参照）。しかしそれだけでなく、古記録以下あらゆる史料に目を広げることによって、大番役の勤仕の実際をより詳しく知ることができるであろう。

そこでまず、内裏だけでなく院御所も大番役の勤仕先であったかどうかを、古文書のみならず古記録も含めて確認しておきたい。文応元年以降、京都大番役の勤仕先が判明し得る事例を管見の限りで検出したのが表3である。これによれば、院御所を勤仕先とする大番役と考えられる事例は全四四例中一八例（No.1・2・4・5・11・12・14・15・18・21・23・27・28・31・41〜44）あることが知られる。

まず、内裏の大番役の事例について一例だけ見ておこう。延慶四年（一三一一）正月十六日、踏歌節会が行われようとしていた内裏で、見物に来ていた六波羅北方探題金沢貞顕の「祇候人」鵜沼孫左衛門尉が滝口平有世を殺害する事件が起こった。この時「大番」が数人現れ、左兵衛陣の門外で犯人を討ち取った。しかし、鵜沼孫左衛門尉の余党鵜沼八郎がなお紫宸殿に昇り、装束司史生・掃部寮官人を殺したあ

—文応元年（1260）以降—

殿　第	出　典	備　考
三条坊門押小路殿	深堀家文書	(イ)、六波羅探題北条時茂挙状（12-8544）
二条高倉殿→冷泉万里小路殿	都甲文書	(ロ)、六波羅探題北条時茂挙状（12-8759）
五条大宮殿	新抄	
冷泉富小路殿	山中文書	六波羅探題挙状（13-9716）
冷泉富小路殿	東寺百合文書エ	(ハ)、六波羅御教書案（14-10389）他
五条大宮殿	深堀家文書	(ニ)、六波羅探題挙状（14-10463）
二条高倉殿	吉続記	
二条高倉殿	吉続記	
二条高倉殿	吉続記	
二条高倉殿	見聞筆記拾三	関東下知状（35-27089）
「仙洞門」（三条坊門殿ヵ）	勘仲記	
冷泉万里小路殿	吉続記	
三条坊門殿ヵ	広峯神社文書	(ホ)、得宗家公文所奉書（18-13738）
常盤井殿	後藤文書	越後守護(名越公時)家奉行人連署覆勘状案(20-15027)
靡殿	公衡公記	
二条高倉殿	勘仲記	
二条高倉殿	長善寺文書	(ヘ)、美濃守護家奉行人連署覆勘状案（20-15703）
冷泉万里小路殿	和田文書	(ト)、和泉守護(北条時村)家奉行人連署覆勘状(20-15705)
二条高倉殿	勘仲記	
冷泉富小路殿	実躬卿記	
常盤井殿	実躬卿記	
冷泉富小路殿	帝王編年記	中務内侍日記「大番の武士」
冷泉富小路殿／常盤井殿	実躬卿記	
冷泉富小路殿	実躬卿記	
冷泉富小路殿	伏見天皇日記	
冷泉富小路殿	伏見天皇日記	
冷泉富小路殿／常盤井殿	実躬卿記	
冷泉富小路殿／常盤井殿	実躬卿記	
冷泉富小路殿	実躬卿記	
二条富小路殿→二条高倉殿	和田文書	(チ)、良意覆勘状（27-20814）
冷泉万里小路殿	大理秘記	
二条富小路殿	花園天皇日記	
二条富小路殿	花園天皇日記	
二条富小路殿	花園天皇日記	
二条富小路殿	花園天皇日記	
二条富小路殿	花園天皇日記	
二条富小路殿	花園天皇日記	
二条富小路殿	花園天皇日記	
二条富小路殿	花園天皇日記	
冷泉富小路殿	花園天皇日記	
常盤井殿	後宇多院日記	
持明院殿	花園天皇日記	
常盤井殿	花園天皇日記	
常盤井殿	花園天皇日記	

5、表2と一致する事例は、その記号を「備考」欄に記した。

6、「備考」欄の文書名は、その事例の典拠とした文書の名称を表す（ただし『鎌倉遺文』の文書名とは必ずしも一致しない）。また、数字は『鎌倉遺文』の巻—号数を表す。

表3　京都大番役の勤仕先

No.	年　月　日	西暦	大番御家人	場所・居住者
1	文応元年1.(1)-6.30	1260	深堀行光	院・後深草
2	弘長元年7.1-12.29ヵ	1261	都甲惟家（代官惟親）	院・後嵯峨
3	文永2年7.16	1265	内裏左衛門陣守護番衆	内・亀山
4	文永4年1.1-3.30	1267	山中敬西（有俊）	院・後深草
5	文永6年4.2-7.7	1269	若狭定蓮（忠清、代官藤原忠頼）	院・後深草
6	文永6年5.□-6.□	1269	深堀時光	内・亀山
7	文永8年2.23	1271	大番之者	内・亀山
8	文永9年10.19	1272	門々番衆	内・亀山
9	文永10年4.5	1273	大番之輩	内・亀山
10	建治2年1.28	1276	豊田師光	内・亀山
11	建治2年9.1以前	1276	(矢田）宗兼	院・亀山ヵ
12	弘安2年5.25	1279	大番等	院・亀山
13	弘安2年7.1-9.30	1279	広峯家長（子息長祐）	内・後宇多
14	弘安6年5.27-6.7	1283	後藤光忍	院・亀山
15	弘安6年7.4	1283	靡殿大番	院・亀山
16	弘安6年10.20	1283	大番武士	内・後宇多
17	弘安8年7.1-9.1	1285	鷲見安吉・同諸安	内・後宇多
18	弘安8年7.1-10.1	1285	和田性蓮（代官範定）	院・亀山
19	弘安10年3.11	1287	(女房侍従）局大番武士	内・後宇多
20	弘安10年10.21	1287	門前大番	内・伏見
21	弘安10年10.30	1287	大番	院・後深草
22	正応3年3.10	1290	門々番衆	内・伏見
23	正応4年1.18	1291	門前番衆等	内・伏見／院・後深草
24	正応4年5.24	1291	門之（々ヵ）大番	内・伏見
25	正応5年1.6	1292	門々番衆	内・伏見
26	正応5年1.14	1292	大番等	内・伏見
27	正応5年1.17	1292	禁裏・仙洞門々大番	内・伏見／院・後深草
28	正応5年1.19	1292	門々大番	内・伏見／院・後深草
29	正応5年4.1	1292	禁裏中門二（大）番下人	内・伏見
30	正安3年1.1-6.29	1301	和田清遠	内・後伏見→後二条
31	嘉元4年1.11・12	1306	大番・四足番衆	院・後宇多
32	延慶4年1.16	1311	大番・大番者	内・花園
33	応長2年2.28	1312	大番・北土門番衆	内・花園
34	正和元年8.25	1312	門々番衆等	内・花園
35	正和2年4.25	1313	四足門番衆	内・花園
36	正和3年3.17	1314	諸門番衆等	内・花園
37	正和3年③.4	1314	番衆等	内・花園
38	正和6年1.11	1317	門番衆等	内・花園
39	文保元年2.13	1317	門番衆等	内・花園
40	文保元年5.9	1317	北門番衆・大番等	内・花園
41	文保3年1.1	1319	門番衆	院・後宇多
42	元亨2年⑤.19	1322	番衆等	院・後伏見・花園
43	元弘2年1.17	1332	門々番衆等	院・後伏見・花園
44	正慶元年6.12	1332	門番衆等	院・後伏見・花園

［凡例］　1、「年月日」欄の丸数字は閏月を表す。
2、「大番御家人」欄は、人名を除き、できるだけ史料の表記に従った。
3、「場所・居住者」欄の「内」は内裏を、「院」は院御所を表す。
4、「殿第」欄の殿第名については注(11)を参照。

げく自害した。それらの遺体も「大番者」が門外へ運び出したという[11]（№32）。時の花園天皇は二条富小路殿を内裏としており、鵜沼孫左衛門尉の討たれた場が「左兵衛陣富小路西棟門」となっていることから[12]、事件の際も花園がここを御所としていたと考えられる。従って、右の「大番（者）」は内裏二条富小路殿の大番御家人であり、鎌倉末期でもなお内裏の大番が存続していたことが分かる。

次に、院御所に詰める大番武士の存在について検討しよう。弘安八年（一二八五）、和泉国御家人の和田修理亮入道性蓮は、七月一日から十月一日までの三ヶ月間、代官をたてて大番役を勤仕しているが、その役所として割り当てられたのは「院御所万里小路面棟門」であった[13]（№18）。当時は亀山上皇が院政を行っていたが、その二年前の十月、後宇多天皇が冷泉万里小路殿から新造の二条高倉殿に入るのに伴い、彼は常盤井殿から冷泉万里小路殿に移っている[14]。以後、亀山は禅林寺殿・三条万里小路殿・亀山殿などを併用しつつも、冷泉万里小路殿を本所御所とした[15]。従って、和田性蓮は亀山上皇の御所である冷泉万里小路殿の、万里小路側の棟門を大番役として警固していたものと考えられる。

次に古記録の記事を見てみよう。弘安六年七月、日吉社神輿入洛問題の処理に当たるため、東使城長景・二階堂行忠（行一）が上洛した。この時、亀山上皇は禅林寺殿を御所としていたが、東使との問答に際して「辺土御所」では不都合ではないかと関東申次西園寺実兼が申し出たことから、四日に彼は新陽明門院（藤原位子、亀山女御）の御所である靡殿に移った。その際、「靡殿大番事」に関する「師卿」中御門経任の奉じた院宣が、西園寺実兼を介して六波羅探題に伝達されている（№15）。この「靡殿大番」は、新陽明門院御所のそれではなく、当日亀山が靡殿に移ってきたため、そこを院御所として警固する大番が必要になって設置されたものと考えるべきである。従って、これは院御所の大番役の一事例であると判断することができる。

また、弘安十年十月二十一日、後宇多が譲位して伏見天皇が受禅し、治天の君も亀山から後深草上皇に交替することとなったが、その日の夜に「門前大番参二内裏一」り（No.20）、九日後には「常葉（盤）井殿大番参候」した（No.21）。この直前に後深草は冷泉富小路殿から常盤井殿に移っており、[16]伏見は後深草が出た後の冷泉富小路殿で受禅した。つまり、この「常葉（盤）井殿大番」は、治天の君後深草上皇の御所である常盤井殿を警衛する大番御家人であり、伏見天皇のいる内裏のそれとは明らかに区別される存在であることが分かる。

以上の分析から、少なくとも文応元年（一二六〇）以後については、五味氏の述べるとおり、京都大番が内裏と院御所の双方に設置され、御家人が警固に当たっていたと考えられよう。そこで次に問題となるのは、院御所を勤仕先とする大番役の存在がいつ頃まで遡り得るのかということである。次節では、一二六〇年代以前の諸史料から関連記事を検索・分析し、院御所の大番役が成立した時期について考えてみたい。

二　院御所を勤仕先とする大番役

(一)　鎌倉中期（承久の乱後～一二六〇年代以前）

まず、便宜的に承久の乱後から文応元年（一二六〇）より前までに区切って検討しよう。管見の限り、当該期において大番役の勤仕先が判明する記事は次のとおりである。

①安貞二年（一二二八）三月二十日、後堀河天皇がその母北白河院の御所である持明院殿に朝覲行幸を行ったが、その際、内裏の門外で「大番武士等」が左大将九条教実の舎人と口論を起こしている。[17]この時期、院政を行うべき上皇はおらず、形としては後堀河天皇による親政が行われていた。彼は即位以来閑院を居所としていたから、この「大番武士等」は閑院内裏を警衛する大番御家人と考えられる。

②寛喜二年（一二三〇）三月、六波羅北方探題となった北条重時が、上洛に当たって関白九条道家・右大将西園寺実氏に馬を進上した。道家は二十五日に自第でこれらの馬を見たが、この時「大番武士相替列㆓居門前㆒」していた[18]。当時も①と同じく後堀河親政の段階であったから、この「大番武士」も閑院内裏の大番である。ただ、当日は六波羅探題北条重時による馬貢進という重要な儀式であったため、大番御家人が平常の任務を離れて関白九条道家第の門前に整列し、儀礼の警固に当たったのであろう。

③寛喜三年十一月十四日は日吉臨時祭と吉田祭が催され、後堀河天皇や春宮秀仁（後の四条天皇）・中宮九条竴子もそれぞれ禊の儀式を行ったが、春宮の儀に御膳陪膳の役として祗候していた藤原経光のもとに、主殿官人が装束の不備を理由に立明の勤仕を拒否し、奉行の藤原季頼が「大番武士」をもって彼らを呼び寄せようとしたという報告が入ってきた。この日、左右馬寮が日吉臨時祭舞人の騎乗する馬の調達を遅らせてしまったので、舞人・陪従らが陣の辺りで待っていたところ、舞人の中に主殿寮の官人を兼ねる者が一人いたため、春宮庁より催促がかかってきた。重役を勤めるので参仕は無理だと返答すると、今度は大番武士がやって来て無理やり連れて行こうとし、冠を打ち落とした上に「於㆓舞人㆒者一切不㆑可㆑勤」と暴言を吐いた。舞人・陪従らが群集して高声で訴え、その声は天皇の耳にまで達した。藤原経光は、祭儀を無事に終えることが先決とし、騒動については後日の沙汰として舞人・陪従らに進発を命じるとともに、春宮大夫大炊御門家嗣を介して天皇に事件を報告した[19]。以上がこの事件の概要であるが、後堀河はこの時も引き続き閑院に居住しており、春宮もその一角で禊の儀式を行ったと思われる。従って、当日騒動を起こした「大番武士」は閑院内裏の大番御家人であったと判断できる。

④藤原経光の日記に、貞永二年（一二三三）正月十七日の記事として「今夕院御所大番武士与㆓蔵人大進㆒有㆓喧嘩事㆒云々」という一節が見える[20]。蔵人大進とは、当日行われた射礼および最勝光院八講結願に伴う免者

の奉行であった藤原兼高である。この前年の十月四日、後堀河は四条に譲位し、十四日には閑院から内大臣西園寺実氏第である冷泉富小路殿に移っていた。(21) このことから、その日藤原兼高と喧嘩を起こした「大番武士」は、後堀河の院御所冷泉富小路殿を警備する御家人であったと考えることができよう。

⑤藤原定家の日記に、文暦二年（一二三五）正月三日の記事として「朝日申時許参陣、於二左衛門陣一請二取大番一雑人覧見、以二郎等一分二庄（ママ）門一云々」とある。(22) 藤原定家が左衛門陣で請け取った「大番（の一覧ヵ――木村注）」には諸門に配置された郎等の人名が記されていたが、その中には雑人も混じっていたというのがこの記事の意味であろう。この前年の八月に後堀河上皇が没し、当時院政は行われていないから、この「大番」は四条天皇のいる閑院内裏の大番である。

⑥同年六月十四日、「為二内裏守護一指進武士」が吉上と闘諍を引き起こした。六波羅探題北条重時がこの件を公家側に申し出たため、吉上が召喚され武士に引き渡されたが、間もなく和解したという。(23)「内裏守護」のため派遣されていた点と、「吉上」すなわち宮中・宮門の警備に当たる六衛府の下役と喧嘩を起こしたという点から、この武士は閑院内裏の大番役に従事する幕府の御家人であったと考えられる。

⑦寛元三年（一二四五）正月十一日は雨がひどく、雷も京の各所に落ちたが、それに関する伝聞として「昨日或落二陣中一、二条以北、堀川以東、大番沙汰人左衛門尉実員宿所也、其雷為二小法師一、二条東行指二内裏一走行云々」という記事がある。(24) これが後嵯峨親政期の事例であること、雷の落ちた左衛門尉実員の宿所が二条以北・堀川以東にあり、後嵯峨のいた閑院の「陣中」に該当することから、(25) これも内裏の大番を指していると分かる。なお、ここに見える「大番沙汰人左衛門尉実員」は、別の史料では「内裏守護人実量」と呼ばれており、(26) 六波羅探題北条重時の被官である神実員と考えられる。(27) 彼はいわば六波羅探題の代官として閑院内裏の陣中に駐屯し、現場で大番衆を指揮・統率していたものと推測される。(28)

⑧寛元四年、京都・鎌倉双方における政変により九条道家・頼経父子が没落し、京都では後嵯峨院政が、鎌倉では北条時頼政権が確立した。この政変の後、京中では群盗がしばしば蜂起した。その原因として、翌年からの篝屋の停止と、「関東武士於レ今者為二大番一上洛之条、可レ停二止之一、以二畿内輩一、内裏・仙洞許如レ形可レ勤二番役一」という風聞がたったことがあげられている。[29] この記事は実際の大番役勤仕の状況を示すものではないが、少なくともこの段階において、内裏だけでなく院御所も御家人（ここでは「畿内輩」）の大番役勤仕の対象となっていることを表していると言えよう。

⑨宝治三年（一二四九）二月一日、閑院内裏が焼亡し、後深草天皇は皇后曦子内親王と共に前太政大臣西園寺実氏第の冷泉富小路殿に行幸した。この火災について、「今夜回禄出三来自二縫殿陣北面妻戸内一、放火云々、或数所付レ火云々、滝口并宿直武士等、申下慥不二見及一之由上、皇后宮簡衆信時（藤原カ）、自二両三所一火出来之由見レ之云々」という記事が見える。[30] この「宿直武士」は、滝口の武士と区別されている点から、閑院内裏に詰めていた大番御家人の可能性が高いと考えられる。

ここまで、承久の乱以降から文応元年（一二六〇）までにおける京都大番役の勤仕先について検討を進めてきた。当該期は院政よりも親政の方がその期間が長く、右の分析でも内裏がその勤仕先と考えられる事例の方が多く見られたのであるが、それでも④・⑧から、この段階、遅くとも後堀河院政期には既に、内裏だけでなく院御所においても、大番として鎌倉幕府の御家人が警固に当たっていたと判断することができよう。[31]

(二)　平安末～鎌倉前期（承久の乱以前）

それでは、京都大番役に関する史料が初めて現れる後白河院政期から、承久の乱が勃発するまでの時期についてはどうであろうか。同様に関連記事を整理してみよう。

①安元三年（一一七七）四月二十八日、「太郎焼亡」と呼ばれる大火災が発生し、大内裏の大極殿・八省諸司や諸門等が炎上してしまった。この際、中宮庁も焼失したため、経師法師の住宅であった二条北・油小路西角の古小屋を仮の庁屋として用いていたが、二日後の晩、ここに強盗が押し入り、庁官人や経師法師の弟子らに斬りつけ傷を負わせた上に放火する事件が起こった。[32] その詳細を書き付けた『吉記』に「大番兵士申云、於二火事一者聞付云々、不レ知二強盗一之由云々」という一節が見える。[33] 当時、高倉天皇は閑院を居所としており、二十八日の大火災の際は火が近くにまで及んだため一時土御門殿に避難したが、翌日には閑院に戻っている。[34] この時に仮中宮庁とされた古小屋の位置が閑院の「陣中」に当たっていたこと、大番兵士が中宮庁の火災に駆けつけていることから、彼らは閑院内裏を警固する大番の武士であると推測できる。

②治承四年（一一八〇）二月十八日、中宮平徳子・東宮言仁（後の安徳天皇）のいる五条東洞院殿の近辺で火災が発生した。中宮の殿上に祗候していた藤原忠親は慌てて東中門廊に向かい、門のところにいた「大番之輩数十人」に対して、御所の上に昇って延焼を防ぐよう命じたが、彼らは下知に全く従わなかった。[35] その二日前、高倉天皇は譲位のため閑院に移っていたが、中宮・東宮はこれに同行せず、なおも五条東洞院殿に滞在していた。[36] 右の経緯から見て、この「大番之輩」も内裏大番の武士と考えてよいと思われる。

③元暦二年（一一八五）六月、源頼朝は対立する源義経に与同したとして、多田蔵人行綱の所領を没収し、これを大内惟義に給与するとともに、[37]「よろつ《（万）》この所（多田―木村注）の家人とも《（共）》おも、いま《（今）》は御家人としてあんと《（安堵）》セさせ給て、かん《（閑）》院たいり《（内裏）》の大番おせさせ給へく候」と彼に命じている。[38] これによれば、元暦二年当時の内裏は閑院であり、そこが大番役の勤仕先だと認識されていたことが分かる。この年、後鳥羽天皇は、四月二十七日から六月十六日まで平氏が西国に持ち出した神器の還京を迎えるため大内裏に、[39] 七月二十二日～十二月二十五日には閑院の修理のため大炊御門殿にそれぞれ滞在しているが、[40] その他は基本的に閑院に居

住しており、右の文書の認識と一致する。

④建暦元年（一二一一）十一月七日、後鳥羽皇女の春華門院（昇子内親王）が危篤に陥り、翌日に左大臣九条良輔の滞在する四条櫛笥殿（四条隆衡第）に移され、間もなく没した。[41] これに関して、『明月記』に「暁鐘之後、参二高陽院殿一、大番等云、御幸早成了、仍追参二四条一」という記事がある。[42] 高陽院殿は後鳥羽上皇の御所であり、春華門院は死の直前まで後鳥羽と同居していた。[43] 素直に考えれば、この「大番等」は後鳥羽院御所の高陽院殿を警備する大番御家人と解釈できるが、春華門院の御幸に「院北面之輩」が祗候していたことから、警備が手薄になる高陽院殿に内裏の大番御家人が参集して警備に当たったと考えることも可能である。[44] しかし、右の「大番等」が御家人だという確たる証拠は見えず、後鳥羽が自ら設定し、御家人以外の者も含めて勤仕させていた院の「大番」である可能性もある。関連史料がこれ以上見出せない現状において、確定は難しい。

⑤建保二年（一二一四）四月二十八日、順徳天皇が居する閑院の左衛門陣の前を「下品男」が剣を持って通り過ぎ、陣の者の制止も聞かずに立ち去ろうとしたため、陣の者は飛礫を打ち剣も抜いてこれを追った。蔵人所衆の一人によって捕らえられたこの男の素性は「鎮西大番郎等」であった。[45] 騒動の起きた場所、および事件の報告が内裏から後鳥羽のもとに届けられている点から、この人物が閑院内裏の大番に関わりの深い武士であった可能性は高い。

⑥『古今著聞集』に、順徳天皇在位の頃、ある所の雑人の一人が、殊に警備の厳しかった内裏の大番武士をうまく欺き、高足駄を履いてその目の前を通りきったという説話が載せられている。その中に「此主ことに高きあしだはきて、二条油小路を南へとを《ほ》るに、案のごとく大番のもの、「あの男のあしだは」などいふを」という記述が見える。[46] 二条大路・油小路は、①で見たように閑院内裏の陣中である。もちろんこれが実際に

あった出来事だと確言することはできないが、少なくとも、この説話は閑院内裏の西側の通りを舞台としており、「大番のもの」が警備していたのはおそらく閑院の油小路側の門やその近辺ということになるだろう。

以上、平安末期から承久の乱以前までの時期について検討してきた。この時期は乱以降と比べて、院政の行われた期間が親政のそれよりはるかに長いにもかかわらず、大番武士が院御所を警固していた可能性がある事例は後鳥羽院政期の④の一件だけであり、後白河院政期に関しては内裏をその勤仕先とする事例しか検出できなかった。直接的な史料が非常に乏しく、これらだけから結論を導き出すのは無謀かもしれないが、少なくとも以上の分析による限り、当初における京都大番役の勤仕先は内裏のみであり、院御所を警固の対象とする大番役は後鳥羽院政期以降、遅くとも後堀河院政期になって成立したと考えざるを得ないのではなかろうか。(47)

本節の考察の結果、京都大番役は元来内裏のみを警固する軍役であったこと、および承久の乱前後、遅くとも後堀河院政期には院御所もその勤仕先に加えられたこと、以上の二点が明らかになった。この事実を踏まえて、次節では院御所を勤仕先とする大番役が歴史的にいかなる意味を有していたのかを考えてみたい。

三　院御所大番役の確立とその歴史的意義

まずあらかじめ考察しておくべきは、院御所を勤仕先とする大番役がいまだ成立していなかった段階において、一体いかなる存在が院御所を警固していたのかということである。これについて吉村茂樹氏は、白河院政開始以降、院北面の武士や院武者所などが院御所の警固に当たっていたとし(48)、元木泰雄氏も、治承・寿永の内乱段階において、後白河は原則として院下北面を中心とする家産的武力に御所の警固を委ねていたとする。(49)実例に即して見れば、天承元年（一一三一）八月二日の夜半、女院一品宮（待賢門院女禧子内親王）の侍惟宗範季が某人を殺害するため女性に変装して院中を往反していたのを、その日の夜番であった信濃守藤原盛重の所従が捕らえて尋問した[50]。この時、藤原盛重は鳥羽上皇の北面衆の一人であり[51]、院北面が平時に院御所の警備に当たっていたことが分かる。また、建暦三年（一二一三）五月二十七日の朝、三条猪隈周辺の山僧・神人が家主に出挙の利を責め立てて闘乱・殺害に及んだ際、悪僧らが「新院」土御門上皇の御所の北門前に逃げ込んできたため、武者所がこれを拘束している[52]。以上から、院御所の大番役が成立する以前においては、院北面の武士や院武者所などが院御所警固の中核的役割を担っていたと推測できよう。

もちろん、院御所を勤仕先とする大番役が成立した後も、これらの組織が院御所警衛の役割を放棄していたわけではない。例えば、弘安二年（一二七九）五月二十五日、亀山上皇が石清水八幡宮に御幸していた最中に院御所冷泉万里小路殿の近くで火災が発生した時には、「北面輩・大番等」が周囲の小屋を破却し鎮火に当たっている（表3No.12）。つまり、鎌倉後期にも院の家政組織的武力は一応存続していたが、その一方で幕府の御家人が大番役として院御所の警備に当たるようになっていたのである。では、院独自の警固組織が存在するにもかかわらず、院御所を警固対象とする大番が出現したのは一体なぜであろうか。この点をまず、承久の乱後における京都大番役制度の状況から考えてみよう。

第一に注目したいのは、京都大番役の勤仕手続きに関する幕府の立法が一二三〇～四〇年代に集中していることである。それらは具体的に①大番役の結番と勤仕期間（鎌倉幕府追加法六六条、『吾妻鏡』宝治元年十二月二十九日条）、②勤番者の遅参・懈怠に対する罰則（鎌倉幕府追加法六九条・八八条・一五三条）、③勤仕者への請取状交付（『吾妻鏡』宝治二年正月二十五日条）、④大番役の免除などに分類できる。特に④については、当初は広く「在京御家人」がその対象とされた（鎌倉幕府追加法五二条）が、寛元元年（一二四三）に「不退祗候六波羅者」に限定された（『吾妻鏡』同年十一月十日条）。その一方で大番衆の篝屋守護役勤仕が停止され[53]、京都大番役と洛中警固（追捕・治安維持）の制度的分離と各々の整備が、幕府の手によって進められていったのである。[54]

もう一つは、京都大番役の勤仕終了を証明する六波羅探題の挙状や守護の覆勘状の実例が一二三〇年代に初めて確認されることである。[55]史料残存の状況にもよるため簡単には言えないが、このことは大番役の勤仕終了証明書が一二三〇年代に成立した可能性を示していよう。そしてそれは大番役関係立法の進展の時期とも重なるのである。御家人が大番役勤仕の事実や御家人身分の保有を主張する際の証拠資料としてしばしば大番役勤仕証明書を幕府法廷に提出していることを考えれば、彼らが自ら客観的な証拠をもって御家人であることを幕府に認定してもらうようになったことの意味は大きい。なぜなら、大番役は本来武士であることの認知・確認の一機会であり、その認知の主体は王権だったからである。[56]

これらの点を、単に大番役制度の整備という評価にとどめることはできない。つまり、幕府は承久の乱後、大番役を自らの手で整備して武家権力の制度に改変し、自己の集団の存立基盤・根拠として位置づけたのである。そうであるとすれば、ほぼ同じ時期に院御所を勤仕先とする大番役が出現したことも、こうした流れの中に位置づけられるのではなかろうか。すなわち、大番役運営の主導権を握った幕府は、これを天皇と内裏だけでなく、従来警固の対象に含まれていなかった院とその御所にも設置し、常時王権全体を守護（監視・統制）するための装置としたと想定し得るのである。

この点で注目したいのが、後高倉院政が開始されて間もない承久三年（一二二一）九月十六日に、畿内の御家人に対して高陽院殿の守護が命じられ、六波羅でその結番が定められていることである。[57]この七日前、院御所であった大炊殿が放火で炎上し、後高倉法皇が即日高陽院殿に移っていることから、[58]幕府が畿内御家人に指示したのは院御所の警固であったことが分かる。このこと自体は承久の乱直後の治安悪化に対応した臨時の措置とも考えられるが、それとともに、幕府が院御所を警固対象とする大番役の指揮・統轄に当たる契機となった可能性も高いと言えよう。本章ではこのような、院御所を警固の対象とし、鎌倉幕府が主体的に統轄・運営に当たる大番役を「院御所大番役」と呼ぶことにしたい[59]。では、院御所大番役は本当に幕府の主導する軍事制度として機能していたのであろうか。

（端裏書）「六波羅殿御教書案文永六年二月廿四日」
若狭次郎（忠季）兵衛入道跡大番役事、可レ令レ参二勤役所
新院御所殿上口一之由、被レ載二関東御注文一了、而寄二事於走湯造営一、雖レ被レ申二子細一、不レ及二六波羅沙汰一歟、
所詮、任下被二仰下一之旨上、不日令二上洛一、可レ被二勤仕一也、仍執達如レ件、

文永六年二月廿四日　散位（北条時輔）在御判
陸奥守（北条時茂）在御判

若狭四郎（定蓮）入道殿[60]

この史料は、走湯山造営を理由に大番役勤仕を渋っていた若狭国太良荘地頭若狭定蓮（忠清）に対し、六波羅探題がその申し出を認めず上洛を命じた文書である（表3No.5）。これを受けて彼が在地に用途を賦課したため、以後その可否をめぐって本所東寺との相論に発展するのであるが[61]、ここで注意したいのは、若狭定蓮の大番の役所が「新院[62]御所殿上口」であることが「関東御注文」に記載されていたということである。この文書は、別の史料に「関東御配分御注文」と記されていることから[63]、幕府が各勤番御家人に警固する場所を割り当てたものと推測できる。つまり、御家人若狭定蓮の担当役所を「新院御所殿上口」と指定したのは、御所に居住する院ではなく「関東」＝幕府だったのである。残念ながら、この「関東御配分御注文」に該当する文書は現存していないが、おそらく大番役の勤仕に際しては、勤仕指令（関東御教書）とともに各人の勤仕先を記し

た「関東御配分御注文」が発給されたものと思われる。少なくとも文永六年（一二六九）段階には、幕府は単に大番役の勤仕を御家人に命じるだけでなく、設置の場所や配置する御家人を自ら指定できるようになっていた。院御所大番役も幕府の主導のもとで運営されていたのであり、院はそれを介して勤番御家人個々と主従関係を取り結ぶことは不可能だったのである(64)。

確かに源頼朝は建久年間に大番役を御家人役化し、御家人制を固めた。しかし、大番役制度全体の整備が進められたとは言えず、幕府が大番御家人の警固先を決定した証拠も見られない。また、当該期の御家人は大番役勤仕の事実を自ら客観的に証明することはできなかった。つまり、幕府の成立によって、大番役が鎌倉殿の御家人が勤める軍役と位置づけられたにもかかわらず、勤仕の実態は従前とさほど変わらなかったと思われる。その上、頼朝の没後、後鳥羽上皇は検非違使尉への補任や院西面への組織などによって畿内・西国の守護・御家人や軍事貴族・武士を掌握し、京都の警固や軍事に動員した(65)。このことは、守護の統率のもとで大番役を勤仕する管国御家人をも、守護を介して王権の手足として駆使される道を開くことにつながる(66)。承久の乱以前においては、大番役や軍事動員をめぐって王権側が主導性を持つ余地が依然として残されていたのである。なお、そうであるとすれば、前節㈡④の「大番等」についても、それが幕府の関与のもとで御家人が出仕する大番役であったとしても、あるいは幕府による大番役とは直接関係なく後鳥羽が設けたものであったとしても、後鳥羽がその配置を主導した可能性が高いと考えられる。

承久の乱の勝利を契機として、鎌倉幕府は京都大番役の管理・運営に関する主導権を掌握した。これは、武士が大番役という形で王権を守護するという建前は継承しつつ、幕府および御家人が王権からの自立度を相対的に高め、軍事権門としての地位を安定化させたことを意味した。そして、形式的には院の私的武力（院北面・武者所など）を存続させつつ、院御所大番役を設けることで、鎌倉幕府が天皇（および内裏）のみならず、従来王権の一部を構成していながら、制度的に武家権門が守護の対象とし得なかった院（およびその御所）をも国家の警固の対象に組み込んだ。鎌倉幕府は京都大番役を通して、鎌倉殿と主従関係を結ぶ全国の御家人を動員し、その主従制的組織全体をもって、中世王権（院―天皇）を守護・統制する役割を担う存在になったのである。

このことを王権の側から言い換えれば、本来自ら保有する家政的武力をもって自己を防護し、天皇と比較して国家的守護の枠組みから相対的に自由な立場であった院は、承久の乱における後鳥羽上皇の敗北によって、自らも天皇と共に大番によって守護される存在となった。院はこの後、幕府に依存する形でその権威を喧伝できる代わりに、王権としての自律性を制限されるようになったのである。それまで常に武力の掌握を志向し武力行使の主導者であろうとした王権は、逆に武家権門の武力によって常に守られる存在となった。王権の権威は幕府によって保護され、権門体制的秩序の枠組みは幕府の主導のもとに維持されるようになったのである。

おわりに

最後に本章の結論をまとめておこう。かつて五味克夫氏が指摘したように、京都大番役は内裏だけでなく院御所もその勤仕先として設定されていた。しかし、それは成立当初からの形態だったのではなく、元来は内裏のみを警固先とする軍役であったが、承久の乱前後、遅くとも後堀河院政期には、院御所も大番役における御家人の警固の対象とされたのである。しかも、承久の乱における勝利を契機として、幕府は京都大番役の制度的整備を進め、その統轄や運営を主導するようになった。院御所大番役の確立は、軍事を国家的職能として分掌・担当する権門として中世国家における地位を確立した鎌倉幕府が、天皇のみならず院も含めた中世王権全体の守護者であることをアピールできるという意味・効果を有していたと言えよう。逆に言えば、本来そうした国家的守護の枠組みから相対的に自由であった院は、後鳥羽上皇の敗北と幕府の主導する院御所大番役の確立を契機として、その自律性を制約されるようになった。王権はその存続のために鎌倉幕府という武力集団を不可欠とする存在となり、権門体制的秩序は幕府によって維持される新たな段階に入ったのである。

本章は、王権との関わりから京都大番役を考え直そうとしたものであるが、大番役そのものを再検討したわけではなく、近年の御家人役に関する豊富な議論も組み込むことはできなかった。この点は今後の課題としたい。

〔注〕

（1）三浦周行『続法制史の研究』（岩波書店、一九二五年）八二六頁以下。

（2）五味克夫「鎌倉御家人の番役勤仕について（一）」（『史学雑誌』六三―九、一九五四年。以下、五味A論文と記す）、同「鎌倉幕府の御家人体制―京都大番役の統制を中心に―」（『歴史教育』一一―七、一九六三年。以下、五味B論文と記す）。

（3）石井進「院政時代」（『講座日本史』二、東京大学出版会、一九七〇年）、五味文彦「院支配権の一考察」（『日本史研究』一五八、一九七五年。改題・補訂の上、同『院政期社会の研究』〈山川出版社、一九八四年〉に収録）、飯田悠紀子「平安末期内裏大番役小考」（御家人制研究会編『御家人制の研究』吉川弘文館、一九八一年）、髙橋昌明「中世成立期における国家・社会と武力」（同『武士の成立　武士像の創出』東京大学出版会、一九九九年、初出一九九八年）など。

（4）石井進『日本中世国家史の研究』（岩波書店、一九七〇年）第六章第二節。

（5）青山幹哉「鎌倉幕府の「御恩」と「奉公」」（『信濃』三九―一一、一九八七年）、七海雅人『鎌倉幕府御家人制の展開』（吉川弘文館、二〇〇一年）、清水亮『鎌倉幕府御家人制の政治史的研究』（校倉書房、二〇〇七年）、高橋典幸『鎌倉幕府軍制と御家人制』（吉川弘文館、二〇〇八年）など。

（6）髙橋昌明前掲注(3)論文。

（7）黒田俊雄「鎌倉幕府論覚書」（同『日本中世の国家と宗教』岩波書店、一九七五年、初出一九六四年。引用は『黒田俊雄著作集第一巻　権門体制論』〈法蔵館、一九九四年〉一八五頁）。

（8）なお詳述はできないが、「京都大番役」という呼称は承久の乱以降用いられるようになったもので、それ以前は「内裏大番役」・「大内大番役」と呼ばれていた。本章では叙述の便宜上、「京都大番役」もしくは単に「大番役」と記すことにする。

（9）『沙汰未練書』（佐藤進一・池内義資編『中世法制史料集第二巻　室町幕府法』岩波書店、一九五七年）。

（10）五味A論文二八頁。

（11）『花園天皇日記』延慶四年正月十六日条、『武家年代記裏書』同年正月十三（十六ヵ）日条。なお、内裏・院御所に充てられた殿第については、『続史愚抄』、および橋本義彦「里内裏沿革考」（同『平安貴族』平凡社、一九八六年、初出一九八一年）、近藤成一「内裏と院御所」（五味文彦編『中世を考える　都市の中世』吉川弘文館、一九九二年）、詫間直樹編『皇居行幸年表』（続群書類従完成会、一九九七年）を参照しつつ、同時代の古記録類に当たって確定した。以下、内裏・院御所の殿第名を記した箇所のうち、その典拠を注記していない場合は、右の手続きによるものと解されたい。

（12）前掲注(11)『武家年代記裏書』。

（13）弘安八年十月七日和泉守護（北条時村）家奉行人連署覆勘状（和田文書、『鎌倉遺文』二〇―一五七〇五）。なおNo.13は播磨国の事例であり、その守護は北条時宗である。またNo.14の越後国は名越公時、No.17の美濃国は北条氏一門、No.18の和泉国は北条時村である（佐藤進一『増訂　鎌倉幕府守護制度の研究―諸国守護沿革考証編―』東京大学出版会、一九七一年）。このように、いずれも管国守護が北条氏であることから、No.13の文書は得宗家公文所奉書、No.14・17・18は北条氏庶流家の家政機関（奉行人）が発給した覆勘状と考えられる。

(14)『勘仲記』弘安六年十月二十・二十三日条。
(15)近藤前掲注(11)論文。
(16)『実躬卿記』・『勘仲記』弘安十年十月十九日条。
(17)『玉蘂』安貞二年三月二十日条。
(18)『明月記』寛喜二年三月二十五日条。
(19)『民経記』寛喜三年十一月十四日条。
(20)『民経記』貞永二年正月十七日条。
(21)『民経記』貞永元年十月四日条、『百練抄』同年十月十四日条。
(22)『明月記』文暦二年正月三日条。
(23)『明月記』文暦二年六月十四日条。
(24)『平戸記』寛元三年正月十二日条（一部、内閣文庫所蔵写本により訂正）。
(25)「陣中」については、飯淵康一「平安期里内裏の空間秩序について―陣口および門の用法からみた―」（『日本建築学会論文報告集』三四〇、一九八四年）、野口孝子「閑院内裏の空間領域―領域と諸門の機能―」（『日本歴史』六七四、二〇〇四年）、同「閑院内裏の空間構造―王家の内裏―」（髙橋昌明編『院政期の内裏・大内裏と院御所』文理閣、二〇〇六年）を参照。
(26)『平戸記』仁治三年（一二四二）五月三十日条。彼はここで、前内大臣土御門定通に北条泰時の病状に関する情報を伝えた人物として現れる。また、天福二年（一二三四）の四天王寺執行等殺害事件において、現地に派遣されてその処理に当たった「神五郎実員」（〈天福二年〉六月二十九日尊性法親王書状、南北真経寺所蔵法華経紙背文書、『向日市史　史料編』〈一九八八年〉(87)）、および寛元四年（一二四六）四月二十九日の後嵯峨上皇の賀茂社御幸の際、下社の鳥居付近で雑人を払う任務に当たっていた「武士実員」（『葉黄記』同日条）もこれと同一人物である。
(27)森幸夫「六波羅探題職員の検出とその職制」（同『六波羅探題の研究』続群書類従完成会、二〇〇五年、初出一九八七・一九九〇年)、高橋慎一朗「尊性法親王と寺社紛争」(『遙かなる中世』一九、二〇〇一年)。なお、この点は本章の原論文発表後、森・高橋両氏よりご教示を得た。

(28) 五味克夫氏は、「管国御家人、一族、寄子等の大番衆を指揮し、六波羅探題の統轄下に勤番した」「守護及び守護級の有勢御家人」を「大番沙汰人(番頭)」と理解する(五味B論文一八頁)。しかし史料的に見て、右の定義に合致するのは「番頭」または「頭人」であり(例えば、正嘉三年二月二十日関東御教書〈深堀家文書、『鎌倉遺文』一一―八三四九〉、文永五年二月二十六日関東御教書〈同右、『鎌倉遺文』一三―九八六四〉)、探題被官が六波羅探題の代官として大番衆全体を統率する「大番沙汰人」とは異なる存在のように思われる。

(29) 『民経記(暦記)』寛元四年十二月八日条。

(30) 『岡屋関白記』宝治三年二月一日条。この事例は、本章の原論文発表後に生駒孝臣氏よりご教示を得た。

(31) なお、嘉禄元年(一二二五)十月三日、七条院(藤原殖子)の太秦の御所に群盗約六十人が乱入し、「大番者三・四人負レ手」う事件が起こった(『明月記』同年十月四日条)。当時は院政が行われていないから、この「大番者」が院御所のそれであることはまずあり得ないが、閑院内裏と彼女の御所は距離的に離れており、内裏の大番御家人である可能性も低い。あるいは飯田悠紀子氏の言うような「女院番役」である可能性もあるが(同前掲注(3)論文)、ここでは解答を留保したい。

(32) 『玉葉』安元三年四月二十八日・五月一日条、『吉記』同年四月三十日条、『愚昧記』同年五月一日条、『顕広王記』(高橋昌明・樋口健太郎「国立歴史民俗博物館所蔵『顕広王記』承安四年・安元二年・安元三年・治承二年巻」『国立歴史民俗博物館研究報告』一五三、二〇〇九年)同年四月二十八日条裏書・三十日条。

(33) 『吉記』安元三年四月三十日条。なお、『顕広王記』同日条にも、「四大番者等敢不二搦留一」とある。

(34) 『玉葉』安元三年四月二十八日・五月二日条、『吉記』同年四月二十九日条、『愚昧記』同年四月二十八・二十九日条。

(35) 『山槐記』治承四年二月十八日条。

(36) 『山槐記』・『玉葉』治承四年二月十六日条。

(37) 元暦二年六月八日源頼朝袖判大江広元書状案（多田神社文書、『兵庫県史　史料編・中世二』一九八三年）。

(38) 元暦二年六月十日源頼朝袖判中原親能書状案（同右）。

(39) 『玉葉』元暦二年四月二十七日・六月十六日条。

(40) 『山槐記』元暦二年七月二十二日条、『玉葉』文治元年十二月二十五日条。

(41) 『明月記』・『玉蘂』建暦元年十一月七・八日条。

(42) 『明月記』建暦元年十一月八日条。この事例については、本章の原論文発表後に高橋典幸氏よりご教示を得た。また、明月記研究会編「『明月記』（建暦元年十一月・十二月）を読む」（『明月記研究』八、二〇〇三年）も参照。

(43) 『玉蘂』建暦元年十一月七日条に「与二大納言一相共馳二参春花門院〈高陽院殿〉一」とあり、『明月記』同日条にも「午時許参院、参二春花門院御方一」、「戌終許、女房周章申云、新女院崩御之由有二其聞一、予聞二此事一、驚立参二高陽院殿一、時儀猶依レ有二事恐一、先見二院御方一（中略）見二此事一了、参二彼御方一」とある。

(44) 『玉蘂』建暦元年十一月八日条。なお拙稿「王権・内裏と大番」（髙橋昌明編前掲注(25)『院政期の内裏・大内裏と院御所』。改稿の上、本書補論に収録）では、この「大番等」を春華門院の女院番役と解釈することも可能と考えたが、この時点の高陽院殿は後鳥羽の院御所という性格が主であるので、女院番役と見る必要はないと思われる。

(45) 『後鳥羽院日記』建保二年四月二十八日条。

(46) 『古今著聞集』巻第一六・興言利口第二五「順徳院御時恪勤者某大番の者を欺き高足駄にて油小路を通行の事」（『日本古典文学大系』八四、岩波書店、一九六六年）。

(47) 嘉元三年（一三〇五）九月十三日越前国坂北荘年貢課役注進状（東山御文庫記録、『福井県史　資料編二』一九八六年）に「百両　六条殿大番奉行給」という記載が見える。六条殿は後白河法皇が治承・寿永の内乱のさなかに居住した院御所である。その邸内に建立された持仏堂が長講堂で、坂北荘は長講堂領であった。「六条殿大番」の実態は不明であるが、嘉元二年九月日越前国坂北荘年貢課役注進状案（同右）に「門兵士五門各三人四門十二月卅ヶ日、一門同上十五ヶ日、」とあることから、六条殿の諸門を警備する存在と推測できる。高橋一樹「六条殿長講堂の機能と荘園群編成」（高橋昌明編前掲注(25)『院政期の内裏・大内裏と院御所』）は、文永十二年（一二七五）段階で六条殿が後深草上皇の院御所となっており、六条殿が大番役の幕府御家人によって警固される時期があった可能性は高いとする。ただ、六条殿が後白河の院御所であった段階において「六条殿大番」が存在したかどうかは不明である。

(48) 吉村茂樹「院北面考」（『法制史研究』二、一九五三年、林陸朗編『論集日本歴史三　平安王朝』〈有精堂出版、一九七六年〉所収）。

(49) 元木泰雄「王権守護の武力」（薗田香融編『日本仏教の史的展開』塙書房、一九九九年）。

(50) 『時信記』天承元年八月三日条（宮内庁書陵部編『皇室制度史料　太上天皇二』〈吉川弘文館、一九七九年〉三五九頁）、『長秋記』同年八月四日条。

(51) 『時信記』天承元年十月十七日条（同右三五九頁）。

(52) 『明月記』建暦三年五月二十七日条。

(53) 寛元四年正月十九日北条重時書状案（東寺百合文書イ、『鎌倉遺文』九―六六〇九）。

(54) 本書第一章「六波羅探題の成立と公家政権」。

(55) 川添昭二「覆勘状について」（同『中世九州地域史料の研究』法政大学出版局、一九九六年、初出一九七一年）、瀬野精一郎「京都大番役勤仕に関する一考察」（同『鎌倉幕府と鎮西』吉川弘文館、二〇一一年、初出一九七四年）によれば、侍所宛の六波羅探題挙状の初見は天福二年（一二三四）七月一日北条重時挙状（深堀家文書、『鎌倉遺文』七―四六七九）であり、守護の覆勘状の初見は（暦仁二年、一二三九）正月四日武藤資能覆勘状（来島文書、『鎌倉遺文』八―五三七一。石志文書、『鎌倉遺文』八―五三七二）である。

(56) 髙橋昌明前掲注(3)論文。

(57) 『吾妻鏡』承久三年九月十六日条。

(58) 『百練抄』承久三年九月九日条、『吾妻鏡』同年九月十七日条。

(59)　本章の原論文では、単に院御所を勤仕先とする大番役を院御所大番役と称していたが、本書では本文のように定義を明確化したい。

(60)　文永六年二月二十四日六波羅御教書案（東寺百合文書エ、『鎌倉遺文』一四―一〇三八九。一部、京都府立総合資料館所蔵原本の紙焼き写真により訂正）。

(61)　この相論の過程については、高橋典幸「御家人役研究の一視角」（同前掲注(5)著書、初出一九九六年）を参照。

(62)　この「新院」とは、正元元年（一二五九）十一月に弟の亀山天皇に譲位した後深草上皇である。当時は彼の父である後嵯峨上皇が院政を行っており、彼はいわゆる治天の君ではない。このような、治天の君でない院の御所に大番が設置されている事例は、表3によれば№1・4・5・23・27・28・42の計七例がある。このことは、幕府が大番という王権守護の制度において警固の対象としたのが天皇と院（治天の君でない者も含む）であり、摂関や女院などはその範囲に含まれていなかったことを示唆していよう。

(63)　年月日欠（文永六年七月二十三日）若狭国太良保地頭代藤原忠頼陳状案（東寺百合文書エ、『鎌倉遺文』一四―一〇四六二）。

(64)　表3№15では、亀山上皇は六波羅探題に「靡殿大番事」（おそらく大番の移動に関する内容であろう）に関する院宣を発給するのみであり、直接彼が大番衆に動員指令を下しているわけではない。実際に大番衆を動かしているのは、その現地統轄機関である六波羅探題であると考えられる。

(65)　本書第一章「六波羅探題の成立と公家政権」。

(66)　承久の乱の際、淡路国の大番衆が守護佐々木経高に率いられて後鳥羽軍に動員された要因はここにある（田中稔「承久京方武士の一考察―乱後の新地頭補任地を中心として―」同『鎌倉幕府御家人制度の研究』吉川弘文館、一九九一年、初出一九五六年）。

補論　王権・内裏と大番

はじめに

第二章では、承久の乱以降、院御所を警固の対象とし、鎌倉幕府がその統轄・運営を主導する院御所大番役が確立したことを論じた。一方、大番役は元来、内裏（里内裏）を警固の対象として成立し、院御所大番役確立後も内裏は御家人にとって重要な大番役の勤仕先であり続けた。では、内裏という王家の施設・空間において、大番を勤める武士のあり方や活動はいかなるものだったのだろうか。また、王家の施設・空間の警固という観点から、大番の成立・展開はどのようにとらえられるのだろうか。本補論ではこのような視角から、第二章で収集・検討した事例のうち内裏の大番役に関するものを改めてとりあげ、大番と内裏・天皇との関係について、閑院内裏を中心に考えてみたい(1)。

一　閑院内裏と内裏大番

安元三年（一一七七）四月二十八日の夜、都の東南、樋口富小路より発生した火災は、折からの激しい風にあおられて、たちまち都の西北方向に燃え広がった。後に「安元の大火」・「太郎焼亡」と呼ばれるこの未曾有の大火はやがて大内裏にも燃え移り、朱雀門・大極殿・神祇官・大学寮・民部省など、朝廷の主要施設が一夜のうちに灰燼に帰した。公卿の家をはじめ多くの人屋が焼亡し、都の三分の一が焼き尽くされたという。(2)折しも延暦寺の大衆が嗷訴を起こして内裏に殺到し、警固の武士と衝突する事件が起こった直後で、都が騒然としていた時期であった。(3)

さて、その二日後の三十日夜半のこと、この日自宅にいた右中弁吉田経房は、「陣中有二火事一」との牛童の知らせを聞き、慌てて内裏に馳せ参じた。到着した時には既に火は消されており、人々が弓場殿に集まって評定を開いているところであった。事件は二条北・油小路西角にあった「古小屋」で起こったという。この場所は、つい先頃上洛した経師法師の住まいであったが、この時には二日前の大火で焼失した中宮庁の仮の庁屋として用いられていた。ところが、その仮中宮庁に強盗数人が乱入して雑物を悉く盗み取り、庁守の男や経師法師の弟子に斬りつけて怪我を負わせたあげくに、火を放って逃走した。経師法師宅とその東西の住宅一宇ずつが焼失しただけで火は消し止められたが、中宮の御膳宿具や御車装束・印などは焼けてしまった。また、内裏右衛門陣の四足門と築垣には矢が二本突き立っていたという。(4)

ところで吉田経房は、この強盗・放火事件に関して、日記に次の記事を記している。

又逢二焼亡一者、宿二納雑物一、若依二此事一歟、然而取レ物之由不二見及一之旨、家主申レ之、尤有レ疑事也、大番兵士申云、於二火事一者聞付云々、不レ知二強盗一之由云々、誠是希代珍事也、(5)

仮中宮庁に納められていた雑物が強盗に狙われたのかと経房は考えたのだが、家主の経師法師は物が取られたところまで見ていないと言うし、大番兵士も火事だと聞きつけたので消火作業に当たったが、強盗のことまでは知らなかったと答えている。

この記事に見える「大番兵士」は、大番役の史料上の初見とされるものである。第二章で分析したように、今回の事件が移転した仮中宮庁で発生したものであり、そこが高倉天皇の居住する閑院の北西の地であったことを考えれば、鎮火に当たったこの「大番兵士」は、閑院内裏を警固する大番の武士と考えられる(6)。

この強盗事件は、白山宮加賀馬場中宮末寺湧泉寺との所領紛争を起こした加賀守藤原師高とその弟の目代師経の処罰を求めて、白山宮本寺の延暦寺の大衆が嗷訴を起こしたいわゆる白山事件の過程で発生したものである。従って、右の「大番兵士」についても、この嗷訴事件に際する閑院内裏の警固体制の中に位置づける必要がある。先行研究に拠りつつ、この時の警固体制を概観すると(7)、四月十三日の嗷訴の際には、平重盛の有力家人である伊藤忠清を指揮官とする、重盛家人の武士団連合で構成された部隊が閑院内裏の左衛門陣に配置され、延暦寺大衆と直接衝突した。また、一ヶ月後の五月十三日、前天台座主明雲の処分に関して再び大衆が入洛するとの風聞があった際には、閑院内裏西側の右衛門陣を平維盛以下の武士十余人が、東側の左衛門陣を伊藤忠清と五十人ほどの武士が警備していた。このように、右の嗷訴事件では、平重盛に属する武士団の集合体を中心とする平氏の軍隊が閑院内裏の警固を担っていた。また、四月三十日夜の強盗事件に際しては、「彼夜守護経盛卿云々、而一切無人、仍不ㇾ能㆓搦留㆒云々」とあるように(8)、平経盛が閑院内裏右衛門陣の「守護」の担当であったが、実際には警固の者は一人もいなかったらしい。

川合康氏は以上の点から、安元三年（一一七七）の段階における閑院内裏の警固体制について、番に編制された平氏諸将と大番武士によって担われ、一定の整備がなされていたものの、延暦寺大衆の嗷訴という非常時においても部隊の規模はさほど大きなものではなく、制度としてもあまり過大評価できないとしている(9)。筆者も、成立期の内裏大番役については、平氏による閑院内裏の警固体制全体の中に位置づける必要があると考えており、氏の評価は妥当なものと思われる。

ところで、一つ問題となるのは、四月三十日の強盗事件に際して平経盛が担当していた閑院内裏右衛門陣の「守護」が、果たして閑院内裏を日常的に警固する存在だったのかということである。[10] この事例に限って見れば、延暦寺大衆の嗷訴および安元の大火という非常事態に関わって内裏の防御に当たった臨時の警固担当者とも考え得る。しかし、「サテ主上二条院世ノ事ヲバ一向ニ行ハセマイラセテ、押小路東洞院ニ皇居ツクリテオハシマシテ、清盛ガ一家ノ者サナガラソノ辺ニトノヰ所ドモツクリテ、朝夕ニ候ハセケリ」とあるように、応保二年（一一六二）三月、新造された二条天皇の内裏の押小路東洞院殿に平清盛が宿直所を造り、一門の武士を配置して警固したことを想起すれば、[11] 安元三年（一一七七）段階において、平氏一門による日常的な内裏警固が行われていた可能性は充分にある。そうであるとすれば、右の「守護」が内裏の恒常的警固の指揮官的存在として、大番役と関係していた可能性も高くなるだろう。[12] このように、平氏が王権守護の武力として、閑院内裏およびそこを居所とする高倉天皇と密接な関係を持っていたことがうかがえる。

それでは、この内裏大番役はどの段階で成立したと考えるべきだろうか。大番役の成立時期については、成立当初の基本的性格という論点とも関わっていまだ確定していない。[13] 五味文彦氏は、前述の応保二年三月に平氏一門が二条天皇の内裏を警固した事実に注目し、内裏大番役制度の開始を平治の乱後のこの時点と想定する。[14] しかし、右の史料を読む限りでは、平氏の一門もしくは家人が内裏を警固していることは明らかなものの、大番役を勤める武士の存在を見出すことはできない。

ここで注目したいのは、成立当初の内裏大番役と閑院内裏および高倉天皇との関係である。高倉天皇は仁安三年（一一六八）に後白河上皇と平清盛の提携によって閑院で践祚し、以後もおおむねそこを内裏とした。閑院は高倉天皇の内裏として、その身体と密接に結びついた場であった。大村拓生氏は、内裏大番役が高倉天皇の時期に成立したと推測し、閑院こそが当時の大番武士たちの守護する内裏であったとする。[15] また元木泰雄氏は、成立当初の大番役の任期が三年であることから、成立の年は千葉胤頼・三浦義澄が大番役の任務を終えた治承四年（一一八〇）を三年周期で遡った年と見て、四期・十二年前に相当する仁安三年こそが大番役の創設の年にふさわしいとする。(16) 成立時点を厳密に定めることは困難だが、大番役の史料上の初見が高倉天皇期であったことも踏まえれば、内裏大番役は高倉天皇の段階に成立した可能性が高い。そうであるとすれば、成立当初の大番の守護対象は閑院内裏だったと言い得るのではないか。内裏大番役は、後白河上皇と平氏との政治的連携のもとで、閑院内裏を居所とする王（高倉天皇）を守護する軍役としてまず成立したと考えられるのである。

ところで、右の事件の舞台である仮中宮庁のあった二条北・油小路西は「陣中」と呼ばれていた。「陣中」とは里内裏を中心とする三町四方の領域のことを指し、大内裏空間に準じてその外側とは明確に区別され、一般の人々の立ち入りが禁じられるなど特別な扱いを受ける空間であった。閑院内裏の陣中は、東は町小路、南は三条坊門小路、西は堀川大路、北は冷泉小路に囲まれた領域であった。(17) 閑院内裏の陣中で発生した火災に対して、内裏警固の大番武士が鎮火に駆けつけるのも当然であろう。

『古今著聞集』に次のような話が収められている。順徳天皇在位の頃、ある家に仕える下級の従者たちが集まって雑談していた時、この度の「内裏の番替」が非常に厳しいという話題になった。するとその中の一人が、自分なら高足駄を履いてその目の前を通りきってやると言ったので、連中同士で賭けをすることになった。次の史料は、「陣口」で一同が見守る中、この男が大番武士の目の前を通り過ぎようとする場面である。

人〳〵目をすましたるに、此主《この》ことに高きあしだはきて、二条油小路を南へとを《（ほ）》るに、案のごとく大番のもの、「あの男のあしだは」などいふを、すこしも聞入《ききいれ》れぬさまにて、にらみまはして猶行《ゆく》を、大番のもの、はしり出《いで》てとらへむとする時、此主《この》、気色かはりたる事もなくて、「さもあらず。あたらしき事いふ大番かな。南円堂の寄人の陣口ものはきてとを《(ほ)》ることをば、しらざりけるか。大番を承《うけたまはる》程にて、いかでかわが氏をば存ぜざりける」といひて、ことゝもせざりければ、主人の武士、「やうれ〳〵、南円堂の寄人は、物はきてとを《(ほ)》る、くるしからぬこと。それとゞまれ」となまりごゑ《(お)》にて、高声《かうしやう》にをきてければ、走立《はしりたち》てとゞめける物、帰《かへり》にけり(18)。

男が殊に高い足駄を履いて、「二条油小路」を南へ歩いてみると、案の定大番の武士がこれを怪しみ捕まえようとした。すると男は少しも顔色を変えず、「興福寺南円堂の寄人が履き物を履いて陣口を通ることが認められているのを知らないのか」と言った。大番の主人の武士が大声で止めたため、大番はあきらめて戻っていった。この様子を見た仲間たちは皆感心して、賭けた品物を男に与えたという。大番武士に対する京の住人の視線がうかがえる話であるが、前述したように、「二条油小路」は閑院内裏の陣中に当たる。従って、この話は閑院内裏の西側の通りを舞台としており、「大番のもの」はおそらく閑院の油小路側の門やその近辺を警固していたことになるだろう。

次の事例はやや時期が下るが、寛元三年（一二四五）正月十一日に京内に降った激しい雷雨に関する伝聞記事の一部である。

伝聞、昨日或落二陣中一、二条以北、堀川以東、大番沙汰人左衛門尉実員宿所也、其雷為二小法師一、二条東行指二内裏一走行云々、大路人々見レ之、是希有事也(19)、

当時は後嵯峨親政期で、後嵯峨天皇は閑院を内裏としていた。従って、この大番も後嵯峨天皇のいる閑院内裏のそれであることが分かる。この史料に見える「大番沙汰人左衛門尉実員」は、時の六波羅探題北条重時の被官と推測される神実員である(20)。「大番沙汰人」の役割はよく分からないが、別の史料には「内裏守護人実量」とあり(21)、おそらく六波羅探題の代官として、現場で大番衆を指揮・統率していたものと推測される。彼が宿所

を構えていた「二条以北、堀川以東」は、まさに閑院内裏の「陣中」であった。閑院内裏の陣中には「大番沙汰人」の宿所も設けられていたのである。

以上のように、内裏大番役は高倉天皇の段階に成立し、その居所である閑院内裏と密接な関係を有していた。大番の武士は、いわば閑院内裏を守護する武力として諸門警備の役を勤めており、その陣中には大番の現場担当者の宿所もあった。閑院こそが当時の大番武士の守護すべき内裏だったのである。

二　大番役の変遷と閑院内裏

元暦二年（一一八五）三月、平氏は壇ノ浦で滅亡した。高倉は既に没し、その息子の安徳天皇も海の底に沈んだ。ではこれによって、高倉・平氏と密接な関わりを有していた閑院内裏の大番はどうなったのであろうか。これまでは、鎌倉幕府の成立によって、大番役は御家人が勤仕する役となり、幕府がその国家的軍務を独占したことが強調されてきた。では、王権および内裏（特に閑院）との関係に何らかの変化はあったのだろうか。

同前

なを《（猶）》〳〵《（々）》かまへて《（構）》〳〵、あひねうして《（ママ）》京におはしますへく候、くに《（国）》ゝてもたゝはかりのそちは、よにまうけ□《（さ）》せ給まし

きよし《（由）》、御意候也、

右大将家《（源頼朝）》

在御判

いま《（今）》はとうくたらせ《（下）》給へきよし《（由）》、おほせ《（仰）》られて候へとも、たゝ《（多田）》の事をうけ《（承）》給はらせ給候ぬれは、さやう《（左様）》の

事よく〳〵さた《（沙汰）》しつめさせ給て、かさね《（重）》ておほせ《（仰）》にしたか《（従）》ひたまう《（給）》てくたら《（下）》せ給へきよし《（由）》、おほせ《（仰）》事候

也、たゝ《多田》のくら《蔵》人のたいふ《大夫》のひき《贔屓》人にて、ひけもな《無》きやう《様》にて、よろつ《万》この所の家人とも《共》おも、いま《今》は御家人としてあんと《安堵》セさせ給て、かん《閑》院たいり《内裏》の大番おせさせ給へく候、あなかしこ〳〵、

これよりくた《下》らせ給へと候はさらんに、御下向候ましきよし《由》候也、そのこゝろ《心》をゑ《得》て、おハしますへし、

元暦二

六月十日　　　　　　親能《中原》

大内殿《惟義》(22)

これは平氏滅亡の三ヶ月後、中原親能を差出人に、源頼朝が袖判を加えて発給した文書である。この頃、源義経との対立を深めていた頼朝は、多田蔵人行綱が義経に与同したとしてその所領を没収し、これを大内惟義に与えるとともに(23)、多田行綱の家人たちを御家人として安堵し、「かん院たいりの大番」に従事させることとした。第二章で検討したように、安徳天皇の西下に伴って践祚した後鳥羽天皇は、元暦二年当時は閑院を内裏としており、頼朝側はこの時の内裏大番役の勤仕先を閑院内裏と認識していた。後鳥羽は践祚に当たり、高倉・安徳とつながりの深い閑院を内裏としてそのまま継承した。そして頼朝は、そのような閑院内裏を対象とする大番をそのまま継承したのである。言い換えれば、源頼朝は「かん院たいりの大番」を引き継ぐことで、それ以前に平氏が有していた王権守護者としての地位を継承したとも言えよう。この年に地震によって破損した閑院内裏が、文治三年（一一八七）に幕府の手で全面修復されたこともこれと関連する。頼朝の御家人編成の上で内裏大番役は大きな意味を持っており、その対象が閑院内裏であった。その意味で、閑院の維持は幕府にとって重要であったのである(24)。

このように、源頼朝は後白河・平氏段階の天皇・内裏（閑院）と大番との関係をほぼそのまま継承した。建久年間に頼朝は大番役を御家人のみが勤仕する軍役とし、各国における催促の体制を整備していったものの、大番役の勤仕の場に関わる仕組みの整備が進んだとは言えなかった。この点で、鎌倉前期の段階では大番役や

軍事動員をめぐって、王権が主導権を持つ余地が依然として残されていたのである。この関係が大きく変わる契機となったのが承久の乱であった。第二章で論じたように、鎌倉幕府は乱後、大番役を自らの手で整備し、武家権力の制度に改変して実施・運営の主導権を掌握するとともに、院御所大番役を確立させたことによって、これまで天皇と共に王権の一部を構成していながら、制度的に守護の対象とし得なかった院（およびその御所）を国家的警固の対象に組み込んだ。幕府は天皇のみならず院をも含めた中世王権全体の守護者という地位を確立したのである。これを王権の側から言い換えるならば、本来北面の武士や武者所など独自の防護組織を持ち、国家的な守護の枠組みから相対的に自由な立場であった院は、承久の乱における後鳥羽の敗北によって、自らも天皇とともに大番によって警固される存在となり、その自律性を制限されるようになったのである。王権は幕府によって保護・統制され、権門体制的秩序の枠組みは幕府の主導のもとに維持されるようになったのである。

一方、後鳥羽以降も閑院内裏は、土御門・順徳・（仲恭・）後堀河・四条・後嵯峨・後深草と、代々の天皇の本所内裏として使用され続けた。また、本内裏が承久元年（一二一九）・嘉禄三年（一二二七）と相次いで焼亡し、以後再建されなかったため、元々里内裏であった閑院が「本」内裏化した。鎌倉時代に入ってからも閑院内裏の大番が存続していたことは、第二章および本補論で見た事例からも明らかである。承久の乱後も、閑院内裏は大番御家人たちの守護の対象として重要な意味を持ち続けた。宝治三年（一二四九）に罹災した閑院内裏が、建長三年（一二五一）に幕府の全面的な援助を得て再建されたことは、右の点を象徴するものと言えよう[25]。

しかし、正元元年（一二五九）五月二十二日、閑院内裏はまたも焼亡し[26]、以後再建されることはなかった。閑院内裏はここに廃絶し、大番は閑院内裏とのつながりを失ったのである。このことは大番はもちろんのこと、大番によって守護される王権のあり方にも影響を及ぼさずにはいなかったのではなかろうか。これ以降、内裏は京内の諸御所を頻繁に移動することとなり、内裏大番も内裏と共に京内を流浪するようになる。幕府の発給する大番役の勤仕完了証明書に初めて勤仕の場所が「五条内裏西対南妻」などと明記されるのは、閑院廃絶後の文応元年（一二六〇）であった[27]。ここに大番役制度は新たな段階に入ったと思われるが、その解明は今後の課題である。

〔注〕

（1）本補論は、第二章の原論文（『待兼山論叢』史学篇三六、二〇〇二年）および本補論の原論文（髙橋昌明編『院政期の内裏・大内裏と院御所』文理閣、二〇〇六年）の発表後、諸氏より頂戴したご教示・ご意見を踏まえて改稿したものである。なお、桃崎有一郎氏は、右の『院政期の内裏・大内裏と院御所』の書評において、本補論の原論文についても批判を行っている（同「書評 髙橋昌明編『院政期の内裏・大内裏と院御所』」『古文書研究』六五、二〇〇八年。改題・改稿の上、桃崎『中世京都の空間構造と礼節体系』〈思文閣出版、二〇一〇年〉に収録）。旧稿への言及は分量的に少なく、筆者としても氏のご批判の趣旨を充分読み取れていないところもあるかもしれないが、全体として、旧稿の論旨の肝心かなめの部分を氏はきちんと理解していないように感じられる。第二章の原論文と併せて読めば生じ得ないはずの誤読・誤解も見られ、現段階で筆者は、氏のご批判に反論を加える必要はないと判断している。

（2）『玉葉』・『愚昧記』安元三年四月二十八日条、『顕広王記』（髙橋昌明・樋口健太郎「国立歴史民俗博物館所蔵『顕広王記』承安四年・安元二年・安元三年・治承二年巻」『国立歴史民俗博物館研究報告』一五三、二〇〇九年）同年四月二十八日条裏書、『方丈記』（『新日本古典文学大系』三九〈岩波書店、一九八九年〉四〜六頁）。

（3）安元三年（一一七七）の延暦寺嗷訴の経緯については、田中文英「後白河院政期の政治権力と権門寺院」

（同『平氏政権の研究』思文閣出版、一九九四年、初出一九八三年）、髙橋昌明「嘉応・安元の延暦寺強訴について—後白河院権力・平家および延暦寺大衆」（同『平家と六波羅幕府』東京大学出版会、二〇一三年、初出二〇〇四年）、川合康「治承・寿永の内乱と伊勢・伊賀平氏—平氏軍制の特徴と鎌倉幕府権力の形成—」（同『鎌倉幕府成立史の研究』校倉書房、二〇〇四年）を参照。

（4）『吉記』安元三年四月三十日条、『顕広王記』同年四月三十日条、『玉葉』同年五月一日条、『愚昧記』同年五月一日条。

（5）『吉記』安元三年四月三十日条。なお、『顕広王記』同日条にも、「四大番者等敢不二揚留一」とある。

（6）先の安元の大火の際、閑院内裏は焼失を免れたが、その南の地は半分焼け、油小路西は二条大路南一帯全て焼失したという。中宮庁はこの頃、閑院内裏の南側の地にあったために罹災したものと思われる。『玉葉』安元三年四月二十八日・五月二日条、『吉記』同年四月二十九日条。野口孝子「閑院内裏の空間領域—領域と諸門の機能—」（『日本歴史』六七四、二〇〇四年）。

（7）髙橋前掲注（3）論文、川合前掲注（3）論文、同「中世武士の移動の諸相—院政期武士社会のネットワークをめぐって—」（メトロポリタン史学会編『歴史のなかの移動とネットワーク』桜井書店、二〇〇七年）。

（8）『玉葉』安元三年五月二日条。

（9）川合前掲注（7）論文。氏はこの論文において、院政期に大番役を勤仕したと伝えられる東国武士の中に、大番衆になる以前から在京活動を行っていた者が多いことを指摘し、成立当初の大番役は国衙守護人などが国内武士を動員・統率するという形態ではなく、以前から在京活動をしていた武士を個別に編成して閑院内裏の警固に割り当てていたものと推測している。川合氏の分析成果は、成立期の内裏大番役について、各国守護によって催促・統率された御家人が組織的に大番役を勤仕するという鎌倉幕府段階の整備された形態を想定するのではなく、当時の警固の実態から検討する必要性を提唱した点で重要である。なお、平安末〜鎌倉期の京都大番役の展開に関する筆者の見解については、拙稿「中世前期の内乱と京都大番役」（高橋典幸編『生活と文化の歴史学五　戦争と平和』竹林舎、二〇一四年）も参照されたい。

(10) 髙橋昌明氏は、平経盛が嘉応元年(一一六九)十二月の延暦寺嗷訴の際に随兵を率いて大内裏の待賢門を警備していたこと、および安元三年(一一七七)の嗷訴において後白河から内侍所の守護を命じられたことから、彼を平氏一門の中で宮廷守護の役割を担当する存在と推測する(同前掲注(3)論文)。

(11) 『愚管抄』巻第五・二条(『日本古典文学大系』新装版〈岩波書店、一九九二年〉二三九頁)。

(12) 後述するように、鎌倉期には「内裏守護人」という内裏大番役の現場指揮者と推測される存在が確認できることから、安元三年時点の「守護」も、大番衆を現場で指揮・統率する責任者であった可能性がある。

(13) 成立期内裏大番役に関する研究史については、飯田悠紀子「平安末期内裏大番役小考」(御家人制研究会編『御家人制の研究』吉川弘文館、一九八一年)、伊藤邦彦「鎌倉幕府京都大番役覚書」(同『鎌倉幕府守護の基礎的研究 論考編』岩田書院、二〇一〇年、初出二〇〇五・二〇〇六年)などを参照。

(14) 五味文彦「院支配権の一考察」(『日本史研究』一五八、一九七五年。改題・補訂の上、同『院政期社会の研究』〈山川出版社、一九八四年〉に収録)。

(15) 大村拓生「中世前期の首都と王権」(『日本史研究』四三九、一九九九年)。

(16) 元木泰雄「王権守護の武力」(薗田香融編『日本仏教の史的展開』塙書房、一九九九年)。

(17) 飯淵康一「平安期里内裏の空間秩序について—陣口および門の用法からみた—」(『日本建築学会論文報告集』三四〇、一九八四年)、野口前掲注(6)論文、同「閑院内裏の空間構造—王家の内裏—」(髙橋昌明編前掲注(1)『院政期の内裏・大内裏と院御所』)。

(18) 『古今著聞集』巻第一六・興言利口第二五「順徳院御時恪勤者某大番の者を欺き高足駄にて油小路を通行の事」(『日本古典文学大系』八四、岩波書店、一九六六年)。

(19) 『平戸記』寛元三年正月十二日条(一部、内閣文庫所蔵写本により訂正)。

(20) 森幸夫「六波羅探題職員の検出とその職制」(同『六波羅探題の研究』続群書類従完成会、二〇〇五年、初出一九八七・一九九〇年)、高橋慎一朗「尊性法親王と寺社紛争」(『遙かなる中世』一九、二〇〇一年)。

(21) 『平戸記』仁治三年五月三十日条。

(22) 元暦二年六月十日源頼朝袖判中原親能書状案（多田神社文書、『兵庫県史　史料編・中世一』一九八三年）。
(23) 元暦二年六月八日源頼朝袖判大江広元書状案（同右）。
(24) 大村前掲注(15)論文。
(25) 建長段階の閑院内裏再建の詳細については、野口前掲注(6)・(17)論文を参照。
(26) 『経俊卿記』正元元年五月二十二日条。
(27) 文応元年八月七日六波羅探題北条時茂挙状（深堀家文書、『鎌倉遺文』一二―八五四四）。

第三章　新日吉社小五月会と院・鎌倉幕府

はじめに

中世前期の公武関係に関する研究は、具体的な政治過程や公武間交渉の内容をはじめ、関東申次・東使・六波羅探題など公武交渉を担う政治機構、交渉の場でやり取りされる文書など、様々な素材・視角から行われてきた。これに対し、公家政権の諸儀礼における鎌倉幕府の関与については、承久の乱後に幕府の用途負担の比重が増していることが指摘されているもの(1)の、充分追究がなされているとは言いがたい。そこで本章では、公家儀礼そのものに御家人等の幕府構成員が関与した例として新日吉社小五月会をとりあげたい。

新日吉社小五月会は、毎年五月九日、後白河院御所の法住寺殿の鎮守である新日吉社において、院が現地に御幸して執り行われた院主催の行事であり、途中幾度かの断絶を挟みつつも、後白河院政期より十四世紀初めに至るまで開催が確認される。そのメインイベントが競馬と流鏑馬であるが、後述のように承久の乱後、流鏑馬役の勤仕という形で六波羅探題や幕府御家人が参加者として現れる。小五月会は、公家政権側の儀礼の中に幕府が位置づけられている数少ない事例なのである。

新日吉社小五月会に関する研究史は既に渡辺智裕氏がまとめているの(2)で詳細は省略するが、従来の研究では、小五月会・鳥羽城南寺祭や鶴岡八幡宮放生会を素材に流鏑馬行事の成立とその変遷を追究した鴇田泉氏の研究(3)や、後鳥羽院西面衆や六波羅評定衆・在京人などの検出のために小五月会流鏑馬の交名を利用した諸研究(4)など、主に小五月会で奉納される流鏑馬に関心が集中していたと言えよう。そのため、もう一つのメインイベントである競馬を含めて、小五月会の成立と展開を鎌倉期の公武関係に留意しながら考察した研究は、最近の山本真紗美氏の研究まで殆ど見られなかった。山本氏は小五月会について、後白河院政期は院近臣のみが参加する院の私的行事であったが、後鳥羽院政期に貴族社会を包括する治天の君開催の公的行事に転化したこと、承久の乱後、幕府側の流鏑馬勤仕により公武の共同開催の行事となるとともに、後嵯峨上皇の治天の君の地位および後嵯峨皇統の正統性を示す行事となったこと、しかしその後、皇統の分裂による治天の君権力の不安定化によって開催の意味が失われ、後醍醐親政下における従来の公家社会秩序の否定の中で退転していったことを指摘している(5)。

しかし、山本氏の見解には修正を要する点や考証をより深めるべき点が存在している。中には小五月会以外の儀礼や関連分野の研究における指摘に依拠し、それをそのまま小五月会の評価として当てはめているところもあるように思われる。鎌倉後期に関しても実証は不充分であり、具体的な事実をもとに小五月会の退転の理由を探ることが必要である。以上から、屋上屋を架すものとなるのを恐れるが、本章では新日吉社小五月会の基本的性格とその展開、およびそこにおける院と鎌倉幕府の関係について、各段階の政治史を踏まえつつ考察したい。また、先行研究では言及が乏しい鎌倉後期の小五月会の動向に関する論点も提示したい。

なお、遠藤基郎氏は新日吉社小五月会について、朝廷・公家儀礼全体における位置を検討した上で鎌倉幕府との関係を見極めるべきと発言している(6)。しかし、本章は中世前期の公武関係を軸とする政治史の中で小五月会がどのように位置づけられるのかという視点から考察を進めるので、右の点に関する詳細な検討は他日を期することとし、儀礼自体の性格についても本章では基本的な点を確認するにとどめることをお断りしておく。

一　新日吉社小五月会の基本的性格――後白河・後鳥羽院政期の小五月会――

新日吉社は、永暦元年（一一六〇）に後白河上皇が院御所法住寺殿の鎮守として日吉社を勧請し建立したものである。(7) 新日吉社小五月会は、嘉応二年（一一七〇）五月九日に後白河が七番の競馬を行ったのを初見とし、(8) 毎年恒例の年中行事として行われた。名称的には古代国家の騎射行事の流れをくむが、競馬と流鏑馬がセットで行われた点で、内容的には白河・鳥羽院政期を中心に催された鳥羽城南寺祭と類似している。(9) では、当日の儀式次第について、諸事例をもとに概観しておこう。(10) まず、院が新日吉社に御幸して(11) 簾中に入り、院より出仕を命じられた公卿が院御前の東西の簀子座に、殿上人が松屋の座にそれぞれ着座する。次に院から当日の公卿上首を介して、競馬行事の近衛中少将に騎手である乗尻の交名が下される。続いて乗尻や舎人が馬場内で神馬を牽き廻す。次に新日吉社の神輿が中門に据えられ神物が供えられる。その後に王舞（道張舞）・獅子舞・田楽舞・里神楽の諸芸能が奉納される。次に流鏑馬が催される。基本的に七番構成で行われ、承久の乱以前は院北面・西面の武士が射手を勤仕した。(12) 続いて競馬が行われる。後白河院政期は基本的に左右一組の五番構成で、後鳥羽院政期以降は七番構成で実施された。乗尻は院や摂関家・大臣・近衛大将等の随身や近衛府の府生・番長・近衛等の官人が勤め、勝者は競馬の世話人である念人より馬の口取りや纏頭の禄の支給を受けた。(13) それが終わると神輿が戻り、院が帰還し公卿らも退出して、一連の儀式は全て終了する。

以上のような祭礼次第を持つ新日吉社小五月会は、後白河院御所法住寺殿の鎮守である新日吉社を舞台とすること、式日には院が新日吉社に御幸すること、メインイベントである競馬・流鏑馬も院の御幸を前提に行われたことなどから、院がその主催者であったと言える。また、当日参仕した公卿は院御前の簀子座に着座する配置をとった。例えば、正治元年（一一九九）の小五月会は、左大臣藤原兼雅・左大将近衛家実・右大将土御門通親以下十五人の公卿が簀子座に着座し、摂政近衛基通も簾中で後鳥羽のそばに着座していた(14)。このことも、院がこの儀礼の中核的存在として位置づけられていたことを示している。

　運営も院司らによって行われた。前日までの準備や当日の流鏑馬までの進行は「奉行院司」と呼ばれる担当の院司が(15)、競馬の進行は院司である左右の近衛中少将がそれぞれ勤めた。公卿への出仕・見物の催促は「院御使」の弁官・院蔵人などが(16)、殿上人や念人の催促は左右近衛中少将が担っていた。そして、彼らに個々に指示を与え儀式の遂行に努める実務の総責任者が院執事・院執権であった(17)。運営面だけではない。競馬の乗尻は摂関家・大臣等の随身や近衛官人も勤めているが、その中心的な位置を占めたのは院随身であった。流鏑馬の射手も、承久の乱以前は院と主従関係を結んだ武士が勤仕した。このように、新日吉社小五月会は院の儀礼として開催され、院に関係する機構が動員されていたのである。

　一方、院が不在で天皇が王家の家長の地位にある時期において、天皇が新日吉社に行幸して競馬・流鏑馬を催した例は見られない。『葉黄記』の宝治元年（一二四七）の小五月会に関する記事に「承久三年以後、天福後堀川（河）院有㆓御幸㆒、其後又絶了、雖㆑無㆓御幸㆒如㆑形行㆑之、然而不㆑及㆓流鏑（馬脱カ）・競馬㆒也」という箇所がある(18)。承久の乱後から宝治元年までの、天福元年（一二三三）および後述する貞応元年（一二二二）を除く後堀河・四条・後嵯峨各親政期には小五月会への院の御幸はなく、流鏑馬・競馬も行われなかったことが分かる。やや時期は下るが、後嵯峨法皇が没し亀山天皇が王家の家長となった文永九年（一二七二）、小五月会は「付㆓社家㆒」して実施された。「毎事為㆓旧院沙汰㆒、可㆑任㆓建久三年之例㆒由也」とあることから、この方式は後白河法皇が没した建久三年（一一九二）の例に基づくものであったことが分かる(19)。また、翌文永十年の小五月会は、神輿出御・馬場御供・神楽・道張舞・獅子舞・田楽・神輿入御という次第で行われている[20]。以上から、後鳥羽・後堀河・四条・後嵯峨・亀山の各親政期には、「付二社家一」す形で神事と諸芸能のみが実施されたと考えられる。

王家の家長の地位にある天皇が小五月会の場に現れることができない点からすると、小五月会を治天の君の主催する行事とみなす山本氏の見解には疑問が生じる[21]。また、前述した儀式次第においても、小五月会が治天の君の行事と判断し得る積極的根拠は見出せないと思われる。そうである以上、小五月会は王家の家長である院が主催する行事ととらえるべきであり、これを治天の君主催の儀礼とみなすことには慎重であるべきだと考える。

後白河法皇は死に際し、後院領や鳥羽殿・六勝寺に加え、後白河院政期に建造された法住寺殿と付属の寺社（新日吉社・新熊野社・蓮華王院・最勝光院など）の処分を行った[22]。後白河はこれらを王家のわたり物として、一括して次代の家長である後鳥羽天皇に伝領したのである。後鳥羽にとって、新日吉社をはじめとするこれらの邸宅・御願寺は、家長の地位とともに伝領され、王家の家長としての地位を明示する装置としての役割を持っていた[23]。新日吉社で行われる小五月会は、そのような後鳥羽の立場を年中行事の形で再確認する場の一つだったと言えるだろう。

では、競馬の乗尻や流鏑馬の射手の役を勤仕する者にとって、小五月会はどのような意味を持っていたのだろうか。後白河院政期の承安五年（一一七五）の小五月会において、九条兼実の随身下毛野敦近が前日の内競馬と当日の競馬の乗尻として出仕した。兼実はいずれにも参向しなかったが、敦近が勝者となったと聞き、小五月会競馬の終了後に兼実邸に来訪した敦近を召し寄せ、密かに纏頭を下賜した[24]。また、文治三年（一一八七）の小五月会競馬の際にも、乗尻として出仕し勝利した随身秦行廣に兼実は自ら纏頭を与えている[25]。このことは、下毛野敦近・秦行廣にとって、競馬での勝利が主人である兼実の褒賞を得る良い機会であったことを示す。院・摂関家等の随身となる近衛官人が名をあげる条件は馬芸をはじめとする諸芸能に堪能なことであり、特に競馬での活躍は貴族からの喝采を博した(26)。九条兼実の随身にとって小五月会競馬は、自らの妙技を披露することで観衆からの賞賛を受けうる場であり、主人兼実の褒賞を得る格好の機会であったのである。一方、摂関家の人間である兼実にとっても、馬芸に優れた随身を召し抱えることは貴族社会でのステイタスであり、乗尻となった随身の勝負は自己の面目に関わる大きな関心事であった。文治三年の小五月会で兼実は、随身下毛野忠武が乗尻に加えられたことを不服とし、彼を外すよう働きかけている(27)。ここには、自分の意に染まぬ者が競馬の役を勤仕することは自らの名誉に傷をつけかねないとの意識を兼実が持っていたことがうかがえる。

このように考えると、小五月会が院主催の行事である以上、院や院に仕える者にとって小五月会が持つ意義は更に大きかったと考えられる。『古今著聞集』には、承安元年（一一七一）の小五月会競馬で秦公景と下毛野敦景が好勝負を演じたため、二人とも後白河に召されたという記事がある。秦公景はもともと院召次所に祗候していたが、下毛野敦景は後白河の「叡感」により院召次所に祗候するよう命じられている(28)。院随身にとって、競馬の乗尻役の勤仕は馬芸の披露による自己の名誉、および院の信任と近習の地位を獲得し得る大きなチャンスであった。一方、後白河にとっても、そのような優れた技芸を持つ近衛官人を多数随身として祗候させることは院としての威信に関わることだったのである。

こうした新日吉社小五月会の性格は後鳥羽院政期にも継承された。正治元年（一一九九）の小五月会における競馬は、三番を除く全ての番で院随身が左方の乗尻を勤めており、翌年も二番を除いて全ての一方の乗尻が院随身であった。中でも正治元年に四番左方、同二年に三番左方を勤めた秦頼次は「院寵愛者」であり(29)、その選考の背後に院の意向があったことが推測される。また、正治二年の競馬の一番は院随身秦頼武と右近衛府生秦兼仲との勝負であったが、「兼仲頻称二所労一、猶可二勝負一之由度々被二責仰一、仍存下可二勝負一之由上之処、三度落馬、申二損レ足之由一、被レ入了、齢及二七旬一被二責出一、実不便事也」と[30]、高齢の秦兼仲が院から度々勝負するよう責め立てられたあげくに三回落馬して足を負傷しており、兼仲が院随身秦頼武の引き立て役として乗尻の勤仕を強制されたことが分かる。小五月会競馬の主役は院随身であり、彼らは後鳥羽や貴族らの面前で優れた馬芸を披露して自己の存在をアピールしたのである。その一方、承元二年（一二〇八）の小五月会において、後鳥羽の寵童として西面に祗候していた峯王丸が流鏑馬の四番の射手を勤めたが、矢が一本も的中しなかったため、忽ち逐電し出家してしまった[31]。彼らにとって競馬の乗尻や流鏑馬の射手の役は、院の面目に関わる重責でもあったのである。

以上のように、新日吉社小五月会は王家の家長である院の御幸のもとで院司が運営にあたり、院北面の武士や院随身などが各々の騎射芸・馬芸により役を奉仕するという、院を中心とする儀礼であった。言い換えれば小五月会は、主催者である院と院司・院随身・院北面などの院勢力との間で主従関係を確認しあう場であった。院に仕える者たちは年に一度新日吉社に参集して各々の職務や技芸を奉仕することで、院との信頼関係を深めるとともに、貴族ら観衆からの賞賛や院の褒賞などによる栄誉を獲得しようとしたのである。

ところで建永二年（一二〇七）、後鳥羽上皇は小五月会の内容に改変を加えた。

今年（建永二年）小五月、下北面左、御随身右、競馬、御所近習西面衆流鏑（馬脱カ）、北面五位可レ立レ的由有二仰事一、的立ハ流鏑の従者役也、然而為二厳重一有二此仰一、[32]
自二去々年（建永二年）一至二今年（承元三年）一三ヶ年、箭布佐女西面者射レ之、北面者立二同的一、競馬北面者与二随身一乗レ之、自二明年一可レ如二例年一云々、[33]

この年、後鳥羽は流鏑馬の射手を院西面衆に勤仕させ、的立を五位の院下北面の役とする命令を下した。的立は本来は従者の役であったが、後鳥羽の厳命により勤仕者の変更が実施されたのである[34]。また、競馬乗尻も左方を院下北面が、右方を院随身が勤仕することが決められ、院以外の随身や近衛官人が排除されることとなった。ただし、この措置は承元三年（一二〇九）までの三年間で終了して元の形態に戻された。実際、院下北面の藤原信久は、建永二年の小五月会では競馬一番左方乗尻を、承元三年には流鏑馬一番的立をそれぞれ勤仕しており[35]、承元二年に流鏑馬七番の的立を勤めた院下北面の源康重は、建暦三年（一二一三）には流鏑馬六・七番の射手を勤仕している[36]。また、承元三年の競馬について「次競馬七番、北面者与二随身一乗レ之、随身皆院御随身也」とあり、乗尻となった随身が全て院随身だったことが分かる[37]。この期間は、流鏑馬がよりメインのイベントとして位置づけられるとともに、院と院勢力のための儀礼という色合いが強まったと評価できる。

平岡豊氏は、院西面が御家人を主要構成員とし、これを後鳥羽と幕府との協調の産物であると評価する立場から、右の小五月会流鏑馬の勤仕形態の変更について、在京御家人と後鳥羽との結びつきが西面への祗候と流鏑馬射手の勤仕を通じて強化されたと見た[38]。氏の立場からは、この時の小五月会（特に流鏑馬）を後鳥羽と幕府（源実朝）との融和関係を象徴的に表現する場ととらえることも可能となる。しかし最近、秋山喜代子氏が指摘したように、院西面が御家人を主要構成員とするとは必ずしも言えず[39]、これを当該期の公武協調の産物と見る平岡説は再検討を要する。従って、建永二年の小五月会の変化を公武の融和関係の象徴と評価することは困難であろう。

では、この三年間の小五月会の変化はどのようにとらえるべきだろうか。ここで想起したいのは、院西面の初見史料が『吾妻鏡』建永元年（一二〇六）五月六日条だということである。小五月会流鏑馬を初めて院西面が勤仕したのはその翌年であり、院西面の成立後間もない時期である。西面が流鏑馬や笠懸・狩猟などの武芸を好む後鳥羽が召し集めた武芸専門の奉仕集団であったとする秋山氏の指摘も踏まえれば[40]、後鳥羽が組織したばかりの院西面の騎射芸を披露するにあたり、小五月会は格好の場であったと考えられる(41)。後鳥羽によって流鏑馬を中心に改変された建永二年〜承元三年の小五月会は、成立して間もない武芸堪能者の集団である院西面のお披露目の場であり、こうした武芸集団を組織する院の威光を参仕・見物する貴族ら観衆に誇示する場であったと見るべきではないだろうか。

二　新日吉社小五月会と院・鎌倉幕府——天福・宝治の小五月会——

(一)　天福元年の新日吉社小五月会

前節では、新日吉社小五月会が王家の家長である院の主催する儀礼であり、院が院司や院北面・院随身といった側近勢力との主従関係を確認するとともに、優れた武芸集団を召し抱える自らの権勢を観衆の貴族らに顕示する場であったことを明らかにした。では、このような基本的性格を持つ小五月会は、承久の乱後の各段階における政治的条件の中でどのような位置を占めていたのだろうか。

承久の乱後、小五月会が最初に催されたのは貞応元年（一二二二）である。この年は「法皇臨幸、次第如レ恒、但流鏑馬七番、関東武士令レ射レ之」とあるように(42)、後高倉法皇が御幸し通常の形で行われたが、流鏑馬は幕府の御家人が勤仕した。この点は乱以前と比べて大きな変化であるが、詳細はこれ以上分からない。翌年は後高倉の病により略儀となり、競馬も三番に縮小された(43)。その五日後に後高倉が没し、以後、院不在のもとで流鏑馬・競馬も行われなくなる。次に院御幸・流鏑馬・競馬を含む形で小五月会が開催されたのは、後堀河院政期の天福元年（一二三三）である。本節ではまず、この年の小五月会を分析してその特徴を明らかにするとともに、そこにうかがえる後堀河上皇とその周辺の動向や幕府との関係について考察したい。

この年の小五月会でまず注目したいのは、開催に対する慎重論が出されたことである。

> 小五月御幸可(不脱カ)然之由有二云々輩一云々、無二神社御幸一以前、新日吉如何、又御忌日(月カ)惣可レ憚歟云々、御忌月事被レ問二人々一、但先レ是奉行両将、左資季、右家定、競馬事大略催具云々、件日御幸有二御点一（下略）[44]

後堀河が譲位後の初度神社御幸の前に新日吉社に御幸することは問題であり、また当月が父後高倉の忌月なので御幸・競馬の実施は憚りがあるとの慎重意見が出されている。公卿らに諮問した結果「御忌月有二朝覲行幸一、至孝之礼与二敬神之義一可レ被二准拠一、又非二御物詣之儀一、御見物也、両条不レ可レ憚」[45]として開催が決定されたが、その時点で既に二条資季と藤原家定を奉行次将として競馬の準備が進められており、開催は既定路線であったと思われる。

次に、小五月会の準備・運営の体制が整備されていることが特色としてあげられる。「社頭事」と桟敷参会の公卿の催促は院司左中弁藤原為経、車寄屏風・几帳や殿上人幄の覆・骨などの調達といった「兼日雑事」は勘解由次官・五位判官代平知宗、師子形・王舞装束以下の用意は公卿別当高階経時と、担当別に奉行が設置されている。藤原経光はこれを「如レ此行事相分事、先例未レ聞、匪二直也一歟」、「両三人相二分奉行一之条、無二先例一云々」と評している。御幸についても右中弁藤原光俊が奉行しており[46]、後堀河上皇が小五月会の開催に向けて周到な準備を行っていたことが分かる。

準備・運営に関しては、新日吉社別当の尊性法親王の存在も注目される。彼は後堀河上皇の同母兄で延暦寺妙法院門跡の門主であり、新日吉社別当の他、後堀河・四条両天皇護持僧や天台座主・四天王寺別当も務めている[47]。尊性法親王はまず寛喜三年（一二三一）より新日吉社の修造に着手し[48]、能登国からの造営料[49]および成功[50]により造営用途を賄い、小五月会直前の四月二十日に正殿遷宮にこぎつけた。この日、完成した神宝を後堀河が院御所で見ていることが知られる。この遷宮を奉行した公家側の人物は、小五月会の雑事奉行である平知宗であった[51]。また、尊性法親王は小五月会開催にあたり、桟敷の修理や神殿以下の修造を社家に命じ、桟敷の敷設や御座・簾の準備も社家に行わせており[52]、更に小五月会の実施の様式や後堀河の御幸の有無、社殿の造営などについて後堀河に頻繁に書状を送っている[53]。以上のように、後堀河上皇と尊性法親王の兄弟は相呼応して新日吉社の修造と儀式の開催を目指しており、小五月会復興に向けての二人の強い意志が感じられる。

当日、後堀河は藻璧門院竴子と共に御幸し、大納言土御門定通・権大納言中院通方・左大将二条良実・右大将大炊御門家嗣・権中納言四条隆親・参議葉室資頼ら、公卿院司を含む多数の公卿が着座した。内大臣西園寺実氏も桟敷に参会しており、念人も左方十九人・右方十六人の計三十五人が参上した[54]。競馬の乗尻は、一番左方武澄・同右方秦武延・二番右方秦兼利・三番左方秦久則が院随身であった[55]。この年の小五月会でも院主催の儀礼という性格は継承され、院側近を中心に多くの貴族・官人が新日吉社に集結したのである。

天福元年の小五月会で従来のあり方と大きく異なるのが流鏑馬である。この年は一番が六波羅北方探題北条重時、二番が長井泰重、三番が小山長村、四番が長沼時宗、五番が上野四郎左衛門尉頼俊、六番が大友親秀、七番が六波羅南方探題北条時盛と、六波羅探題と御家人が流鏑馬頭役を勤仕した[56]。後の史料に「承久以往、北面・西面輩騎レ之、天福武士騎レ之、今度同被レ仰二遣関東一」とあるように[57]、後堀河が関東に御家人らの動員を要請し、幕府の命令を受けて彼ら七名が流鏑馬役を勤仕したものと考えられる[58]。頭役を割り当てられた御家人のうち、長井泰重は後の六波羅評定衆および備前・備後守護、小山長村は播磨守護、長沼時宗は淡路守護で、大友親秀も在京活動が見られるなど、いずれも西国守護以下の在京の有力御家人である。一番と七番を六波羅探題が、それ以外の番を東国出身の有力御家人が勤仕するという形態は、一見すると後代の小五月会流鏑馬の勤仕形態とよく似ている。

しかし注意すべきは、彼らが調進した射手や的立である。彼らの素性は、御家人小笠原氏の一族と思われる一番射手の「ヲカサハラノ兵衛尉」を除いてよく分からない。しかも藤原経光が日記に、一番の的立の中田左衛門尉を「遠江住人」、二番的立の「サラ井左衛門尉」を「信濃住人」、三番的立の山口三郎を「武蔵国住人」、五番的立の上総御櫛八郎を「常陸住人」、七番射手の滋野名木七郎を「信乃住人」、同番的立の九家四郎を「武蔵九山住人」と注記しているように[59]、東国の住人とされる者が多数含まれているのである。後代において頭役御家人の一族子弟などが射手・的立を勤めているのと比べ、天福元年の場合はそれほど整備された勤仕形態とは思われない。後堀河側の周到な準備・運営姿勢に比べると、幕府側の態勢は必ずしも整っておらず、後堀河からの流鏑馬役調進の要請に充分な対応をとれていなかったのではなかろうか。

では、後堀河上皇はなぜ新日吉社小五月会の再興を図ったのであろうか。そこには、当該期の後高倉王家（北白河院陳子・後堀河上皇・尊性法親王ら）の置かれていた政治的状況があったと推測される。曽我部愛氏の研究によれば、承久の乱によって突如公家政権の中枢に立たされた後高倉王家は人的基盤に乏しく、摂関家や幕府との関係を積極的に構築する必要に迫られ、将軍九条頼経の父である九条道家と、その姻戚で関東申次として幕府との交渉役を担う西園寺公経と結び、王家としての確立・安定化を図ったという。しかし、後堀河と中宮竴子（道家女）の間に皇子秀仁が生まれると、道家と公経は王家と幕府の意向を無視して貞永元年（一二三二）十月に譲位を強行し、道家は四条天皇の外祖父として実権を行使することとなった。こうして公家政権の主導権は道家らに握られつつあったが、院政の開始は後堀河も希求するものであり、彼は院政を推進する主体として自らの家を確立する必要に迫られていた[60]。このような後堀河を取り巻く状況こそ、王家の家長たる院が主催する院中行事である新日吉社小五月会を彼が復興しようとした最大の理由と考えることができよう[61]。天福元年の小五月会は、多分に後堀河上皇・尊性法親王ら後高倉王家の事情から開催されたと考えられ、幕府による流鏑馬への関与も、王家の家長としての地位の確立を目指す後堀河側の政治的状況を背景としてなされたものだったのである(62)。

(二)　宝治元年の新日吉社小五月会

こうして新日吉社小五月会は後堀河上皇によって復興されたが、翌年に小五月会の開催を記す史料はない。その年の八月に後堀河が没し、以後親政の期間が続く中で再び競馬・流鏑馬の記事も見られなくなる。次に小五月会が挙行されたのは、後嵯峨院政が開始された翌年の宝治元年（一二四七）である。続いてはこの年の新日吉社小五月会の様相について検討し、それが当該期の政治情勢の中でどのような意味を持っていたのか考察したい(63)。

まず儀礼の運営については、従来と同様に院司によってなされている。式日の前日に競馬の乗尻が実質上の院執事である土御門定通(64)の計らいで選定されており、院執権葉室定嗣は実務責任者として、奉行院司平時継や競馬奉行次将源家定・源定平への院の指示の伝達や定通への先例の注進など行事の準備・遂行にあたっている。また参会公卿の催促や流鏑馬までの儀式の進行、松屋の畳・幔等の調達などは奉行院司平時継が勤め、院の御幸については平惟忠が内々奉行し、雑事は院主典代中原重俊が、社頭の修造は修理大夫高階経雅が奉行するなど、天福期に見られた担当奉行の分割制は今回も維持されている。

また小五月会終了後、中原重俊が葉室定嗣に提出した雑事注進状によれば、畳や道張舞の陵王装束・鉦鼓、屏風・几帳などは法勝寺・尊勝寺・最勝寺・新熊野社や御所から借用・運搬し、新日吉社にあった競馬用の太鼓・鉦鼓の修理や日隠・長櫃・田楽新座装束の調進は院庁の諸機構が行っている。また、四月二十六・二十八日に行われた馬馳の馬のうち三頭は院厩から供出され、人夫も鳥羽殿より召進されたほか、乗尻の装束・酒肴は競馬奉行次将の催促のもとで院庁から諸国に賦課されている。[65] このように院庁が小五月会関係の諸用途の調達を行う一方、御所の修理・鋪設、念人松屋や乗尻の幄、神輿・獅子舞・道張舞・神宝・田楽本座装束・神馬等の神事、桟敷の供御の準備と進物所の建立などは社家が沙汰している。時の新日吉社別当は西園寺公経子息の尊恵であり、後嵯峨と西園寺家の関係を背景に院側と社家側が連携しつつ、開催の準備を進めていることもうかがえる。

当日は後嵯峨上皇が近習の公卿や院殿上人・上下北面衆・院随身などを従え新日吉社に御幸し、摂政近衛兼経は院のいる簾中に祗候し、院御前座には左大臣鷹司兼平・前内大臣土御門定通以下大臣・納言・参議級の公卿計十七人が着座した。「可二参仕一之公卿、別有二御点一」とあるように、後嵯峨は事前に参仕すべき公卿の選定も行っており、院を中心とする儀礼という性格は今回も継承されている。競馬では一番左方が秦兼躬、二番左方が秦頼方、三番左方が秦久頼、四番右方が秦諸峯、五番右方が秦頼澄と、全七番のうち一〜五番の一方の乗尻を院随身が勤仕している。後嵯峨は自らに仕える随身に馬芸を披露させて貴族をはじめとする観衆の目を引きつけることで、自己の威勢を誇示したのである。

一方、流鏑馬については、天福元年（一二三三）と同様に、院の指示を受けた関東の幕府が御家人に流鏑馬役の勤仕を命じた。全七番のうち一番の北条重時は探題首班、二番の小笠原長経が阿波守護、三番の波多野宣政（義重）は北条重時の被官で子孫が六波羅評定衆を勤めた人物、四番の佐々木泰清が隠岐守護、五番の太田政直は子孫が但馬守護として見え、六番の小早川茂平が安芸国沼田荘地頭で篝屋守護人、七番の長井泰重が後の六波羅評定衆であり、六波羅探題を筆頭に西国の守護・地頭級の御家人が頭役を勤仕している。以後の小五月会流鏑馬は、一番が六波羅北方探題、七番が南方探題、その他の番は西国守護・地頭クラスで六波羅評定衆や在京人として名が見える有力御家人が勤めることが原則となっている。[66] しかも、この年に頭役御家人が調進した射手・的立は、二番射手の小笠原清経、三番的立の波多野広能、四番射手の佐々木義重、五番射手の太田政綱、六番射手の小早川政景と、彼らの子息や一族が勤めており、そのあり方もこれ以降基本的に変化していない[67]。幕府による小五月会流鏑馬の勤仕形態は宝治元年に整備されたと言えよう。そこには六波羅探題をトップとし、そのもとで在京人が一族子弟などを率いて役に奉仕するという、西国武家勢力の序列・秩序構造が見てとれる。また承久の乱以前の、院が自ら院北面・西面の武士を動員する形態から、院が幕府・六波羅探題に御家人動員を要請する形態に変化したことは、六波羅探題を中核とする在京の西国守護・地頭以下の御家人が公家政権の軍事・警察機構を掌握し、公家政権および王権の所在する京都の守護者であることを印象づける効果を有したと言えよう[68]。当日、射手たちは錦繍・金銀の装束を身に着け、七番全て矢を的中させており、その華美な見栄えと優れた騎射芸もまた当該期の武家の権力・威光を目に見える形で表現するものであったと思われる。

佐伯智広氏によれば、後嵯峨は新日吉社小五月会の興行とともに、鳥羽殿の修理と朝覲行幸の挙行、蓮華王院の修理・再建、法勝寺阿弥陀堂の再建などの事業を同時並行で実施することで、王家の家長の地位とともに継承される邸宅・御願寺の性格の再確認を行い、自己の王家としての正統性をアピールしたという[69]。後嵯峨は四条天皇の没後に幕府の擁立によって即位しており、公家政権内での基盤は脆弱であった。このような彼の地位の不安定性は後堀河とも共通するものである。新日吉社小五月会は、後堀河・後嵯峨が王家の家長としての自己の不安定さを克服し、その正統性を明示する舞台だったのである[70]。

その一方、後嵯峨は小五月会を通して幕府との密接なつながりをも強調した。ここで注意したいのは、後嵯峨が院政を始めた寛元四年（一二四六）ではなくその翌年に小五月会を復興したことである。周知のように、寛元四年には鎌倉・京都双方における政変によって前将軍九条頼経とその父の九条道家が失脚し、幕府の支持を背景に後嵯峨院政が確立した。宝治元年の小五月会の復興は、こうした政治状況が反映されたものと考えられる。「見物之上下、狼籍（藉）無レ極」と、貴族・武士や都市民など多くの観衆が見物に押しかける中で開催された小五月会の中心となったのは、流鏑馬役を奉仕した六波羅探題・御家人だけではなかった。競馬の馬芸を披露した院随身以下の乗尻たちも、この儀礼のもう一方の主役として衆目を集めたと思われる。いわば小五月会を通して、当該時点における後嵯峨と幕府との協調・融和の関係が可視的に表現されているのである。「前相国・相模守重時朝臣、於二桟敷一見物云々」とあるように、関東申次として公武間をつなぐ要の地位にある西園寺実氏と、六波羅探題として幕府の西国機構のトップの地位にある北条重時が共に桟敷で儀礼を見物していたことは、その象徴的な光景である。(71) しかも、小五月会は王家の家長たる院が主催する行事であるのだから、そこに表現されているのは単なる公家政権と幕府との協調関係というものではない。後嵯峨は自らの主催する儀礼に幕府勢力の姿を出すことによって、院を中核とする権力・秩序が幕府の存在とその支持を背景に存立するものであることを示し、王家の家長としての権威と正統性を喧伝しようとしたのである。

三　新日吉社小五月会の退転——鎌倉後期の小五月会——

宝治元年（一二四七）に復興された新日吉社小五月会は、これ以降も時の王家の家長である院が主催する年中行事として継続して挙行された。前述のように、文永九年（一二七二）に後嵯峨法皇が没した時には、後深草が院として存在したにもかかわらず流鏑馬・競馬は実施されず、家長である亀山が院となってから再開されたのである。

ところが、それまで毎年のように見えていた小五月会の実施の記録は嘉元二年（一三〇四）を最後に突然途絶え、以後、文保元年（一三一七）の開催記事を除いて全く見られなくなる。院の御幸のもとで流鏑馬・競馬を催す形での小五月会は十四世紀に入って断絶したと考えられる。では、小五月会がこの時期に退転するのは一体なぜなのだろうか。本節では、鎌倉後期の関係史料の中からその謎を解く手掛かりを得ようと思う。

まず指摘したいのは、貴族や近衛官人などの小五月会に対する出仕状況が悪化していると思われることである。例えば、正治元年（一一九九）の小五月会では摂政近衛基通以下十六人の公卿らが、宝治元年（一二四七）では摂政近衛兼経以下十八人の公卿らが参仕したのに対し、建長八年（一二五六）の小五月会で院の御前に着座したのは右大臣西園寺公相以下の公卿・蔵人頭九人となっている(72)。また弘安三年（一二八〇）に御前座に着座した公卿らは十三人であったが、上首は権大納言花山院長雅であった(73)。以後、着座する公卿は十人前後で推移しており、公卿の出席人数の減少傾向は否定できない。出席者も最上位は大納言・権大納言止まりであり、摂関・大臣級の出席は見られなくなっていた(74)。

次に、競馬の乗尻の世話や勝者への禄の提供を担う念人も不足する傾向にあった。永仁三年（一二九五）の小五月会競馬の念人は左方八人・右方十二人の計二十人であり、三条実躬は「是も無下ニ無二人数一者歟」と記している(75)。その前年には競馬の六番で「依二念人不足一被レ下二女房衣一云々」と、念人不足により纏頭が足りず、女房の衣が乗尻に渡されている(76)。弘安四年（一二八一）にも「禄■（不）足之間、自二御所一被レ下二女房衣一云々」とあり(77)、念人の人数不足が纏頭の不足に直結していることが分かる。また、競馬に不可欠な馬そのものも調達が困難になりつつあったようである。正応三年（一二九〇）に北山第で内々行われた馬馳は、乗尻がいたにもかかわらず「御馬不足」により番組出来とならず(78)、永仁二年の馬馳でも「凡御馬員数〔無レ之〕以外不足者也」とされている(79)。小五月会当日の競馬では馬の不足は指摘されていないが、その調達には困難があったのではなかろうか(80)。

公卿・念人や馬だけではない。競馬の主役である乗尻も不足傾向にあった。正応三年（一二九〇）、競馬右方奉行の三条実躬は式日直前になっても「乗尻等多以不足」のことを後深草に申し入れている。この年は後宇多院随身三人が乗尻役を催促されたが、そのうち秦久峯は後宇多の度々の仰せに対し、所労を理由に勝負の免除を頻りに申し入れている。(81) また、永仁三年(一二九五)の小五月会競馬で後深草は、容貌・騎術共に「花美」と評判であった後宇多院召次所の秦久長を乗尻に希望したが、久長は病気加療中として辞退し、再三の催促の結果、亀山に「御恩事」を申し入れ、所領一ヶ所の返付という勅約を得てようやく承諾した。久長は後宇多院召次所秦利則と共に「御恩事」の「御計」を受け、小五月会当日に乗尻を勤めた。翌日、二人は亀山の御前に召されて庭上の馬を一疋ずつ賜るとともに、久長は特に勝負の躰を「天下之重宝」と賞賛され、総鞦一具を下賜されている。(82) 近衛官人が、自らの技芸を披露するチャンスであるはずの競馬乗尻の勤仕を辞退・拒否したり、院の御恩と引き換えにようやく引き受けたりするケースが増加していたのである。

このように、貴族・近衛官人らが小五月会への出仕を難渋するようになり、運営に支障が生じていたことがうかがえる。一方、六波羅探題・在京人による流鏑馬役勤仕状況の詳細については、幕府側の史料が殆どなく不明と言わざるを得ない。ただ、公家側の古記録における関係記事を通観する限り、彼らが役の調進・勤仕を難渋している様子は見られない。従って小五月会の退転は、おそらくは長期間の継続開催による儀式の定型化を背景とした公家側の出仕状況の悪化に一つの要因があると考えるのが妥当であろう。

なお、弘安十年(一二八七)の伏見天皇受禅に伴い治天の君の地位についた後深草上皇は、翌正応元年に初めて小五月会を「執行」した。(83) その二年後の二月に後深草は出家して治天の君の座を伏見天皇に譲るが、留意したいのは、後深草がこの年もそれまでと同様に自らの主催で小五月会を開催したことである。(84) 従来の例からすれば、親政の期間は小五月会における院の御幸や流鏑馬・競馬は行われないはずであるが、後深草は以後、伏見親政期を通じて小五月会を開催し続けたのである。また、正安三年(一三〇一)に治世が後宇多上皇に移って以降、小五月会に際し亀山と後宇多は共に新日吉社に御幸しているが[85]、後述するように、その主導権を握っているのは亀山である。以上のことは、当該期の小五月会が、後深草流と亀山流のうち皇位に就いている側の王家の中で最年長の院が主催する儀礼となったことを示している。小五月会の基本的性格が変質し、王家の家長であることが小五月会主催の条件ではなくなったのである。

右のことは小五月会にも微妙な影響を及ぼしている。永仁三年（一二九五）の小五月会競馬では太鼓役の適任者がおらず、後鳥羽院政期の先例に従い権右中弁坊門信経が代役を勤めた。それは、本来太鼓役を勤仕するはずであった藤原氏家が、自己の相伝の家領を亀山法皇に収公されて出仕しなかったからであった[86]。両統対立の顕在化に伴いこうした事態は少なからず起こったと推測され、小五月会への貴族の出仕にも影響を与えたと思われる。

小五月会退転につながったと考えられるもう一つの大きな要因は、寺社の嗷訴・紛争の増加である。特に新日吉社小五月会の開催を大きく左右したのが、新日吉社の本社である日吉社の祭礼である。鎌倉後期になると、延暦寺衆徒らによる嗷訴や紛争のため日吉祭・日吉社小五月会が延引され、それに伴い新日吉祭や新日吉社小五月会も延引となるケースが増加する。例えば、正嘉二年（一二五八）は園城寺の戒壇設置問題により四月に延暦寺衆徒が嗷訴を起こしたため、日吉祭・日吉社小五月会の開催が同社神輿の造替が完了した十一月までずれ込み、新日吉社小五月会は十二月七日まで延引を余儀なくされている[87]。文応元年（一二六〇）は園城寺戒壇設置勅許に対する延暦寺の嗷訴により八月二十一日に[88]、文永元年（一二六四）は出雲社領丹波国小多田保の問題や園城寺の授戒実施などのため十二月四日に[89]、同六年には青蓮院門跡と梶井門跡の抗争により十二月二十日に[90]、建治元年（一二七五）には神輿の破却により十一月四日に[91]、弘安六年（一二八三）は四天王寺別当問題により十二月二十二日に[92]、同七年は山僧による神輿破却で十二月九日に[93]、乾元元年（一三〇二）は山僧が神輿に矢を射たことによる造替のため十二月二十一日に、(94)嘉元二年（一三〇四）は一条以北の水田の問題を契機とする神輿の欠損により五月二十九日にそれぞれ延引されている。(95)(96)いずれも辛うじて年内の開催にこぎつけているものの、延暦寺の嗷訴・紛争が新日吉社小五月会の実施に大きな影響を与えていることは疑いない。

また正安三年（一三〇一）、春日社神鏡の盗難事件を契機に興福寺衆徒が神木を金堂に遷座した時、新日吉社小五月会は予定どおり遂行されたが、興福寺はこれを非として、小五月会に出仕した吉田経長と中御門経継を放氏している。(97)当該期の放氏は、藤原氏公卿が多数を占める公家政権の政務の停滞を招くものであり、小五月会においても貴族の出仕の意欲を減退させる要因になったと思われる。

もちろん院の側としても、こうした運営の困難や貴族・官人の出仕の減退といった事態を見過ごしていたわけではない。特に亀山法皇は小五月会、中でも競馬の興隆に熱心であった。乾元二年（一三〇三）、亀山は小五月会の競馬に相当のてこ入れを行ったらしいが、催促した「尋常舎人等」の勝負の様は興のないものであった。彼はこれを「若輩不堪未練之故」と考え、院御所常盤井殿の中に馬場を造らせて馬を番えさせ、御所に祗候する若輩に競馬の技芸の練習を積ませることとし、乗尻用の水干袴も常盤井殿に常備させた。(98)亀山が競馬の興隆を考えたきっかけが小五月会であったことは見逃せない。また、翌嘉元二年の北山第馬馳では、諸国等からの恒例の馬の他、特別の沙汰として関白近衛兼基が十疋、西園寺実兼が五疋、左大将近衛家平が一疋調進しており、(99)亀山の意志の介在をうかがわせる。更に亀山は小五月会終了後、念人として出仕しなかった貴族八人の解官と、競馬で勝負を避けた下毛野種峯の鷹飼職の没収を後宇多上皇に命じている。(100)

このような亀山による小五月会競馬の興行からは、却って当時、乗尻を勤める近衛官人の技芸が衰えていたこと、貴族らの出仕も芳しくなかったことがうかがえるが、それでも嘉元二年（一三〇四）の小五月会が曲がりなりにも遂行されていることは明らかである。しかも、翌年四月二十日に「今年小五月会乗尻事」についての沙汰がなされていることから(101)、嘉元三年も当初は小五月会が行われる予定であった可能性が高い。そうであるとすれば、なぜこの年に小五月会が開催されず、かつそれ以降実施されなくなったのだろうか。

この疑問を解く確実な史料はなく、推測に頼らざるを得ないが、まず考えられるのが嘉元の乱である。これは、四月二十三日に北条氏重鎮の連署時村が得宗貞時の従弟の侍所所司宗方に殺害され、五月四日には宗方も滅ぼされた事件である(102)。京都には四月二十七日に第一報が伝えられ、六波羅近辺に武士が参集したが、五月八日には北条宗方誅殺の情報が関東からもたらされ、在京人や西国地頭御家人に鎌倉への参向をとどめる命令が出されるとともに、宗方の関係者が六波羅探題に拘束された(103)。以上はまさに小五月会直前のことであり、幕府側に流鏑馬役を用意する余裕はなかったであろう。少なくとも嘉元の乱によって小五月会が延引されたことは想像に難くない(104)。

しかし、小五月会断絶の最大の契機となったのは、嘉元三年（一三〇五）九月の亀山法皇の死であろう。前述のように、彼は正安三年（一三〇一）に後宇多が治世となって以降も小五月会の執行を続け、競馬の興隆にも意欲的であった。既にこの年の四月の時点で亀山の体調は悪化しており(105)、開催の準備は滞っていたと推測される。彼の死は、小五月会興行の核の喪失を意味していた。息子の後宇多にその意欲はもはやなかった(106)。

文保元年（一三一七）五月十日、久しく絶えていた新日吉社小五月会が後伏見上皇の御幸のもとで実施された。

五月九日（ママ）新日吉小五月会おこなはれて、　新院御幸なり給ふ。嘉元三年以後退転の祭礼とりおこなはるゝ御事いみしきにゝたれとも、わつかに拝殿はかりつくりかへて、かり殿にしつらはれて、神体はこれへわたしたてまつられけれとも、廻廊以下の社壇のけかれはきよめらるゝにをよはされは、中々神慮やうこき給らん(107)。

この史料より、小五月会が嘉元三年以降退転していたことが確認されるとともに、新日吉社が拝殿のみを造り替えて仮殿にしつらえ、廻廊以下の社壇は荒廃していたことが読み取れる。正和三年（一三一四）五月一日、新日吉社神人と六波羅探題が軍事衝突を起こし、社頭は死人の血に染まり、神殿は破損し神体も穢れた。(108)新日吉社の荒廃はこの事件が直接の原因と考えられ、文保元年の小五月会復興も社殿の再建に関わってなされたのかもしれない。(109)しかし以後も再建は進まず、小五月会も開催されることはなかったのである。(110)

おわりに

新日吉社小五月会は王家の家長である院が主催する行事であり、運営にあたる院司や技芸を奉仕する院北面・院随身などの側近勢力が院との主従関係を確認する場であるとともに、院がこのような射芸・馬芸集団を組織している自己の威勢を観衆の貴族らに誇示する場でもあった。この性格は承久の乱後も継承されたが、一方で、公家政権内での基盤が脆弱であった後堀河・後嵯峨両上皇にとって小五月会は、王家の家長としての地位を明示する舞台として復興されなければならなかった。天福元年（一二三三）の小五月会において、後堀河は兄の尊性法親王と連携しつつ儀礼開催に向けて周到な準備・運営の体制を整え、幕府に流鏑馬役の調進を要請した。これは、九条道家らが公家政権の主導権を握る中で王家としての確立を目指す後堀河以下の後高倉王家の政治的事情を背景とするものであった。宝治元年（一二四七）の小五月会復興も、その前年以来の公武にわたる政治的状況を反映したものである。後嵯峨は院随身による競馬の馬芸と御家人による流鏑馬の騎射芸を小五月会の場で披露することにより幕府との協調・融和関係を表現し、院を中核とする権力・秩序が幕府の支持を背景に成り立つものであることを示した。彼は幕府の存在を出してまで、自己の王家の家長としての権威と正統性を喧伝しようとしたのである。小五月会はその後も毎年開催されたが、やがて貴族・近衛官人らが出仕を難渋するようになり、両統分立開始期における性格変化や寺社の嗷訴・紛争の増加も相俟って儀礼運営に支障が生じるようになった。亀山法皇によって小五月会の興行が進められたものの、嘉元三年（一三〇五）の嘉元の乱と亀山の死を契機として、小五月会は退転したのである。

本章では、新日吉社小五月会という儀礼そのものの構造や特質については全く検討できなかった。今後は中世前期における様々な院中行事を分析した上で、その全体の体系の中に小五月会を位置づけることが必要となろう。また、小五月会の展開は新日吉社自体の変遷とも密接に関わる。従って、王家の財産としての御願寺群が鎌倉期における王家の展開の中でどう変質していったのかを分析し、その上で改めて新日吉社および小五月会の考察を行う必要がある。全て今後の課題としたい。

〔注〕

（1）白川哲郎「平安末～鎌倉期の大嘗会用途調達―鎌倉期王朝国家の臨時公事用途調達に関する一考察―」（『ヒストリア』一三四、一九九二年）、本郷恵子『中世公家政権の研究』（東京大学出版会、一九九八年）など。

（2）渡辺智裕「新日吉小五月会の編年について」（『民衆史研究』四六、一九九三年）。

（3）鴇田泉「流鏑馬行事の成立」（『お茶の水女子大学人文科学紀要』四〇、一九八七年）、同「流鏑馬行事と鎌倉武士団」（『芸能史研究』九九、一九八七年）。なお、髙橋昌明「鶴岡八幡宮流鏑馬行事の成立―頼朝による騎射芸奨励の意味―」（同『武士の成立　武士像の創出』東京大学出版会、一九九九年、初出一九九六年）も参照。

（4）佐藤進一「室町幕府開創期の官制体系」（同『日本中世史論集』岩波書店、一九九〇年、初出一九六〇年）、外岡慎一郎「六波羅探題と西国守護―〈両使〉をめぐって―」（『日本史研究』二六八、一九八四年）、同「鎌

倉末～南北朝期の守護と国人―「六波羅―両使制」再論」（『ヒストリア』一三三、一九九一年）、平岡豊「後鳥羽院西面について」（『日本史研究』三一六、一九八八年）、森幸夫「六波羅評定衆考」（同『六波羅探題の研究』続群書類従完成会、二〇〇五年、初出一九九一年）など。

（5）山本真紗美「新日吉小五月会の成立と展開―行事開催における院と鎌倉幕府―」（『鎌倉遺文研究』二一、二〇〇八年）。

（6）遠藤基郎『中世王権と王朝儀礼』（東京大学出版会、二〇〇八年）結論。

（7）『師光年中行事』（『続群書類従』巻二五四）、『百練抄』永暦元年十月十六日条。

（8）前掲注（7）『師光年中行事』、『新日吉別当次第』（東京大学史料編纂所所蔵謄写本）嘉応二年条。なお、新日吉社で執り行われた祭礼には、四月晦日に上皇の沙汰として催される新日吉祭、九月五日を式日とする新日吉社九月会もある。

（9）大日方克己「五月五日節―律令国家と弓馬の儀礼―」（同『古代国家と年中行事』吉川弘文館、一九九三年）、鴇田前掲注（3）「流鏑馬行事の成立」。鳥羽城南寺祭については、齋藤拓海「城南寺祭の基礎的考察」（『九州史学』一五五、二〇一〇年）も参照。

（10）新日吉社小五月会の開催年月日とその内容については、渡辺前掲注（2）論文・山本前掲注（5）論文掲載の一覧表を参照されたい。

（11）『猪隈関白記』正治元年五月九日条に「密々御幸也」とあるように、院の御幸は内密のものとして行われる建て前となっていたが、小五月会への御幸の有無は貴族の日記に主要な関心事として記されており、院の御幸はほぼ公然のことであったと思われる。

（12）後白河院政期については、同時代史料に流鏑馬実施の記事が見えないが、（貞永二年カ）四月一日尊性法親王書状（南北真経寺所蔵法華経紙背文書、『向日市史　史料編』〈一九八八年〉（27）。以下『向日市史』（27））のように略記する）に「治承元年者、依二山門之動乱一、本社御祭延引之間、当社随レ之、以二七月廿九日一被レ行レ之、雖レ有二竸(競)馬・流鏑(馬脱カ)等一、無二御幸一」とあり、安元三年（一一七七）に流鏑馬が催されたことが知られるから、当該期にも流鏑馬は行われていたと考えるのが妥当であろう。

（13）競馬については、中込律子「摂関家と馬」（服藤早苗編『王朝の権力と表象―学芸の文化史』森話社、一九九八年）を参照。

（14）『猪隈関白記』正治元年五月九日条。なお、小五月会を見ていたのは院と御前座に着座した公卿だけではない。「凡見物之者不レ知二幾千一、桟敷并車同レ之」（同右）、「貴賤上下群二集桟敷一云々」・「為二見物一雑人等多昇二庭樹上一、大枝忽落、打二損車一云々」（『民経記』天福元年五月九日条）とあるように、境内に設けられた桟敷で貴族をはじめ大勢の人々が見物しており、桟敷に入りきれず車から見物する貴族や庭の樹木に登って見物する民衆もいた。

（15）「奉行院司」の語自体は承久の乱以降、貴族の日記に見えるようになる。『明月記』元久元年五月九日条に、競馬の「行事」である源雅行・藤原高通とは別に権右中弁藤原清長が「行事」と見えるのが、ここでいう奉行院司の早い例だと思われる。

（16）『猪隈関白記』正治元年五月四日条・建仁元年五月五日条・承元三年五月五日条・承元四年五月八日条など。

（17）白根靖大「院司の基礎的考察」（同『中世の王朝社会と院政』吉川弘文館、二〇〇〇年、初出一九九二年）。なお、同右著書については拙稿「書評　白根靖大著『中世の王朝社会と院政』」（『日本史研究』四六三、二〇〇一年）も参照されたい。

（18）『葉黄記』宝治元年五月九日条。

（19）『天台座主記』文永九年七月二十六日条（二七六頁）。後嵯峨法皇は、この後白河法皇没時の例に従って小五月会を行うよう指示したのである。なお『新日吉別当次第』（東京大学史料編纂所所蔵謄写本）建久三年条にも、後白河の没後七年にわたり御幸はなかったとある。

（20）『吉続記』文永十年六月六日条、『天台座主記』同日条（二七八頁）。この年は後院司の右中弁吉田経長が奉行を勤めており、実際には王家の家政機関が儀礼の実施に関与していることが分かる。

（21）山本氏は、後白河院政期における小五月会は院近臣のみが参加する小規模な、院の私的遊興性の強い行事であったが、摂関・大臣級公卿が参仕している点や式次第が多様化・大規模化したと見る点から、後鳥羽院政期に小五月会が治天の君の開催する公的行事に転化したとする（同前掲注(5)論文）。しかし、後白河院政期の関係史料は非常に少なく情報量も限られており、小五月会が後鳥羽院政期に多様化・大規模化したと性急に判断することは難しい。また「私的」・「公的」とは具体的に何を意味するのかも明確でない。なお氏は、後白河院政期に摂関・大臣級の参会はなかったとするが、前掲注(8)『新日吉別当次第』嘉応二年条には、この年の小五月会に摂政松殿基房が参仕したとある。

(22) 『玉葉』建久三年二月十八日条。
(23) 佐伯智広「中世前期の政治構造と王家」（『日本史研究』五七一、二〇一〇年）。
(24) 『玉葉』承安五年五月八・九日条。
(25) 『玉葉』文治三年五月九日条。
(26) 中原俊章『中世公家と地下官人』（吉川弘文館、一九八七年）六四頁。
(27) 『玉葉』文治三年五月九日条。
(28) 『古今著聞集』巻一〇・馬芸第一四「秦公景下野敦景競馬を勤仕の事」（『日本古典文学大系』八四、岩波書店、一九六六年）。
(29) 以上、『猪隈関白記』正治元年五月九日条・正治二年五月九日条。
(30) 『猪隈関白記』正治二年五月九日条。
(31) 『明月記』承元二年五月九日条、『吾妻鏡』同年五月二十九日条。
(32) 『明月記』建永二年四月二十八日条。
(33) 『猪隈関白記』承元三年五月九日条。
(34) 射手役と的立役の優劣については、文治三年（一一八七）に鶴岡八幡宮で初めて行われた放生会において、「御家人者皆傍輩也、而射手者騎馬、的立役人者歩行也、既似レ分二勝劣一」として的立役の勤仕を拒否した御家人熊谷直実の発言にもうかがえる（『吾妻鏡』同年八月四日条）。

(35)『明月記』建永二年五月九日条、『猪隈関白記』承元三年五月九日条。なお、建久九年（一一九八）正月二十二日の後鳥羽院北面始に藤原信久の名が見える（『参軍要略抄』〈『続群書類従』巻三〇八〉）。

(36)『明月記』承元二年五月九日条・『吾妻鏡』同年五月二十九日条、『明月記』建暦三年五月九日条。なお、建暦三年の小五月会流鏑馬で一番射手を勤めた藤原秀能は兄弟の秀康・秀澄と共に院下北面として著名であり、二番射手の医王丸も後鳥羽の寵童で秀能の猶子となった院下北面である（『尊卑分脈』第二篇四〇八・四〇九頁、平岡豊「藤原秀康について」〈『日本歴史』五一六、一九九一年〉）。

(37)『猪隈関白記』承元三年五月九日条。『同』承元四年五月九日条には、「今日新日吉小五月也、有㆓御幸㆒云々、競馬随身皆騎㆑之云々」とあり、競馬が院その他の随身によって勤仕される形態に戻されたことが確認できる。

(38)平岡前掲注(4)論文。

(39)秋山喜代子「西面と武芸」（同『中世公家社会の空間と芸能』山川出版社、二〇〇三年）。実際、平岡・秋山両論文によれば、小五月会流鏑馬で射手を勤めたことが判明する院西面衆全十四名のうち、御家人または御家人と推測される者は、承元二年（一二〇八）の熊谷直宗・松王丸と同三年の源広業の三名に過ぎない。平岡氏は承元二年の渡辺翔と同三年の平成時も御家人としてあげるが、秋山氏は渡辺翔が御家人であった確証はないとし、平成時に至っては平岡氏本人も確証はないとする。なお院西面については、長村祥知「後鳥羽院政期の在京武士と院権力―西面再考―」（上横手雅敬編『鎌倉時代の権力と制度』思文閣出版、二〇〇八年）も参照。

(40)秋山前掲注(39)論文。

(41)実際、建永二年（一二〇七）の小五月会流鏑馬において、院西面は「午㆓七人㆒中㆑的、中央すこしもかたよせず、射わたりて候き」と、優れた騎射芸を披露している（『明月記』同年五月九日条）。

(42)『承久三年四年日次記』貞応元年五月九日条（『大日本史料』五―一、五四二頁）。

(43)『一代要記』貞応二年五月九日条。

(44)『明月記』天福元年四月十六日条。

(45)『百練抄』天福元年五月九日条。

(46) 以上、『民経記』天福元年五月九日条。

(47) 高橋慎一朗「尊性法親王と寺社紛争」(『遙かなる中世』一九、二〇〇一年)。

(48) 『新日吉別当次第』天福元年条(『大日本史料』五―八、八五六頁)、『新日吉廾寺院記』寛喜三年三月二十六日条(『大日本史料』五―六、三八六頁)、『新日吉造営記』(『妙法院史料六　古記録・古文書二』吉川弘文館、一九八一年)同日条。

(49) 大炊御門師経が能登国を賜り、造営料を調進した。(天福元年ヵ)四月十九日尊性法親王書状(『向日市史』(35))、『新日吉別当次第』文暦元年条(『大日本史料』五―八、八五六・八五七頁)、『延暦寺文書』一(『大日本史料』五―八、八五六頁)、『新日吉造営記』天福元年四月二十日条。

(50) (天福元年ヵ)四月二十七日・五月八日・六月二十五日尊性法親王書状(『向日市史』(39)・(42)・(51))、『民経記』寛喜三年正月二十九日・二月五日・貞永二年四月八日・十三日条。

(51) 『民経記』天福元年四月二十日条。

(52) 『民経記』天福元年五月九日条。

(53) (貞永元年ヵ)十二月二十八日・十二月二十九日・(貞永二年ヵ)四月一日・(天福元年ヵ)四月二十一日・四月二十五日・五月十日尊性法親王書状(『向日市史』(13)・(14)・(27)・(36)・(38)・(43))。

(54) 『明月記』天福元年五月十四日条、『民経記』同年五月九日条。『民経記』貞永元年十月四日条には、公卿院司として西園寺実氏(執事)・大炊御門家嗣・四条隆親(年預)・葉室資頼らの名が見える。

(55) 『民経記』天福元年五月九日条、『明月記』同年四月二十六日・五月十日条。

(56) 『民経記』天福元年五月九日条。

(57) 『葉黄記』宝治元年五月九日条。

(58) 尊性法親王は当時の六波羅北方探題北条重時と頻繁に情報交換を行っており(高橋前掲注(47)論文、本書第四章「鎌倉時代の寺社紛争と六波羅探題」)、後堀河はこのパイプを利用して幕府に流鏑馬役を勤める御家人の調進を求めたと考えられる。

(59)『民経記』天福元年五月九日条。この他、四番射手の井上左衛門次郎は「阿波国住人」と記されている。
(60) 曽我部愛「後高倉王家の政治的位置—後堀河親政期における北白河院の動向を中心に—」(『ヒストリア』二一七、二〇〇九年)、同「承久の乱後の王家と法親王—後高倉王家の事例から—」(『人文論究』〈関西学院大学〉五九—四、二〇一〇年)。
(61) 安貞元年(一二二七)の末、後堀河天皇は正治元年(一一九九)の小五月会の様子を藤原信実に描かせ献上させている(『明月記』安貞元年十二月二十八日条)。後堀河は譲位以前から新日吉社小五月会に関心を持ち、その復興を目指していた可能性がある。
(62) 尊性法親王が後堀河上皇に送ったある書状に「流鏑(馬脱カ)間事、粗承及候、雖㆓一両騎㆒、被㆓沙汰出㆒者、可㆑宜候」という一節がある(〈天福元年ヵ〉四月二十一日尊性法親王書状、『向日市史』(80))。たとえ一・二騎でも射手を用意できればそれでよいという発言内容から、とりあえず体裁を整えることが先決だという尊性の考えがうかがえる。後堀河院下北面の全容はよく分からないが、人的基盤の乏しい後堀河のもとに、院下北面をはじめ流鏑馬を勤仕し得る武士が欠乏していた可能性は高い。
(63) 以下、宝治元年の小五月会については、特に記さない限り『葉黄記』宝治元年五月八・九日条による。
(64) 白根前掲注(17)論文。
(65) 諸国所課については井原今朝男氏(『日本中世の国政と家政』校倉書房、一九九五年)・遠藤基郎氏(「摂関家・上皇・皇族による諸国所課」同前掲注(6)著書、初出一九九〇年)らの議論があるが、筆者は現在これに言及する用意を有していない。ただ、諸国所課がその儀礼の主催者の政治的地位や社会的条件を背景になされ、以後先例として貴族社会内部に共有され制度化されたとする遠藤氏の視点には留意すべきだと考える。
(66) 外岡前掲注(4)「鎌倉末〜南北朝期の守護と国人」掲載の新日吉社小五月会流鏑馬注文。
(67) 例えば後藤基頼は、弘安三年(一二八〇)の二番で一族の基信を、同七年の七番で舎弟基長を射手として出仕させている(『勘仲記』弘安三年五月九日条、同七年十二月九日条)。一方、六波羅探題は、正応四年(一二九一)の安東忠朝・大瀬泰貞(『実躬卿記』同年五月九日条)や嘉元二年(一三〇四)の竹井貞資(『実躬卿記』同年五月二十九日条）のような探題被官と推測される人物や、正嘉元年（一二五七）の香河光景（『経俊卿記』同年五月十一日条）、弘安三年の伊丹親資・柘植親清（『勘仲記』同年五月九日条）、永仁三年（一二九五）の武田久信・信通（『実躬卿記』同年五月二十六日条）のような、在京人や畿内・西国御家人の一族と思われる武士を射手・的立としている。

(68) 外岡前掲注(4)「鎌倉末～南北朝期の守護と国人」、本書第一章「六波羅探題の成立と公家政権」。

(69) 佐伯前掲注(23)論文。

(70) 後嵯峨が院政を進めるにあたり、殊更に後鳥羽院政の先例を重視して後鳥羽との連続性を強調したこと（前掲注(17)拙稿）も、彼の地位の不安定性と密接に関わると思われる。

(71) なお、競馬の番組とその勝負結果や禄・口取り・念人については、関東申次西園寺氏より幕府に注進されるのが例となっていたようである（〈嘉元二年〉五月三十日西園寺公衡書状〈『実躬卿記』同年五月二十九日条〉）。

(72) 『経俊卿記』建長八年五月九日条。

(73) 『勘仲記』弘安三年五月九日条。

(74) 鎌倉後期における摂関の簾中祗候の事例は、正応二年（一二八九）の関白近衛家基程度である（『実躬卿記』同年五月九日条）。

(75) 『実躬卿記』永仁三年五月二十六日条。この他、鎌倉後期の古記録から念人の人数が判明する年を見ると、多くて三十人弱、少ない時は二十人弱となっている。

(76) 『実躬卿記』永仁二年五月十日条。

(77) 『勘仲記』弘安四年五月九日条。

(78) 『実躬卿記』正応三年五月三日条。

(79) 『実躬卿記』永仁二年五月二日条。また、永仁三年（一二九五）の馬馳は、奉行次将二人や乗尻らが出仕したにもかかわらず、おそらく馬引きが「無人」であったため、馬が出来しないまま終了する事態となっている（『実躬卿記』同年五月二十一日条）。

(80)　こうした馬の不足は小五月会特有の現象なのか、それとも小五月会と同様に馬が用いられる賀茂競馬のような儀礼でも同様な状況が見られたのか、現段階では論及する準備を持ち合わせていない。後考を期したい。
(81)『実躬卿記』正応三年五月五・七日条。
(82)『実躬卿記』永仁三年五月十・二十二・二十四・二十六・二十七日条。三条実躬は小五月会当日の秦久長の馬芸を「馬場壮観也」と評している。この他にも、正応三年（一二九〇）の北山第馬馳で（秦ヵ）久藤が、「御恩事」の計らいがなされていないことを理由に参勤を拒否し、播磨国上端郷給付の院宣を出すとの院の仰せを得てようやく参上した事例がある（『実躬卿記』同年五月八日条）。
(83)『実躬卿記』正応元年五月九日条。
(84)『実躬卿記』正応三年五月九日条。
(85)『実躬卿記』正安三年五月九日条、嘉元二年五月二十九日条。
(86)『実躬卿記』永仁三年五月二十三・二十六日条。
(87)『帝王編年記』正嘉二年四月十七日・十一月十日・十五日・十二月七日条、『一代要記』同年四月十七日・十一月十一日・十五日・二十五日・十二月七日条。
(88)『帝王編年記』文応元年八月二十一日条。
(89)『一代要記』・『新抄』文永元年十二月四日条。
(90)『天台座主記』文永六年十二月二十日条（二七二頁）、『一代要記』同日条。
(91)『天台座主記』建治元年十一月四日条（二八〇頁）。
(92)『一代要記』弘安六年十二月二十二日条。
(93)『勘仲記』弘安七年十二月九日条。
(94)『吉続記』・『実躬卿記』・『大理秘記』（名古屋大学大学院中世社会史ゼミ「西尾市岩瀬文庫所蔵『大理秘記』」〈『年報中世史研究』二三、一九九八年〉）乾元元年十二月二十一日条。この時は後宇多が発熱のため、亀山のみの御幸となった。

(95)『実躬卿記』嘉元二年五月五・七・二十九日条。
(96)その他、正元元年（一二五九）は日吉社の炎上により十二月五日に（『百練抄』・『一代要記』同日条）、永仁三年（一二九五）は東大寺神輿の帰座の遅れにより五月二十六日に（『実躬卿記』同年五月九・二十六日条）それぞれ延引されている。
(97)『実躬卿記』正安三年四月六日・五月九日・五月十九日条。放氏については、清水英恵「興福寺による放氏をめぐる一考察」（『ヒストリア』一三五、一九九二年）を参照。
(98)『実躬卿記』乾元二年六月四・五・十八日条。この間、亀山は近衛官人と院御所祗候の貴族とによる競馬の余興も行っている（『実躬卿記』同年六月四・六日条）。
(99)『実躬卿記』嘉元二年五月三日条。
(100)『実躬卿記』嘉元二年五月三十日・六月一日条。その一方で亀山法皇は、小五月会当日の秦武弘と秦兼延の勝負の様を「神妙」とほめ、今後も忠勤に励むべきことを後宇多上皇から二人に命じるよう三条実躬に指示している。
(101)『実躬卿記』嘉元三年四月二十日条。
(102)事件の経過などについては、細川重男「嘉元の乱と北条貞時政権」（同『鎌倉政権得宗専制論』吉川弘文館、二〇〇〇年、初出一九九一年）を参照。
(103)『実躬卿記』嘉元三年四月二十七日・五月八日条。
(104)『実躬卿記』嘉元三年五月九日条には天候以外何も記されていない。三条実躬は弘安九年（一二八六）と正応三年（一二九〇）に小五月会競馬の奉行を勤め、嘉元二年（一三〇四）に息子公秀が競馬奉行に任じられた時もしばしば彼に助言を与えており、概観する限り実躬の小五月会競馬に対する関心は高い。そうであれば、嘉元三年の小五月会の有無について何らかの記載があってもよいはずだが、その後も関連記事は見えない。
(105)『実躬卿記』では嘉元三年四月七日条より亀山の病気に関する記事が見え始める。七月の再発以降、病気は悪化の一途をたどり、亀山は京中を避けて常盤井殿から亀山殿に移っている（『実躬卿記』同年七月十日・二十一日・八月二十五日条など)。

(106) 嘉元二年(一三〇四)七月に新日吉社の仮殿遷宮が行われており(『新日吉造営記』同年七月八日条)、これも亀山の新日吉社興行の一環かもしれない。しかし正遷宮は徳治二年(一三〇七)十二月にずれ込み(『新日吉造営記』同年十二月二十二日条)、この年に小五月会が実施された記録も見られない。

(107) 『元徳二年三月日日吉社並叡山行幸記』律五(岡見正雄博士還暦記念刊行会編『室町ごころ―中世文学資料集―』角川書店、一九七八年)。なお『花園天皇日記』文保元年五月十日条によれば、伏見法皇は御幸せず、ひそかに別の桟敷で見物していた。

(108) 『元徳二年三月日日吉社並叡山行幸記』律四、『天台座主記』正和三年五月一日条(三一七・三一八頁)、(年月日未詳)金沢貞顕書状(金沢文庫文書、『鎌倉遺文』三三―二五一三三)。

(109) 『新日吉造営記』正和五年十二月条は、この月に拝殿を仮殿とする形で遷宮が行われたとする。

(110) 貞和三年(一三四七)に新日吉社の造営料足を洛中・河東の酒屋に賦課することが北朝と幕府の間で審議されている(『園太暦』同年八月八・十一日条)。遷宮は同五年四月二十八日にようやく実現し、将軍足利尊氏らが参詣している(『師守記』同日条)。

第四章　鎌倉時代の寺社紛争と六波羅探題

一　問題の所在

かつての六波羅探題に関する研究は、関東の幕府との関係に主な視点を据えて、幕府制度の中で六波羅探題を位置づけ、幕府政治史との関連からその特質を明らかにしようとするものであった。例えば佐藤進一氏は、六波羅探題の訴訟制度の分化・発展過程や裁判管轄権について分析し、訴訟機関の分立が関東と比べて不完全であったことや、鎌倉の機関に対して完全なる諸般の管轄権を主張し得なかったことを指摘した(1)。また上横手雅敬氏は、六波羅探題の成立の意義およびその構造と変質過程について関東との関係から考察し、「六波羅は幕府の惣領制的な一族配置による集権的地方支配の一環として、西国制圧に必要な最低の権能を賦与された幕府政治の請負機関にほかならなかった」と評価した(2)。以後、六波羅探題そのものの研究はしばらく進展を見せず、また当時の研究状況も相俟って、六波羅探題と公家政権との関係にも関心は殆ど向けられなかった。

しかし、幕府政治史・制度史研究の進展などにより、一九八〇年代半ば以降、六波羅探題研究は一転して活発化した。探題首班や評定衆・奉行人・探題被官等の人員構成、発給文書、公武関係・公武間交渉における役割、両使による遵行制度と畿内・西国支配の構造、裁判制度、在京人制など、様々な分野にわたり多くの研究が積み重ねられ、六波羅探題の諸制度に関する基礎的事項や時期的変遷の過程が明らかにされてきた。(3) 特に鎌倉期公家政権研究の活発化を背景に、公家政権との関係に注目する研究が多く見られるようになった。

しかし、近年の六波羅探題研究には以下のような問題点があると考える。まず、それらが制度の発展過程とその到達点の解明を主としてきたため、結果として鎌倉後期に考察が偏っていることである。六波羅探題の成立以降モンゴル襲来頃までの時期については、制度の未発達段階として積極的な位置づけがなされていない。六波羅探題が存続していた時期全般を一貫して展望し、その存在形態の変化を究明する必要がある。また、六波羅探題成立以前にまで視野を広げた研究も殆どない。平安末～鎌倉前期の関連分野の成果も踏まえて、承久の乱前後の時期を比較的に検討し、可能な限り中世前期を見通すことで、六波羅探題成立の歴史的意義を明らかにすることも重要である。

次に、六波羅探題の成立・展開を鎌倉時代の政治史の中に位置づける作業もいまだ充分とは言えない。近年の研究は関心の個別分散化、部門別の細分化・精緻化が進む一方、その成果を総括し、鎌倉期政治史の次元にまで昇華させるには至っていないのである。当該期の政治過程や政治権力の動向との関連から六波羅探題の特質を把握しようという、佐藤・上横手氏らの研究に貫かれていた観点の重要性は改めて確認されなければならない。また、上横手氏は一連の六波羅探題研究を発表した後、鎌倉時代政治史研究では幕府を考察対象とするのみでは不充分であり、むしろ公武関係を重視し、公武両権力を統一的に把握する方法・立場をとるべきだと主張した。(4) 氏の提言を踏まえる時、やはり六波羅探題は一つの鍵となる存在として浮かび上がる。六波羅探題と公家政権との関係、あるいは公武関係に占める六波羅探題の位置を具体的に明らかにすることで、当該期の政治史を正確に把握し、ひいては中世国家論をも展望する視角を得ることが可能になると考える。

では、六波羅探題と公家政権との関係に関する近年の研究はいかなるものであったのだろうか。ここでは例として、公武間交渉における六波羅探題の役割について考察した森茂暁氏の研究をとりあげたい。氏は、寺社嗷訴・皇位継承等の重事や関東の管轄下にある事案において、六波羅探題の権限は限られていたこと、その一方で、院宣・綸旨の伝達ルートが確立して公家側からの訴訟案件を関東の介在なしで処理したり、検非違使庁の職務を代替して洛中検断を主導するなど、六波羅探題が公家政権との関わりの中で独自の役割を果たしていたことを説いた(5)。旧来の研究では、六波羅探題の機関の分化・発展が関東と比べて不完全である点や、その権限が常に関東の制約を受けていたことが強調されてきた。それに対して森氏の研究は、右の点を認めつつも、関東に対する六波羅探題の活動・地位の自立的性格を、公家政権との関係という視点から高く評価した点に特徴がある。

だが、氏の議論の多くは、大量に収集した事例を編年に並べて叙述する形をとっており、段階ごとの特色が見えにくいという問題点をはらんでいる。また、個々の重要な指摘にもかかわらず、全体的には、モンゴル襲来を契機とする幕府の公家政権への接近、六波羅探題による公家側の機能の代替や権限の蚕食といったもの以上に踏み込んだ評価はなされていない。結局、氏の研究においても、公武両権力の間で六波羅探題が政治史的にいかなる位置を占めていたのかはいまだ充分明らかにされていないのである。

もちろん六波羅探題と公家政権との関係という視角と、それにより得られた成果自体は今後も継承されてしかるべきである。しかし既に述べたように、両者の関係のあり方とその展開を追究する根本的な意味は、あくまで公武両権力を視野に入れて当該期政治史を総合的に把握することにある。そうであるとすれば、上横手氏の提言を生かし、当該期の政治過程・政治構造に六波羅探題を正確に位置づけるためには、六波羅探題と公家政権あるいは六波羅探題と幕府（関東）といった一対の視角による分析にとどまらず、三者を総体的にとらえ、六波羅探題が公家政権・幕府と相互にいかなる有機的関係を保ち、そこにおいていかなる機能・役割を果たしていたのかを具体的に追究する方が有効ではなかろうか。

ところで森氏は、六波羅探題の役割を「洛中警固」（京都とその周辺の警備・治安維持）と「西国成敗」（畿内・西国の裁判・支配）の二つの側面から究明している。これは、鎌倉末期に編纂された『沙汰未練書』の「一　六波羅トハ、洛中警固并西国成敗御事也」という記事[6]に基づくものである。しかし、この史料はあくまで鎌倉末期のものであり、そもそも六波羅探題が右の二つ以外にいかなる機能を現実に持っていたのかは意外に解明されていない。六波羅探題が実際に有していた任務・機能を具体的に究明し、その遂行のあり方や展開の過程、そこにおける公家政権・幕府との関係を検討することが重要であろう。

本章では、以上の問題を考える素材として寺社紛争をとりあげる[7]。王法と仏法が相依相即の関係にあった中世において、寺社権門の嗷訴・紛争は国家が最も重視し、かつ最もその対応に苦慮した政治・軍事問題であった。そこでは、解決に当たる六波羅探題・公家政権・鎌倉幕府三者相互間の政治的関係が如実に現れ、かつ寺社勢力を含む諸権門間の矛盾がしばしば表面化したのである。かつて黒田俊雄氏が、権門体制における国家権力の実体を実際の政治的展開の中から解明するに当たって、寺社嗷訴をとりあげた[8]のもその意味では当然のことであった。このように、六波羅探題を公家政権・幕府との具体的な関係の中でとらえるために、寺社紛争は格好の素材ではないかと考える。

寺社紛争における六波羅探題の活動については、森茂暁氏が「洛中警固」をめぐる公武交渉の側面から、高橋慎一朗氏が探題被官の活動実態から、坂田美恵氏が鎌倉後期の幕府・公家政権の関係という視点からそれぞれとりあげている[9]。しかしいずれも、寺社紛争という政治・軍事問題において六波羅探題が果たす機能とその意味の総体的分析は不足している。本章では、六波羅探題が寺社紛争の処理に際して果たした機能・役割と、そこにおける公家政権・幕府（関東）との関係について段階ごとに分析し、またその背景について考察することで、六波羅探題の存在形態や歴史的位置を明らかにしたい[10]。

二　六波羅探題の成立と寺社紛争

(一)　平安末〜鎌倉前期における寺社紛争の処理

寺社紛争の処理における六波羅探題の機能・役割を考えるに当たり、まずその成立以前における紛争処理のあり方を確認しておきたい。承久の乱の前後を比較することにより、六波羅探題の寺社紛争処理に関する機能の位置づけが可能になると考えるからである。

平安末期より頻発するようになった寺社紛争の処理を主導したのは、王家の家長として当該期における宗教政策を推進した院（治天の君）であった。院は寺社紛争が勃発すると、公卿を招集し議定を開いて対策を協議し、寺社権門の長官や僧綱を通して衆徒・神人らと交渉することで、嗷訴入京や軍事衝突が起こらないよう紛争の政治的解決を目指した。そしてそれが成功しなかった場合は、在京する軍事貴族・武士を官軍として動員し、嗷訴入京の阻止や抗争の武力による制圧に当たらせたのである[11]。

このような紛争解決のあり方は幕府成立後も継続していた。その状況を、建仁三年（一二〇三）に勃発した延暦寺学生・堂衆の合戦を例に見てみよう[12]。湯屋の順序の争いに端を発した両者の対立は、八月に学生が城郭を構えて堂衆を追却し、これに反発した堂衆が軍兵を率いて学生と衝突する事態に至った。後鳥羽上皇は公卿を院御所に招集して議定を開き、座主とも対応を協議の上、延暦寺僧綱を比叡山に派遣して制止を加えるなど両者の調停に当たり、一旦は双方の武装解除に成功した。しかし間もなく、学生が下山して堂衆の追却を強硬に要求し、後鳥羽は結局十月に堂衆の比叡山からの追放を命じる院宣を発した。その後、官軍が学生と共に登山して堂衆との合戦に及び、双方に多数の死傷者が出たが、最終的に堂衆が城郭を退去して離散し一応の決着がついた[13]。以上の経過において、後鳥羽は学生・堂衆との交渉や紛争の裁定を行うとともに、官軍の武力によって自らの意思を実現しており、紛争制圧における院の主導性は際立っている。また、紛争制圧にあたった官軍の構成を見ると、駿河守大内惟義、検非違使尉大岡時親、左衛門尉安達親長、左衛門尉佐々木定綱、中務丞同経高、兵衛尉葛西清重、豊島朝経、伊佐太郎、熊谷三郎など、御家人を中心としながらも、その時に在京していた武士が官職の有無・種別に関係なく編成・動員されている[14]。これは平安末期以来の動員方法を継承したものと言えよう。

建暦三年（一二一三）の延暦寺・清閑寺と清水寺との抗争でも、説得工作のため清水寺に派遣された御家人五条有範・大内惟信・後藤基清は検非違使の立場で、院の指示により任務に当たっている。また延暦寺衆徒の説得が失敗すると、後鳥羽は「西面之輩幷在京武士・近臣家人等」に衆徒の拘束を命じ、近江守源頼茂、検非違使尉大内惟信・中原親清・藤原秀能、および源広業以下の西面衆が官軍として派遣されている[15]。

このように六波羅探題成立以前は、院が当事者の説得・交渉や裁定、および軍事動員の主体として、寺社紛争解決全般の主導権を掌握しており、在京の軍事貴族・武士は院の指示によって嗷訴阻止・紛争鎮圧に従事する存在に過ぎなかった。御家人も彼らと同様に「官軍」に編成されていたのであり、幕府自体は寺社紛争の解決に積極的に動いたわけではなかった。六波羅探題の前身とされる京都守護も、本人またはその一族・家人・郎従が同じく院に動員されていたのであり、紛争処理を主導する立場にはなかったのである[16]。

(二)　鎌倉中期の寺社紛争と六波羅探題

では、こうした寺社紛争の処理のあり方は、六波羅探題成立後にはどう変わったのだろうか。そこにおいて六波羅探題は、公家政権・幕府といかなる関係を保ちつつ、寺社紛争鎮圧のため具体的にどのような機能・役割を担うようになったのだろうか。続いてこの点を検討したい。

まず、成立当初より六波羅探題は、嗷訴入京の阻止や抗争・合戦の鎮圧に当たっていた。例えば、元仁二年（一二二五）正月に園城寺の中・北院衆徒と南院衆徒が合戦を企てた時、南方探題北条時盛被官の本間左衛門ら「在京武士」がその防御に派遣されている。[17]また嘉禄二年（一二二六）八月、高野山と対立していた金峯山が嗷訴を起こした際には、北方探題北条時氏被官菅十郎左衛門以下の武士が神輿の入京阻止のため宇治に下向している。[18]これは承久の乱以前の官軍の機能を基本的に継承したものであるが、乱以前は院が個々の在京軍事貴族・武士に直接指令していたのに対し、乱後は六波羅探題が公家政権の指令を受け、被官や大番役等で在京する御家人を招集して鎮圧に派遣していた。[19]しかし、成立直後の六波羅探題はまだ、嗷訴の防御や紛争の制圧以外の機能は持っていなかった。

ところが、北条重時が北方探題に就任した寛喜二年（一二三〇）三月以降、右の嗷訴阻止・抗争鎮圧に加えて新たな活動が見られるようになる。それはいかなるものだったのか、文暦二年（一二三五）の山城国薪・大住両荘の堺相論に端を発する石清水八幡宮と興福寺との紛争を素材として具体的に検討しよう。[20]

一つ目は、紛争の張本・下手人の拘束・処罰の機能である。文暦二年閏六月二十六日、大住荘山守と石清水八幡宮神人・秋光名預所七郎らが薪荘の山柴をめぐって喧嘩を起こしたため、七月十二日に七郎の代人二人が検非違使庁に召喚され、十九日に禁獄された。続いて、八月二十四日には七郎本人とその主人左衛門尉平康助らが六波羅探題に召し出され、このうち平康助は十月十一日に伊予国に配流されている。また、殺人を犯した交野左兵衛尉宗胤が石清水八幡宮神人の援助を得て祖父貞宗と共に河内国の自宅に逃亡した時も、六波羅探題がこれを逮捕している。(21)

次に、現地実検等の調査の機能があげられる。事件の勃発当初、相論の対象であった堺の現場に「実検使」が派遣されたが、(22)「公家論所指二遣官使幷武家使等一、可レ有二実検一之由被二仰下一」(23)、「以下二遣官使・武家使一、宮寺所司・寺家使相共実検、就二水之□流一定二其境一、四方使加判落居了」(24)とあることから、それが公家政権の指示により遣わされた、公家側の「官使」と「武家」＝六波羅探題方の使者であったことが分かる。

更に、寺社に対する嗷訴中止・合戦停止の指令伝達や紛争当事者との交渉の機能がある。後述のように、嘉禎二年（一二三六）正月に探題首班北条重時が石清水八幡宮別当宗清と会談しており、また同年七月に興福寺衆徒が閉門して三度目の蜂起を図った際には、「六波羅之書状」を持った使者が南都に下向し、接触を試みて追い返されている。(25)

以上の薪・大住両荘の相論において検出された諸機能は、同時期の他の寺社紛争でも見られるのだろうか。今度は仁治三年（一二四二）に起こった高野山の金剛峯寺と大伝法院との衝突事件から確認してみよう。(26)前年からくすぶり始めていた両者の対立は、金剛峯寺側の軍兵派遣、双方での城郭構築、官使による制止と次第に緊張が高まり、ついに七月十三日、金剛峯寺衆徒が大伝法院を焼き払う事態に至った。この時まず、小笠原又太郎中務以下の武士が下向して現地の治安維持に当たるとともに、六波羅探題が摂津国以下周辺諸国に守護役を催促しており、(27)六波羅探題が合戦制圧・治安維持の活動を行っていることが分かる。続いて七月末に公家政権が金剛峯寺検校明賢を召喚して張本十人を召し上げ、十月末には大伝法院側注進の交名に基づき、金剛峯寺宿老二十六人に六波羅探題から「召符」が下された。彼らは翌月十八日に出頭して身柄を武士に預けられ、下旬より六波羅法廷で「日々有二両方対問一」った後、翌年正月二十五日に検校明賢・執行代道範らが配流に処された[28]。公家政権と六波羅探題が連携して容疑者の逮捕・処罰に当たっていることが確認されるとともに、六波羅探題が紛争当事者の対決・問注を行っていることも分かる。その後、宝治元年（一二四七）五月には大伝法院衆徒の狼藉について「召二出張本之輩一、尋二究罪科軽重一、可二言上一」とする院宣が発給され、六波羅探題は現地に雑色を遣わし、紀伊国守護代・守護使に容疑者の「催上」を命じている[29]。後嵯峨上皇の意を受けて六波羅探題が張本の召喚を図っていること、その取り調べの結果が六波羅探題から院に「言上」されるルートが形成されていることが注目される。更に寺社との交渉機能に関しては、宝治二年（一二四八）、元大伝法院座主行遍が東寺一長者・法務に就いたことに抗議して金剛峯寺衆徒が閉門した時、「差二遣使者一、尋二究満山之所存一、兼又不レ可レ致二自由狼藉一之由、可二仰含一之旨、可レ被レ仰二遣武家一」とする院宣が発給されており[30]、衆徒と開門・狼藉停止の交渉を行うよう六波羅探題が後嵯峨から命じられていることが分かる。

このように北条重時探題在任期には、公家政権の指令またはそれとの連携により、六波羅探題が寺社紛争の実力による制圧だけでなく、被疑者の拘束・尋問・処罰、必要な場合の現地調査、寺社に対する公家政権の意向の伝達や交渉にも当たるようになった。六波羅探題は公家側の指示を受けつつ、自らの権限により軍勢・使者の派遣や検断を行い、また軍事だけでなく寺社との交渉という政治的役割の一端も担うようになっていたのである。

これに加えて北条重時探題末期には、公家政権の中枢を担う治天の君や摂関・関東申次などと探題首班との間に、紛争解決のための調整の回路が形成される。寛元四年（一二四六）閏四月、鞍馬寺堂衆の服装等の問題を契機に本山延暦寺衆徒と鞍馬寺検校十楽院最守・別当祐性門人が合戦し、青蓮院・梨本両門徒の騒動にまで発展した。後嵯峨上皇は院司葉室定嗣を介して大殿九条道家・摂政一条実経と申し合わせ、院宣を両門跡・十楽院に下すとともに、六波羅探題にも制止の指示を出した。これに対して北条重時は、九・十一・十二日と相次いで使者を院御所に派遣して「申二子細一」し、十三日には後嵯峨が道家と協議の上で「内々被レ仰二合武家一」ている。(31)公家政権内部だけでなく、後嵯峨と探題首班北条重時の間でも紛争処理のための意見調整・意思確認が行われていることが分かる。

この方式は、重時の探題退任後も維持された。宝治二年（一二四八）八月に興福寺の寺内衆と若徒党が対立した際、後嵯峨が武士の現地派遣を指示したのに対し、探題首班北条長時は被官佐治重家・真木野茂綱らを送って「申二子細一」した。後嵯峨が関東申次西園寺実氏を介して長時に指示を伝えた結果、ようやく武士が合戦制止のため南都に下向したのである。(32)六波羅探題は公家政権から一方的に命令を受ける存在ではなく、公家側に事情聴取の報告をしたり、双方で協議して紛争制止のための細部調整を行ったりするなど、公家政権から一定の独自性を持って活動する存在だったのである。

ここまで、寺社紛争処理における六波羅探題の活動や役割を中心に検討してきたが、注意したいのは、この段階でも寺社紛争解決の主導権自体は依然として公家政権側にあったことである。例えば、薪・大住荘相論では摂政九条道家が議定を開いて対策を協議し、石清水八幡宮・興福寺双方から事情聴取したり、使者を送って交渉したりしている。(33)また、同時期に起こった延暦寺と佐々木氏との抗争でも、道家は関東が了承する前に、張本佐々木高信と、官軍の先陣として神輿入京を阻止した足立遠政の配流を決めているのである。(34)

では、当時の関東は寺社紛争の処理にどう関わっていたのだろうか。薪・大住荘相論の発生した当初、公家政権より「可二計沙汰一」との指示を得た六波羅探題が幕府に対処の方法を尋ねたのに対し、幕府は「差二遣御使一遂二実検一、就二左右一可レ有二議定一」と返答したのみで、(35)以後は何の行動も起こしていない。南都の二度目の蜂起の際も、幕府は九条道家の諮問に対し、関東御教書によって意見陳述する程度であった。(36)嘉禎二年（一二三六）二月十四日には東使後藤基綱が興福寺衆徒の説得に当たっているが[37]、これも既に長者宣によって事態解決の方向が示されており、彼はいわばその駄目押しをしたにすぎなかった。幕府が紛争鎮圧に積極的に乗り出したのはあくまで興福寺衆徒の三度目の蜂起以後であり、大和国内への地頭の設置、関東からの武士の派遣、交通路封鎖による衆徒の封じ込めといった幕府の強硬措置[38]も、従来の嗷訴対策としては異例のものであったと言えよう。

また、寛喜二年（一二三〇）に起こった園城寺中・北院と南院の衝突に際しても、関白九条道家が武士を警固に送り、議定で対応を協議し、寺門僧綱に争いの制止を命じるなど、鎮圧活動を主導した[39]。一方、幕府は六波羅探題から「朝家重事」という報告を受けて初めて、「尋沙汰」のため佐々木信綱を使節として派遣しているのである[40]。そもそも、当該期には寺社紛争に関わって東使が派遣された事例自体が少なく[41]、幕府は六波羅探題からの「朝家重事」・「公家重事」との報告を受けてようやく動き出す程度であった。寺社紛争の処理は公家政権—六波羅探題の系統を中心として行われており、公家側も最初からその対応を関東に依存していたわけではなかったのである。

(三)　六波羅北方探題北条重時の位置

では、この時期に六波羅探題が、公家政権からの指示のもとで寺社紛争の処理に当たるようになったのはなぜなのだろうか。まず、幕府は仏神事興行と悪僧の規制や寺社の兵仗禁制の強化を政策の基調としていたが、既述のように寺社紛争の調停にまで積極的に乗り出すことはなかった。一方公家政権は、それまで在京軍事貴族・武士によって担われてきた院独自の武力が承久の乱によって消滅し、寺社紛争の処理を六波羅探題に依存せざるを得なくなっていた[42]。紛争勃発に際し、六波羅探題が被官・在京御家人などを派遣するようになった理由はここにある。しかし㈡で見たように、六波羅探題の果たす寺社紛争処理機能は、それ以前の官軍の武士と比べて質的に変化していることも間違いない。その要因として、幕府の軍事権門としての安定化に伴う六波羅探題の機能の拡大という一般的解釈も可能だろうが、ここで注目したいのが、当時の北方探題であった北条重時の存在である。(43)

改めて薪・大住荘相論の経過を見た時、一つの興味深い事実がある。

加(嘉)貞二年正月十一日有レ召、経(高階)時卿奉行、又相国(西園寺公経)禅門以二長衡(三善)入道一内々可レ来之由被二示遣一、十二日出レ京、先向二六波羅駿河国司(北条重時)許一対面、談二種々之子細一、日高成間、不レ向二於亮亭(北条時盛カ)一、以二後藤治兵衛尉一、忩参二殿下一候間、不参之由可レ申旨示遣訖、其後向二長衡入道許一(下略)(44)

嘉禎二年(一二三六)正月、興福寺衆徒は石清水八幡宮別当宗清の処罰などを求め、春日社神木を宇治に遣棄して退去し態度を硬化させていた。十一日、宗清は関東申次西園寺公経より家司三善長衡を介して「内々可レ来」との指示を受け、翌日京に出て来たのであるが、ここで注意したいのは、宗清が三善長衡邸に向かう前に北方探題北条重時と会談していることである。長衡との会談が「内々」のものだとすれば、重時とのそれも「内々」の会談である。しかも宗清はこの時、もう一人の探題首班である南方の北条時盛とは結局接触していないのである。この後、宗清の解任、石清水八幡宮の因幡国務の停止、神木帰座・寺社開門の方向で事態が動き出したことも考慮すれば、この「内々」の会談は、探題首班北条重時が自ら石清水八幡宮別当宗清と接触し、西園寺公経側との会談や今後の対処などをめぐり方策を協議したものと推測される。

北条重時の動きという点で、天福二年(一二三四)に四天王寺で相次いで起こった二つの事件も注目される。(45)

(前欠)尋二重時(北条)許一候之処、即遣二定高(二条)卿一候了、尤驚申候云々、于今不二進入一候之条、存外覚候、忩可レ被二尋下一可二無為一候歟、又昨日自二天王寺一進訴状如レ此候、内々是も遣二重時許一候処、忩被レ進二御所一可レ被レ下候、付レ其重下知候之由、同令レ申候、然者今日可レ被レ下二此状於六波羅一候、捜二究両方闘諍結構之濫觴一、不日可レ行二罪科一之由、可レ被二仰下一候、近日不レ及二罪過沙汰一者、寺家東作之勤、可レ廃候歟、然而八講田以下寺用多以可レ闕候、罪業候歟、就レ中定高卿令レ進二彼状一候者、付レ其又住吉結構分明候歟之上者、罪過付レ彼、為二向後之□尽一、忩可レ致二其沙汰一之由、同可レ被二仰下一之旨、可下令二洩奏達一給上、尊性敬言上、

（天福二年）二月十四日　　尊性上

進上　人々御中(46)

右の史料は、この年に住吉社との堺相論に関わり発生した闘諍事件の処理をめぐって、四天王寺別当尊性法親王が弟の後堀河上皇に送った書状である。傍線部から、四天王寺より提出された訴状を尊性が北条重時のもとに「内々」送付し、重時から「御所」＝後堀河にこの訴状を送って段取りを整えてほしいとの返答を得たこと、それを受けて尊性が後堀河に、本訴状を六波羅探題に下し、原因の調査と容疑者の処罰を命じるよう求めていることが分かる。尊性法親王が水面下で根回しを進めている点も興味深いが、ここでは北条重時が彼の働きかけに呼応し、事件の処理に協力していることに留意したい。

続いて四月には、四天王寺前執行円順の党類が現執行明順と了覚を殺害する事件が起こり、六月二日には明順余党が寺家に乱入して合戦となった。尊性法親王は後堀河に「今間忩被レ仰二下武家一、先指二遣良従(郎)等一、可レ令レ静二謐寺中一之由、可レ被二仰下一候」と求め(47)、以後、後堀河・九条道家・西園寺公経・同実氏と対応を協議したが、その一方で尊性は事件発生直後から北条重時とも連絡をとっていた(48)。尊性が後堀河に送った書状に「寺家静謐御教書到来、昨日仰二合重時一候之処、不レ違二日来計一候之間、今朝円順先安堵、而寺家無為之由、可二相計一之旨、仰遣候了」とあることから(49)、円順の身柄の安堵により寺中の鎮静化を図るという処理方針の決定に北条重時も関わっていたことが分かる。重時も被官の神五郎実員を現地に派遣して事態の収拾に努めており(50)、

ここでも彼は、尊性法親王と公家政権中枢部の間で形成された判断の趣旨に沿う形で行動しているのである。

このように、六波羅北方探題北条重時は寺社紛争の解決のため、寺社のトップと内々に会談・交渉し、また公家政権中枢部（院・摂関・関東申次など）における政治的合意の形成にも関与し、その実現に当たっていた。そしてそこに、南方探題北条時盛や関東は全く関わっていないのである。もちろんこれらは、一方探題首班の北条重時が個別の案件において内々に行動したものである。しかしそのことが、寺社紛争に六波羅探題が関与する先例・既成事実として蓄積され、結果として、六波羅探題が公家政権と相互に連携して鎮圧・処理に当たる方式として定着していったのではなかろうか。

では当時、北条重時の寺社紛争解決に果たす役割が大きかったのは一体なぜなのだろうか。まず彼の幕政上の位置から考えてみよう。寛喜二年（一二三〇）三月、北条時氏に替わって北方探題に就任した重時は、十七年の在職期間中一貫して執権探題の地位にあり、仁治三年（一二四二）の南方探題北条時盛退任後は単独でその任務に当たった。また在職中に相模守に任じられ、従四位上にまで叙されている（後掲表4参照）。そして宝治元年（一二四七）七月に鎌倉に下向して連署に就くと、その子孫（長時・時茂・義宗）が探題職に単独で就任し（時輔就任期を除く）、得宗家（時頼・時宗）を鎌倉・京都の双方から支えていくこととなる。秋山哲雄氏は、重時流北条氏が得宗家を上回る守護職を有し、北条氏権力の制度的根拠を確保して執権時頼を支えていたとするが[51]、このような重時流と泰時流との関係は、執権泰時の段階で既に形成されていたと考えられる。

北条泰時の時期は執権・得宗家の地位がまだ不安定であり、執権・連署と評定衆による合議制で幕政が運営され、北条氏一門の団結・融和と幕府内部の勢力均衡・安定が図られた[52]。北条重時はもともと将軍御所の宿直警衛や将軍外出時の供奉などを管掌する小侍所別当という重職にあり、六波羅探題就任以前から執権泰時の政治運営の一角を担っていたのである。また、重時が探題となった直後に泰時の子の時氏が早世した。泰時の孫の経時・時頼はまだ幼少であり、泰時・時房に次ぐ第三の地位にあった名越朝時が執権後継者の有力候補として浮上してくる。こうした幕府の権力動向や北条氏内部の状勢から、泰時にとって、一門内部でその地位を向上させていた重時との関係強化が必要であったと思われる。

一方、北条重時が六波羅探題に任じられて京都に派遣された時、公家政権を主導していたのは摂関九条道家と関東申次西園寺公経であり、執権北条泰時は、将軍九条頼経の父および外祖父である彼らと結ぶことによって権力を維持していた。重時は時氏の後をうけ、幕府の公家・寺社対策の担当者として、執権泰時を支える存在でもあったのである。

北条重時の探題在任中における重要政策の一つが、幕府による京中警備・王権守護の体制の整備である。将軍九条頼経の上洛を契機に洛中に篝屋が設けられ、六波羅探題の主導のもとで篝屋守護人以下の在京人が京中の警備を行う体制が整えられた。またこれと並行して、幕府は京都大番役制度を整備してその実施・管理の主導権を掌握するとともに、内裏だけでなく院御所をも大番役による警固の対象として、中世王権全体を守護・統制する地位を確立した。平安期より武士が担ってきた王の守護と都の平和維持の機能が、幕府によって一層整備された形で継承されたのである(53)。そしてその間に京都にあって、将軍に代わり大番役の実務や洛中の警備を統轄したのが探題首班北条重時だったのである。

また周知のように、寛元四年（一二四六）の政変の際、京都において後嵯峨上皇らとの政治交渉という重要な役割を担ったのも北条重時であった。前将軍九条頼経が鎌倉から京都に送還された後、彼は院司葉室定嗣を通して後嵯峨に徳政を要望し、関東申次更迭の意向を示して九条道家を失脚させた(54)。このように六波羅探題北条重時は、鎌倉の執権北条泰時・時頼の意向を受けて、幕府側の代表者として対京都政策に当たる政治的な存在だったのである。泰時もこうした関係をもとに、寺社紛争の処理をめぐる公家・寺社との調整を重時に一定度委ねていたのではなかろうか。

四条天皇の没後、幕府が後嵯峨を擁立したことを契機に九条家と北条氏の関係は決裂し、幕府の内紛も絡んで寛元・宝治・建長の政変が起こる。その結果、執権北条時頼・連署北条重時は後嵯峨上皇・宗尊親王父子を京・鎌倉の頂点に据え、これを六波羅探題（重時の子孫）と共に支える体制を形成したのである。実際、幕府の後ろ盾を得ていたとはいえ、後嵯峨院政も当初から安定していたわけではなかった。宝治二年（一二四八）には興福寺僧栄円・玄芸が後嵯峨を呪詛していたことが発覚し、七月にその身柄が使庁から六波羅探題に引き渡されているし[55]、建長元年（一二四九）九月には「於二山門一奉レ呪二咀　天下一」との風聞があったため、張本逮捕と事情聴取を関東申次西園寺実氏に申し入れるよう、幕府から六波羅探題に指示が出されている[56]。執権北条時頼にとって、幕府内部の権力の掌握だけでは政権の維持は難しかったのであり、後嵯峨院政の転覆は自らの基盤の崩壊につながりかねなかった。北条泰時・重時と各々の子息による政治的協調は、北条氏権力だけでなく当時の公武権力全体の安定のためにも維持・強化されなければならなかったのである。

三　鎌倉後期の寺社紛争と六波羅探題

(一)　建治年間以前

前節では鎌倉中期、特に北条重時探題期において、寺社紛争の処理に際し六波羅探題が果たした機能を抽出するとともに、そこにおける六波羅探題と公家政権・関東との関係や政治史との関連について検討した。本節では、こうした六波羅探題の機能やあり方が以後どのように変化していったのか考察したい。まず、北条重時が鎌倉に下向した後、北条長時・時茂・時輔・義宗が探題首班に就いていた時期から見ていくことにしよう。

まず、六波羅探題の寺社紛争処理機能と公家政権との関係から考えたい。正嘉元年（一二五七）、興福寺は摂津国吹田荘下司職の進止を主張して春日社神木を移殿に遷座した。この下司職は、元久元年（一二〇四）に幕府によって紀宗季が補任されて以降、その子孫によって相伝されてきたが、宗有の代に本所興福寺がこれを改易したため、息子の千福丸と同寺との間で相論となったものである(57)。報告を受けた後嵯峨上皇は、下司職自体は幕府の管轄で成敗はできないので、まずは六波羅探題に現地の守護をさせることで関白鷹司兼平らと合意した。六波羅探題もその旨了承するとともに、後嵯峨の指示により「下司善行法師」の身柄を拘束し、「武家使」を現地に下向させて神木の帰座の実現に努めている(58)。

また、建長八年（一二五六）五月に東大寺衆徒が大仏殿諸堂の門戸を閉ざして逐電した事件や、翌月の祇園社僧と清水寺住侶との喧嘩においても、後嵯峨は六波羅探題に尋沙汰や喧嘩の停止を命じるよう、関東申次西園寺実氏に指示している(59)。文永元年（一二六四）の興福寺の嗷訴においても、探題被官神保左衛門・奉行人宗像左衛門らが使者として下向し、神木進発を延引するよう衆徒と交渉している(60)。このように、六波羅探題は北条重時探題在任期に引き続き、院の指令を受けて嗷訴・紛争の制圧や現地の治安維持、容疑者の逮捕や寺社との交渉といった機能を果たしていたのである。

ところが、延暦寺関係の紛争に関しては関東の幕府の介入が強まったのも、この時期のもう一つの特徴である。平雅行氏によれば、幕府は当時、それまでの東密・山門・寺門三派並立から寺門優遇・禅律保護に寺社政策の方向を大きく転回させ、園城寺の興隆や戒壇設置などを積極的に支援するようになった。これを背景として、幕府の延暦寺に対する姿勢はきわめて強硬なものに変化したのである(61)。正元二年（一二六〇）正月の園城寺戒壇設置勅許に際し、幕府は前年末に数百人の武士を京に派遣して延暦寺の嗷訴の押さえ込みを図っている(62)

し、文永元年（一二六四）、授戒を強行した園城寺を延暦寺衆徒が焼き討ちすると、幕府は東使長井時秀・二階堂行綱を数百騎の軍勢と共に派遣して「山門張本沙汰」を進めるとともに、座主の改替や門跡の没収などきわめて厳しい措置を後嵯峨に要求し実施させている[63]。文永五年（一二六八）・建治三年（一二七七）の青蓮院門跡と梶井門跡の対立でも座主の解任と門跡の没収が行われており[64]、幕府は容疑者の検断だけでなく、それまで公家政権の管轄していた寺院の人事にも介入したのである。

　このように、園城寺戒壇問題や延暦寺内部の紛争に対して幕府が先例を無視する形でその処理を推進したため、治天の君の後嵯峨は主体的対応をとれなくなった。正嘉元年（一二五七）に園城寺衆徒が戒壇建立を求めて蜂起した当初は、後嵯峨が六波羅探題に使者を送って離寺を制止するよう命じ、僧綱の派遣や院宣の発給によって山門・寺門双方の説得に努めた[65]。ところが、幕府がこの案件について「可レ在二　聖断一」との意向を示したのに対し、後嵯峨は翌年三月六日に「又至二戒壇幷三摩耶戒事一者、山門訴訟定可レ為二嗷々一候歟、此上京都御沙汰不レ可二事行一、関東被二定申一候者、衆徒定不レ申二子細一歟、何様可レ候哉之由、可レ被レ申二関東一」との院宣を発した[66]。彼は自らの力で延暦寺の反発を抑えることは不可能だとして、戒壇問題についての主体的な解決を事実上放棄し、幕府にその処理を委ねてしまったのである。

　そしてこの場合、六波羅探題の活動も幕府主導による紛争処理を補う程度の限定的なものになってしまう。正元元年（一二五九）五月末、東使二階堂行綱・武藤景頼が上洛し、園城寺戒壇設置について後嵯峨・西園寺実氏と協議した時、探題被官佐治重家が院司吉田経俊のもとに「将軍御書」を持参し、東使の院御所参上と後嵯峨への謁見を仲介している[67]。また翌年、戒壇設置勅許に抗議して山門が嗷訴した際には、六波羅探題は園城寺警固を大番衆に命じるよう幕府から指示を受けているし[68]、文永元年（一二六四）の延暦寺衆徒の園城寺襲撃事件では、「六波羅使者」が後嵯峨の院宣と注進状および東使二階堂行綱の書状を持参して鎌倉に下向し、評定で披露している[69]。院が六波羅探題と連携しつつ、寺社紛争の解決を主導する従来の方法は事実上困難になりつつあったのである。

ただ前述のように、それ以外の寺社紛争に関しては、六波羅探題は依然として院の指示のもとで紛争処理のための諸機能を果たしていた。また延暦寺関係の紛争でも、六波羅探題は常に幕府の指示のみを受けて行動していたわけではない。文永元年（一二六四）の園城寺襲撃事件と並行して起こった、丹波国出雲社領小多田保における宮仕殺害事件では、犯人の預所有員と光範を使庁が禁獄し、御家人遠山景朝は六波羅探題が拘置している[70]。園城寺戒壇問題においても、正嘉元年（一二五七）の発生当初は後嵯峨が解決の主導的役割を果たたし、翌年四月の山門衆徒嗷訴の時も、「警固之輩」が内裏の諸門を封鎖して神輿を防御し、院が神輿の帰座を命じるとともに嗷訴の張本を召喚している[71]。文永元年の園城寺焼き討ち事件でも、「山門張本沙汰」により召し出された山門・寺門の寺僧は六波羅に送られている[72]。嗷訴の防御や容疑者の逮捕において、院と六波羅探題との連携はなお維持されていたし、東使の容疑者捜索でもその身柄の送り先は六波羅探題だったのである。

なお、以上見てきた、この時期の寺社紛争処理に関わる六波羅探題の諸任務が、主に探題被官によって担われていたことも指摘しておきたい。文永元年（一二六四）の興福寺嗷訴に際して、交渉に派遣された使者の一人は時茂被官神取次役を務めたし、正元元年（一二五九）の東使上洛の際には、探題北条時茂被官佐治重家が保左衛門であった。また、同年の園城寺焼き討ちの際に山徒が奪った園城寺の鴻鐘が文永四年四月に返還された時、六波羅探題より派遣された使者の一人は南方探題北条時輔被官の南条頼員だったのである[73]。

(二)　建治年間以降

ところで、建治三年（一二七七）十二月に北条時村・時国がそれぞれ北方・南方探題に任命されるに当たり、六波羅探題の体制改革が実施された。近年の研究では、南北両探題の在職の通常化、西国守護の探題中枢部への進出、発給文書の書式の確立、遵行システムの整備による西国支配構造の確立、院宣・綸旨が関東申次を介して六波羅探題に伝達される方式の確立、奉行人の人員強化と裁判制度の整備による訴訟裁断機関としての確立など、この改革が六波羅探題制度史上最大の画期になったと指摘されている(74)。では、この体制改革以後、寺社紛争処理の面における六波羅探題の機能・役割はどうなったのだろうか。

まず、この段階でもやはり六波羅探題は、院との連携のもとで寺社紛争処理に関する諸機能を果たしていた。例えば弘安二年(一二七九)五月、日吉社末寺赤山神人蓮法法師が八幡神人の妻子を拘禁したことを理由に、石清水八幡宮神人が蓮法の処罰を求めて嗷訴を起こした時、「院御所武士等群集」して入洛した神輿を押しとどめ、その後も東寺に安置された神輿の守護やその帰座の供奉に六波羅探題・武士が従事している(75)。また、使庁による蓮法らの召し出しが失敗すると、亀山上皇は関東申次西園寺実兼を介して六波羅探題に蓮法逮捕の指令を下した。天台座主を通して身柄が引き渡されると、六波羅探題は事情聴取を行ってその内容を奏聞し、院評定の決定に基づき蓮法を薩摩国に配流している(76)。

また、文保三年(一三一九)の園城寺戒壇設置問題による延暦寺と園城寺との抗争事件では、六波羅探題が後宇多上皇の指示を受けて、奉行人関良成らを使者として園城寺に派遣し、寺域内に入って戒壇・城郭の破却を実検させた上、院に報告させているし(77)、延暦寺衆徒が園城寺を襲撃した時には、評定衆以下在京人を現地に派遣している(78)。正中二年(一三二五)に勃発した興福寺大乗院の内部紛争においても、「洛中篝并在京人」が現地の警固に当たるとともに、「武家使者」が度々南都に下向して門主聖信・前門主覚尊・寺家一乗院良信と会談し、悪党交名注進などの交渉を行っている(79)。

このように鎌倉後期においても、公家政権(治天の君)の指示を受けて、六波羅探題は嗷訴・合戦の阻止や警備・治安維持、被疑者の逮捕・尋問・処罰、現地実検、寺社との交渉といった諸機能を遂行していた。また、六波羅探題が容疑者の取り調べや現地実検の結果を奏聞するルートが確立しており、処罰に関しても、公家政権と六波羅探題との間で罪科の決定と執行の分担がなされている。北条重時探題期に形成された両者による紛争処理の方式は、この時期になると手続きとして整備が進んでいたのである。

　これに加えて、寺社紛争処理のための公家政権―六波羅探題間の調整回路も定着していた。永仁三年（一二九五）十一月二十六日、後深草上皇が春日社御幸から還京した直後に大乗院・一乗院間で合戦が勃発した時には、綸旨が六波羅探題に下された後、蔵人頭三条実躬が公家政権側の奉行として、伏見天皇・関東申次西園寺実兼・関白近衛家基らの間を往来し意見調整を行うとともに、六波羅探題側の使者である奉行人二階堂行茂・斎藤基任らと寺辺警固などに関して協議し、その内容を天皇・関白に報告している[80]。公家政権・六波羅探題双方の奉行人を媒介に、細部調整がより緊密な形で進められているのである。

　その一方で、幕府が東使を派遣するなどして寺社紛争に介入する事例も建治年間以前と比べて増加し、介入の対象も拡大した。例として、弘安四年（一二八一）の薪・大住両荘の堺相論を発端とする石清水八幡宮と興福寺との紛争を見てみよう[81]。この事件の直接の契機は、八月十四日に薪荘神人が、亀山上皇の八幡宮参籠の機会をとらえて提訴し、石清水放生会を抑留したことにある。亀山は放生会の遂行を優先して「忩可レ召二出大隅庄民一」との院宣を六波羅探題に下し、「武家領状請文」を神人らに与えてしまった[82]。一方で、彼は興福寺衆徒にも薪荘側の下手人の逮捕・断罪を約束して、春日社神木の進発を延引させた。しかしこれが実現されないまま、翌月に大住荘神人五人が六波羅探題に召し出され武士に身柄を預けられてしまったため[83]、衆徒が猛抗議し、十月四日の神木入洛を招いたのである。以後、亀山や関白鷹司兼平が説得に当たるとともに、関東も「狼藉武士等可レ処二流刑一」との意向を示して事態の収拾を図った[84]。翌年二月には拘束されていた大住荘神人五人をも釈放して春日社側に引き渡したが[85]解決は困難を極め、ついに七月に東使佐々木氏信・長井時秀・佐藤業連が入洛するに至るのである。この事件の場合、年中行事の抑留や嗷訴によって要求の実現を迫る寺社に対して、亀山が場当たり的な対応しかとれず、問題がこじれてしまったこと、院・摂関家・六波羅探題・幕府によって興福寺慰撫のための様々な政治工作が行われたが結局失敗し、最終的に幕府の本格的な介入を招いたことが分かる。

また、モンゴル襲来を契機として幕府は、顕密寺院全般に幕府僧を大量進出させて全国的祈禱体制の強化を図り、寺社領興行を推進した[86]。こうした幕府の寺社政策の再転換を背景として、幕府の人事介入を含む統制も延暦寺のみならず寺社権門全体に拡大した。延暦寺関係では、弘安五年（一二八二）の四天王寺別当職をめぐる園城寺との抗争や、永仁六年（一二九八）の妙法院・梶井両門跡の衝突において、東使を派遣しての座主解任や門跡没収が前代に引き続いて行われたし[87]、永仁の南都闘乱でも、一乗院・大乗院両門跡の没収・改替は幕府の意向を受けて行われたのである[88]。

こうした動向の中で注目されるのは、六波羅探題が公家政権・幕府による紛争解決のための実務的機能を果たすようになることである。これについては既に森幸夫氏が、六波羅奉行人斎藤氏の職務活動という視点で触れているので[89]、ここでは寺社紛争処理をめぐる六波羅探題の機能という角度から確認しておきたい。一つは、使者の関東への派遣と紛争の状況などの注進である。例えば森氏も分析した、徳治二年（一三〇七）十二月に興福寺衆徒が近江守護佐々木頼綱・大和国達磨寺勧進僧仙海の流罪などを求めて嗷訴を起こした事件では、制止が成らず春日社神木の入洛を許した後、六波羅探題は奉行人伊地知長清・斎藤行連を関東に派遣してその経緯を報告している[90]。また、正中二年（一三二五）の興福寺大乗院の内部紛争でも、十月に奉行人斎藤基夏が関東より還京したことが知られる[91]。

二つ目に、紛争処理に関する幕府の方針・決定事項を公家政権に伝達することがあげられる。前述した弘安四年（一二八一）の薪・大住荘相論では、十二月十四日に六波羅評定衆後藤基頼が「武家使者」として院御所に赴き、「今度致二狼藉一之武士可レ被二断罪一」とする「関東之左右」を亀山上皇に伝えている(92)。幕府は六波羅探題・公家政権等とのやりとりを通して紛争の原因・状況や当事者の主張などの情報を収集し、対策をまとめたものと考えられる。

更に、紛争に関する幕府の方針や、東使と公家政権との協議による裁定の内容を寺社に提示し、交渉により最終解決を図る役割が注目される。徳治二年（一三〇七）の興福寺嗷訴では、翌年七月に東使二階堂時綱・矢野倫綱が「関東事書」を奏聞し、神木帰座を促す院宣・長者宣が寺家に下されると、「六波羅殿使者」として奉行人斎藤基任・松田秀頼が南都に下向し、大乗院・一乗院両院家と会談して神木帰座を実現させている(93)。正中二年（一三二五）の興福寺大乗院の内部紛争でも、十二月に奉行人斎藤基夏・飯尾為連が南都に下向して聖信・覚尊・良信と交渉し、城郭撤去・神木帰座に成功しているのである(94)。

このように六波羅探題は、幕府が寺社紛争への介入を強めたこの時期に、関東に状況を報告して情報を提供し、公家政権に関東の意向を取り次いで両者の連絡の緊密化に努めるとともに、公家政権・幕府による決定事項を寺社に伝達して説得・交渉を行い、紛争の収拾を図っていた。六波羅探題・公家政権・幕府の三者が相互にリンクしながら、寺社紛争解決のための合意の形成と実現に努めていたのである。

ただし、この段階でもなお、幕府は自らの意思を公家政権に提示するという原則的立場を崩していなかった。薪・大住荘相論では、弘安五年（一二八二）十二月に再び東使佐藤業連が上洛して関東の意向を伝えると、「云二大隅庄一云二薪園一、以二関東一円之地一可レ被二立替一」とする院宣が出されており(95)、紛争の解決案は治天の君の名のもとに公表されているのである。

また、同年の四天王寺別当職問題に伴う山門の嗷訴では、幕府が東使を介して神輿入洛の張本・下手人の捜索・召し出しを亀山に申請した後、神輿入洛時に狼藉を働いた宮仕六人を使庁が禁獄し、六波羅探題も院宣を受けて延暦寺僧二人を召喚している。(96) 更に、文保三年(一三一九)の園城寺戒壇設置問題では、後宇多上皇は六波羅探題に「勅定」を発して「官軍」を園城寺に派遣し警固に当たらせるとともに、(97) 聖護院・円満院両門跡および園城寺別当顕弁と連絡をとり、延暦寺に神輿の帰座を命じ、事件に関与した前園城寺別当長乗の土佐配流を決め、六波羅探題には戒壇・城郭の撤却を指示するなど、自ら衝突回避に向けて種々の策を講じている。(98) また、閏七月に東使二階堂行海・佐々木賢親が上洛して関東事書を奏聞すると、「山門与二園城寺一闘乱張本」を「忩可レ被レ召二出武家一」とする後宇多の院宣が天台座主や山門・寺門の諸門跡に下されている。(99) 当該期においても、少なくとも紛争勃発当初は治天の君が自ら率先して収拾工作を進めており、容疑者の召喚・逮捕も依然として院―六波羅探題の系統で進められているのである。

(三) 六波羅探題の存在形態とその位置

ここまで、鎌倉後期の寺社紛争の処理における六波羅探題の役割の変化について、公家政権(院)との関係や、幕府の寺社政策の変遷に伴う紛争への介入の強化といった点から論じてきた。もちろん、こうした俗権力の対応の変化は、寺社紛争の頻発・長期化とその性質の変化にも原因があったと言えよう。しかし、六波羅探題の機能・役割の変化に限って考えれば、六波羅探題自体のあり方の変化にもその要因があるのではなかろうか。

そこで、(二)の分析結果を改めて見てみると、鎌倉後期に六波羅探題が寺社紛争に直面した際、公家政権との協議・調整、関東への注進、現地実検、寺社との交渉など、その解決において奉行人や評定衆が重要な役割を果たしていることに気づく。それ以前は探題被官や探題首班自身が活動の担い手として登場していたが、鎌倉後期になると被官の寺社紛争処理をめぐる活動範囲は縮小し[100]、探題首班に至っては紛争解決の場に姿を見せなくなっているのである。鎌倉後期に吏僚系の西国御家人が六波羅評定衆へ進出したことや、六波羅奉行人の充実が進んだことが既に指摘されているが[101]、同時にこれは、探題首班および六波羅探題そのものの性格の変化を反映していると考えられないだろうか。

　そこで、探題首班に就任した北条氏一族の幕府職制における昇進状況を表4から検討してみたい。まず北条重時の鎌倉下向後、探題首班にはその子孫の6長時・7時茂・9義宗と得宗家庶子の8時輔が就任していた。彼らはいずれも十代後半で探題職に就き、その前後に叙爵して左近将監か式部丞に任官している。時茂・時輔は在任のまま没するが、長時・義宗は二十代で退任し、間もなく引付衆を経ずに評定衆となり、長時は執権にまで昇っている。この時期は極楽寺家・得宗家が探題職を独占し、かつ単独で就任することも多く、また若年で探題首班から幕府上級職への昇進を果たす者もいたのである。彼らの在任中の年齢からすると、寺社紛争処理の場面で探題首班としての力量を発揮したとは考えにくい。(一)で述べたように、紛争処理の実務は主に探題被官が担っており、当該期の六波羅探題は極楽寺家・得宗庶子家の家政機関を中心に運営されていたと推測されるのである。

　続いて、建治三年（一二七七）の北条時村・時国の探題就任以降、北条氏一門諸家による回り持ちとなった段階における探題職就任者の昇進状況を整理してみよう。まず、10時国・12兼時・14久時・15宗方・17基時・26仲時はいずれも十代後半から二十代前半で探題首班となっており、かつ殆どが叙爵後間もない就任である。彼らは時国を除きいずれも得宗家（宗頼流）または極楽寺流（赤橋家・普恩寺家）の出身であり、建治年間以前の先例に基づき任命されたものと思われる。また、久時・宗方・基時は二～四年で退任・東下し、彼らと兼時

19	常葉時範	重時流	左馬助・叙爵(27)、引付衆(29)、従五上(39)、**嘉元1(1303)12北方**(45)、遠江守(46)、正五下(49)、徳治2(1307)8没(49)
20	大仏貞房	時房流	式部大丞(18)、叙爵(19)、引付衆(30)、越前守(35)、評定衆(36)、従五上(37)、**延慶1(1308)11北方**(37)、同2.12没(38)
21	北条時敦	政村流	修理権亮・叙爵(19)、左近将監(23)、引付衆(26)、従五上(30)、**延慶3(1310)7南方**(30)、越後守(30)、**正和4(1315)6北方**(35)、元応2(1320)5没(40)
22	大仏維貞	時房流	式部少丞、叙爵(17)、引付衆(20)、評定衆(22)、五番頭人(23)、六番頭人(25)、五番頭人(26)、四番頭人(27)、正五下、陸奥守(30)、**正和4(1315)9南方**(31)、**元亨4(1324)8辞**、10評定衆(40)、越訴頭人、連署、修理大夫(42)、従四下(43)
23	常葉範貞	重時流	左近将監・叙爵、引付衆、従五上、評定衆、**元亨1(1321)11北方**、越後守、正五下、駿河守、**元徳2(1330)11辞**、12三番頭人
24	金沢貞将	実泰流	評定衆、五番頭人(17)、四番頭人(18)、**元亨4(1324)11南方**(23)、武蔵守(25)、**元徳2(1330)⑥辞**、7一番頭人(29)
25	北条時益	政村流	左近将監、従五下、**元徳2(1330)7南方**、元弘3(1333)5没
26	普恩寺仲時	重時流	弾正少弼、越後守、従五下、**元徳2(1330)12北方**(25)、元弘3(1333)5没(28)

［凡例］(1)細川重男『鎌倉政権得宗専制論』(吉川弘文館、2000年) 所収「鎌倉政権上級職員表」などをもとに作成した。
(2)主要な幕府役職と公家官位の就任順に記した。また、探題首班の就任・辞任および辞任直後に就任した幕府役職については、その年月も記した。なお引付頭人は、一番引付頭人であれば「一番頭人」と記した。
(3)丸数字は閏月を、( ) 内の二桁の数字は年齢を表す。

はその後評定衆・引付頭人・執権といった要職に就いている。

一方、11時村・13盛房・16宗宣・19時範・20貞房・21時敦・22維貞はいずれも三十~四十代の壮年で探題職に就任している。このうち政村流の時村や大仏家の宗宣・維貞は、引付衆・評定衆・引付頭人と経た上で探題首班となっているし、盛房・貞房と23範貞も引付衆・評定衆を経て、時範・時敦も引付衆から就任している。転出後の役職も時村・宗宣は一番引付頭人、維貞は評定衆、範貞は三番引付頭人であり、時村・宗宣・維貞は連署・執権にまで昇っている。以上から、得宗家と赤橋家・普恩寺家が幕府職制上優遇されており、探題職は彼らが幕府内で昇進していく最初のポストとして位置づけられていたこと、それに比べて政村流・大仏家や常葉家・佐介家は昇進が遅く、探題職は引付衆・評定衆・引付頭人など彼らが経歴を積む要職の一つであったことが分かる。北条氏内部の族的秩序が幕府職制を基準とする家格として確立していたことをうかがわせる[102]。

表4　六波羅探題首班就任者の幕府役職・公家官位経歴

№	人　名	系統	経　　　歴
1	北条泰時	泰時流	修理亮(29)、叙爵(34)、従五上、武蔵守(37)、**承久3(1221)6北方**(39)、**貞応3(1224)6辞**、執権(42)、左京権大夫(54)、正四下(57)
2	北条時房	時房流	主殿権助、叙爵(31)、武蔵守(33)、相模守(43)、従五上(44)、**承久3(1221)6南方**(47)、**嘉禄1(1225)6辞**、7連署(51)、修理権大夫(62)、正四下(64)
3	北条時氏	泰時流	**嘉禄1(1225)6北方**(23)、修理亮・叙爵(25)、**寛喜2(1230)3辞**、6没(28)
4	北条時盛	時房流	掃部権助(26)、**嘉禄1(1225)6南方**(29)、越後守・叙爵(40)、従五上(41)、正五下(42)、**仁治3(1242)5辞**、6出家(46)、建治1(1275)12上洛(79)、同3.5没(81)
5	北条重時	重時流	修理権亮(23)、駿河守・叙爵(26)、**寛喜2(1230)3北方**(33)、従五上(39)、相模守(40)、正五下(41)、従四下(46)、従四上(47)、**宝治1(1247)7辞**、連署(50)、陸奥守(52)
6	赤橋長時	重時流	左近将監・叙爵(16)、**宝治1(1247)7北方**(18)、**建長8(1256)3辞**、6評定衆、武蔵守、11執権(27)、従五上(29)
7	常葉時茂	重時流	**建長8(1256)4北方**(16)、左近将監・叙爵(17)、陸奥守(27)、文永7(1270)1没(30)
8	北条時輔	泰時流	**文永1(1264)11南方**(17)、式部丞・叙爵(18)、同9.2没(25)
9	赤橋義宗	重時流	左近将監・叙爵(16)、**文永8(1271)12北方**(19)、**建治2(1276)12辞**(24)、同3.6評定衆・駿河守(25)
10	佐介時国	時房流	建治1(1275)12上洛(13)、左近将監・叙爵、**同3.12南方**(15)、**弘安7(1284)6辞**、10没(22)
11	北条時村	政村流	左近将監・叙爵(21)、引付衆(28)、評定衆(29)、陸奥守(30)、二番頭人(32)、**建治3(1277)12北方**(36)、武蔵守(41)、従五上(42)、正五下(43)、**弘安10(1287)8辞**、12一番頭人(46)、従四下(48)、連署(60)、左京権大夫(62)
12	北条兼時	泰時流	修理亮・叙爵(19)、**弘安7(1284)12南方**(21)、**同10.9北方**(24)、越後守(25)、従五上(26)、**正応6(1293)1辞・東下**、3鎮西下向(30)、評定衆(32)
13	佐介盛房	時房流	右近将監・叙爵(41)、引付衆(45)、評定衆(46)、**弘安11(1288)2南方**、左近将監、丹波守(47)、従五上(48)、**永仁5(1297)5辞**、7没(56)
14	赤橋久時	重時流	右馬助・叙爵(17)、刑部少輔(18)、**正応6(1293)4北方**(22)、従五上、越後守(24)、**永仁5(1297)6辞**(26)、同6.4評定衆(27)、一番頭人(30)、二番頭人(31)、武蔵守(33)、一番頭人(34)、正五下(35)
15	北条宗方	泰時流	左兵衛尉(15)、叙爵、右近将監(17)、**永仁5(1297)6北方**(20)、従五上(22)、**正安2(1300)11辞**、12評定衆(23)、四番頭人、駿河守、越訴頭人(24)、四番頭人(25)、侍所所司(27)
16	大仏宗宣	時房流	雅楽允、叙爵(24)、引付衆(28)、評定衆(29)、上野介(30)、越訴頭人(35)、従五上(36)、四番頭人(38)、**永仁5(1297)7南方**(39)、正五下(42)、陸奥守(43)、**正安4(1302)1辞**、2一番頭人(44)、越訴頭人(45)、連署(47)、従四下(50)、執権(53)
17	普恩寺基時	重時流	左馬助・叙爵(14)、**正安3(1301)6北方**(16)、**嘉元1(1303)10辞**(18)、越後守、従五上(19)、同3.8三番頭人(20)、正五下(23)、四番頭人(24)、三番頭人(25)、二番頭人(26)、執権、相模守(30)
18	金沢貞顕	実泰流	左衛門尉・東二条院蔵人(17)、叙爵、左近将監(19)、従五上(23)、**正安4(1302)7南方**、中務大輔(25)、越後守(27)、正五下(30)、**延慶1(1308)12辞**(31)、同2.3三番頭人、二番頭人(32)、**同3.6北方**、右馬権頭(33)、武蔵守(34)、**正和3(1314)12辞**(37)、同4.7連署(38)、従四上(41)、修理権大夫(45)、執権(49)

しかしここで重視すべきは、探題職が北条氏の幕府職制における昇進ルートの一階梯として位置づけられていたことである。[103] 建治年間以降、探題首班が北条氏一門諸家による回り持ちとなり、在任期間も短縮され交替が頻繁化した理由はここにあったのである。そうであるならば、同じ時期に六波羅評定衆や奉行人の充実が進んだ理由もこの点から諒解されよう。得宗家の地位が次第に安定化し、得宗を中心とする北条氏権力が確立する中、幕府の諸職を基準とした北条氏一門の昇進ルートが形成されていった。[104] 探題職も一門の出世ポストの一つとなり、その政務処理能力は必ずしも維持できなくなった。そこでその不足を補い、諸々の実務を担当する人員の強化が必要になったのである。またモンゴル襲来を経て、建治元年（一二七五）末に西国守護が大幅に交替し、同三年には六波羅探題の体制改革が実施されて、幕府・六波羅探題の畿内・西国支配体制は再編・強化されることとなった。[105] これを契機として、六波羅探題の評定衆・奉行人などの人員組織が整い、世襲化・家業化が進むとともに、裁判・遵行の諸制度や院宣・綸旨の伝達・施行ルートなどの整備も進められたのである。これにより、探題首班は常に政治的能力や主導的意思を持つことを必要とされる存在ではなくなった。だれが探題首班になっても、六波羅探題の諸実務は評定衆・奉行人・被官・在京人などによって円滑に処理・運営されるようになったのである。[106]

このような存在形態の変化が、六波羅探題の寺社紛争への関与のあり方に影響を及ぼしたことは想像に難くない。寺社紛争はもともと高度な政治的判断が要求される問題であったので、鎌倉後期には関東が自ら公家政権と協議して合意を形成するようになり、その決定内容は院宣（綸旨）の形式で公表された。従って、そこにおける探題首班の政治性は従来と比べて影を潜め、自身が寺社紛争の解決をめぐる裁定・合意形成の場面に直接現れることはほぼなくなった。[107] 六波羅探題は寺社紛争の勃発に際して、評定衆・奉行人・被官・在京人など、充実した人員組織を活用して収拾に向けての実務に従事し、関東と公家政権が紛争の解決に当たるための素材を提供するとともに、両者の意思の伝達・執行に当たる機関となったのである。当該期の六波羅探題は、寺社紛争という国家的問題において、その解決に当たる公家政権と幕府とを有機的に結びつける存在であったと言えよう。

おわりに

本章では、公家政権・幕府（関東）との相互関係から六波羅探題の政治史的位置をとらえるため、鎌倉時代の寺社紛争の処理をめぐる六波羅探題の機能・役割と、そこにおける公家政権・幕府との関係の展開について考察した。最後に本章の結論をまとめ、六波羅探題の展開過程と歴史的位置について簡潔に述べておきたい。

承久の乱以前は院が寺社紛争の当事者の説得や裁定、在京軍事貴族・武士を動員しての武力制圧など、解決の全面に携わっており、乱後も紛争解決の主導権自体は依然として公家政権が握っていた。一方、六波羅探題は当初、乱以前の官軍と同様に嗷訴の防御や紛争の鎮圧に従事する存在に過ぎなかったが、北条重時の北方探題就任以降、公家政権の指令を受けて、被官なども駆使しながら、紛争の武力制圧だけでなく関係者の逮捕・糺問・処罰、調査、寺社に対する指示伝達・交渉にも当たるようになった。また、公家政権と六波羅探題との間で指令・報告の意思伝達や意見調整がなされる方式も形成された。こうした仕組みは、北条重時が自ら内々に寺社側と交渉し、公家政権中枢部の意思の形成・実現に関与したのが既成事実化したものであった。関東が紛争解決に関与する度合いはまだ低く、探題首班北条重時は執権北条泰時との協調関係をもとに、北条氏権力の京都における代表者として、公家政権と連携しつつ寺社紛争の処理に当たっていたのである。

右のような六波羅探題の諸機能や公家政権（治天の君）との関係は北条重時の鎌倉下向後も維持され、鎌倉後期には手続き的にも体系化された。しかし、幕府の寺社政策の変遷などを背景に、治天の君が主体的役割を担う従来の紛争解決方法は次第に困難となり、鎌倉後期には関東が寺社紛争の調停に全面的に関与せざるを得なくなった。その中で六波羅探題は、関東への状況報告や公家政権への関東の意思の伝達、および紛争解決案の寺社への提示と交渉という機能をも果たすようになった。この頃、探題職が北条氏一門の幕府内における昇進の一階梯となり、また畿内・西国支配体制の再編・強化が必要となったため、探題府の人員組織や諸制度が整備された。六波羅探題はその充実した機構をもって、寺社紛争の処理をめぐり公家政権・幕府間の連絡を緊密化し、両者の政治的・軍事的合意の形成を支えるとともに、その実現に努める存在となったのである。

以上のような六波羅探題の展開を、存在形態と機能の両側面から整理しておこう。成立当初の六波羅探題は、探題首班が被官などを駆使して寺社紛争の処理や洛中警備に当たり、時には自ら紛争解決の場面に乗り出しており、機関としては未成熟であった。六波羅探題は探題首班個人あるいはその被官を含む家政により運営される存在として出発し、そのあり方は建治年間まで継続したのである[108]。かつて上横手雅敬氏は、京都守護について「法制的に完備した官衙ではなく、北条時政・一条能保等、京都守護なる一個の人物にほかならぬ」と述べたが[109]、当初の六波羅探題もこうした京都守護の性格を継承していたと言えよう。建治年間以降、探題首班の地位は北条氏の昇進上の一ポストと化し、畿内・西国支配や寺社紛争処理の実務を担う人員・制度も整備された。六波羅探題は探題首班と被官を中心に、評定衆・奉行人・在京人などによって構成される機関（探題府）に変貌したのである[110]。

次に機能の側面から見ると、成立直後の六波羅探題は、承久の乱の戦後処理と寺社紛争の武力制圧に当たるのみであったが、北条重時探題期になると、洛中警備の主導的体制が整備されるとともに、寺社紛争に際しての検断や交渉の機能が付加された。当時の探題首班は、王と都の守護に従事する御家人の統率に当たるとともに、寺社紛争解決に向けての合意の形成とその実現に携わり、ひいては政局にも関与する政治的な存在だったのである。しかし、間もなくその政治性は稀薄化し、鎌倉後期になると、六波羅探題は寺社紛争については、公家政権と関東による解決を支える実務的役割を中心とするようになった。その一方、探題府は裁判や悪党検断などを取り扱う機関としての性格を強めていき、やがて洛中の警備・治安維持と畿内・西国支配の二つが六波羅探題の中核的機能として意識されるようになったと推測される。「一　六波羅トハ、洛中警固幷西国成敗御事也」という『沙汰未練書』の認識は、このように歴史的に形成されたものだったのである。

ただ、もう一点付け加えておくならば、鎌倉後期に幕府が寺社紛争鎮圧の実質を担う一方、その形式が依然として院宣（綸旨）によるものであったことは、紛争解決の責任主体が幕府と公家政権（治天の君）に分裂したことを意味した。そのため、両者の意思が合致しない場合、その裁定をめぐり双方で責任を回避する事態が発生し得る。また、その時々における公家政権・幕府双方の思惑に紛争解決の判断がしばしば左右される可能性も生じた。寺社側もそこにつけ込んで、自らの要求を実現するべく執拗に行動したのであり、そのたびに六波羅探題は紛争の行方に振り回されることとなったのである。実際、紛争の長期化による国家の分裂の危機を回避するため、治天の君の指令という明確な根拠に基づいて実力行使や交渉に携わったはずの六波羅探題の関係者が、公武上層部の政治的判断によりその責めを負わされることもあった。六波羅探題は、当該期の国家秩序や公武の政治的関係によって生じる諸矛盾を一身に受けなければならない存在でもあったのである。

〔注〕

（1）佐藤進一『鎌倉幕府訴訟制度の研究』（畝傍書房、一九四三年。復刊・岩波書店、一九九三年）第四章「六波羅探題」。

（2）上横手雅敬「六波羅探題の成立」（同『鎌倉時代政治史研究』吉川弘文館、一九九一年、初出一九五三年）、同「六波羅探題の構造と変質」（同右著書、初出一九五四年）など。引用部分は同右著書二一八頁。

（3）六波羅探題の研究史については、森幸夫『六波羅探題の研究』（続群書類従完成会、二〇〇五年）序章および本書序章第二節を参照されたい。

（4）上横手雅敬「建久元年の歴史的意義」（同前掲注（2）著書、初出一九七二年）、同「鎌倉幕府と公家政権」（同右著書、初出一九七五年）、および同右著書あとがき。

（5）森茂暁「六波羅探題の「洛中警固」」（同『鎌倉時代の朝幕関係』思文閣出版、一九九一年、初出一九八八年）、同「六波羅探題の「西国成敗」」（同右著書、初出一九八七年）、同「六波羅探題と検非違使庁」（同右著書）。なお、同右著書については、市沢哲氏の書評（『日本史研究』三六五、一九九三年）も参照。

（6）『沙汰未練書』（佐藤進一・池内義資編『中世法制史料集第二巻　室町幕府法』岩波書店、一九五七年）。

（7）本章では、六波羅探題・公家政権・鎌倉幕府がその解決に実際に従事・関与した、寺社間相互あるいは寺社内部の相論・対立に起因する嗷訴・紛争・合戦を、広く「寺社紛争」ととらえて分析の対象とする。

（8）黒田俊雄「鎌倉時代の国家機構―薪・大住両荘の争乱を中心に―」（同『日本中世の国家と宗教』岩波書店、一九七五年、初出一九六七年）、同「延暦寺衆徒と佐々木氏―鎌倉時代政治史断章―」（同右著書、初出一九六九年）。

（9）森茂暁前掲注（5）「六波羅探題の「洛中警固」」・「六波羅探題と検非違使庁」、高橋慎一朗「六波羅探題被官と北条氏の西国支配」（同『中世の都市と武士』吉川弘文館、一九九六年、初出一九八九年）、同「六波羅探題被官の使節機能」（『遙かなる中世』一〇、一九八九年）、坂田美恵「寺社抗争にみる鎌倉後期の朝幕関係」（『金沢大学文学部日本史学研究室紀要』一、二〇〇五年）。

（10）なお、旧稿「六波羅探題の成立と公家政権―「洛中警固」を通して―」（『ヒストリア』一七八、二〇〇二年。加筆の上、本書第一章に収録）では、寺社の嗷訴入京・紛争の防御・鎮圧と洛中の警察・治安維持とを一括して「洛中警固」として論じたが、寺社紛争は非常時の政治的・軍事的な問題であり、日常的な洛中警備とは独自に考察すべき側面がある。また本章で論じるように、武力制圧だけが寺社紛争における六波羅探題の機能の全てではない。そこで本章では旧稿と異なり、武力制圧を含む寺社紛争処理の全体について論じることとする。

（11）平安末期における寺社紛争処理の具体像については、田中文英「後白河院政期の政治権力と権門寺院」（同『平氏政権の研究』思文閣出版、一九九四年、初出一九八三年）、髙橋昌明『増補改訂　清盛以前―伊勢平氏の興隆―』（文理閣、二〇〇六年）などを参照。

（12）本事件の経過については、平岡豊「後鳥羽院西面について」（『日本史研究』三一六、一九八八年）を参照。

（13）『明月記』建仁三年八月七日・十一日・十月十五〜十八日条、『華頂要略』同年八月二十五日条（第六十六代実全）、『吾妻鏡』同年九月十七日・十月二十六日条。

（14）『明月記』建仁三年十月十五日条、『吾妻鏡』同年十月二十六日条、『華頂要略』同年八月二十五日条（第六十六代実全）。

（15）『明月記』建暦三年八月三日条、『華頂要略』同日条（第七十代公円）、『吾妻鏡』同年八月十四日条。

（16）本書第一章「六波羅探題の成立と公家政権」。

（17）『明月記』元仁二年正月十日条、『百練抄』同年正月十四日条。なお、六波羅奉行人の人名比定は森幸夫「六波羅探題職員の検出とその職制」（同前掲注（3）著書、初出一九八七・一九九〇年）、探題被官については高橋慎一朗前掲注（9）論文および北条氏研究会編『北条氏系譜人名辞典』（新人物往来社、二〇〇一年）所収「北条氏被官一覧」に拠った。

（18）『明月記』・『皇帝紀抄』嘉禄二年八月四日条、『百練抄』同年八月六日条。

（19）成立当初の六波羅探題は、探題被官が寺社紛争の制圧や京の治安維持に従事することが多かったが、嘉禎四年（一二三八）の将軍九条頼経上洛を契機として、篝屋守護人以下の在京人が中核となって紛争鎮圧・洛中警備に当たるようになる（本書第一章「六波羅探題の成立と公家政権」）。

（20）紛争の詳細については、黒田前掲注（8）「鎌倉時代の国家機構」を参照。

（21）石清水八幡宮別当宗清筆薪・大住両庄紛争記録断簡（『大日本古文書　石清水文書之二』）九九・一〇〇頁。

(22)『明月記』文暦二年六月九日条。
(23)前掲注(21)史料九八頁。
(24)『頼資卿記』文暦二年閏六月二十日条(『大日本史料』五―一〇、一〇七頁)。
(25)『中臣祐定記』嘉禎二年七月三日条。
(26)紛争の詳細については、小山靖憲「中世根来寺の組織と経営」(同『中世寺社と荘園制』塙書房、一九九八年、初出一九九一年)を参照。
(27)『百練抄』仁治三年七月十三日条、『類聚大補任』八(『大日本史料』五―一四、四五〇頁)、『帝王編年記』同年七月十六日条、仁治三年八月一日六波羅御教書(深堀家文書、『鎌倉遺文』八―六〇四八)。
(28)『南海流浪記』(『群書類従』巻第三三〇)。
(29)宝治元年五月十三日六波羅御教書案(『根来要書』中、『鎌倉遺文』九―六八二八)。
(30)(宝治二年)五月二日後嵯峨上皇院宣写(高野山文書又続宝簡集一一一、『鎌倉遺文』一〇―六九六五)。
(31)『葉黄記』寛元四年閏四月六・九・十一~十三日条。
(32)『葉黄記』宝治二年八月十二・十三日条。
(33)『頼資卿記』文暦二年閏六月二十~二十二日条(『大日本史料』五―一〇、一〇五~一一一頁)、『明月記』同年閏六月二十二日・十二月二十三~二十五日・二十七日条など。
(34)『華頂要略』文暦二年七月二十六日条(第七十六代尊性親王)。この紛争の詳細については、黒田前掲注(8)「延暦寺衆徒と佐々木氏」を参照。
(35)『吾妻鏡』文暦二年五月二十三日条。
(36)(嘉禎元年)十二月二十九・三十日関東御教書(『中臣祐定記』同二年正月十五日条)。
(37)『中臣祐定記』嘉禎二年二月十四日条、『吾妻鏡』同年二月二十八日条。
(38)『吾妻鏡』嘉禎二年十月五日条。なお、興福寺衆徒の三度目の蜂起に際する幕府・六波羅探題の対応については、熊谷隆之「嘉禎の南都蜂起と鎌倉幕府―「大和国守護職」考―」(大和を歩く会編『古代中世史の探究』

法蔵館、二〇〇七年）も参照。

(39)『明月記』寛喜二年七月二十日・二十八日・八月十二日条。

(40)『吾妻鏡』寛喜二年八月二十一日・二十八日条。幕府がこの事件に関与したのは「承久以後没官」領が紛争対象に含まれていたためであろう（『明月記』同年十月十二日条）。

(41)東使については、森茂暁「「東使」とその役割」（同前掲注(5)著書、初出一九八七年）を参照。

(42)本書第一章「六波羅探題の成立と公家政権」。

(43)北条重時の生涯については、森幸夫『北条重時』（吉川弘文館、二〇〇九年）を参照。

(44)前掲注(21)史料九四頁。

(45)以下の事件の詳細については、川岸宏教「聖霊会守護の武士―尊性法親王別当時代の四天王寺について―」（奥田慈應先生喜寿記念論文集刊行会編『仏教思想論集』平楽寺書店、一九七六年）、高橋慎一朗「尊性法親王と寺社紛争」（『遙かなる中世』一九、二〇〇一年）を参照。

(46)（天福二年）二月十四日尊性法親王書状（南北真経寺所蔵法華経紙背文書、『向日市史　史料編』〈一九八八年〉(68)。以下「『向日市史』(68)」のように略記する。なお『向日市史』の翻刻については、東京大学史料編纂所架蔵写真帳により訂正した）。

(47)（天福二年）四月八日尊性法親王書状（『向日市史』(76)）。

(48)（天福二年）四月十二日尊性法親王書状（『向日市史』(78)）には「抑又天王寺事（中略）寺家次第当時申二合武家一候也」とあり、（天福二年）四月十四日尊性法親王書状（『向日市史』(79)）では、「重時下二知寺家一状」の案文を賜った尊性が、その趣旨に「聊之添削」を加えたことも知られる。

(49)（天福二年）六月十七日尊性法親王書状（『向日市史』(86)）。

(50)（天福二年）六月二十九日尊性法親王書状（『向日市史』(87)）。

(51)秋山哲雄「北条氏一門と得宗政権」（同『北条氏権力と都市鎌倉』吉川弘文館、二〇〇六年、初出二〇〇〇年）。

(52)上横手雅敬「執権政治の確立」(同『日本中世政治史研究』塙書房、一九七〇年)、村井章介「十三~十四世紀の日本—京都・鎌倉」(同『中世の国家と在地社会』校倉書房、二〇〇五年、初出一九九四年)。

(53)本書第一章「六波羅探題の成立と公家政権」、第二章「京都大番役の勤仕先について」、補論「王権・内裏と大番」。

(54)上横手前掲注(4)「鎌倉幕府と公家政権」。

(55)『葉黄記』宝治二年七月一・二・八日条、『百練抄』同年六月二十九日・七月一日条。幕府による使庁からの罪人請取り制とその本質については、森幸夫「鎌倉幕府による使庁からの罪人請取りについて」(『日本歴史』五〇五、一九九〇年。改題・改稿の上、同前掲注(3)著書に収録)、および本書第一章「六波羅探題の成立と公家政権」注(17)を参照。なお最近、この事件が後鳥羽院怨霊の問題と密接に関わるものであったことが指摘されている(徳永誓子「後鳥羽院怨霊と後嵯峨皇統」『日本史研究』五一二、二〇〇五年)。

(56)建長元年九月□日関東御教書(古文書雑纂二、『大日本史料』五—三一、二九一頁)。

(57)正嘉二年十二月二十五日関東下知状案(春日神社文書、『鎌倉遺文』一一—八三三四)。

(58)『経俊卿記』正嘉元年四月二十三日・二十六日・五月十一日・六月二十二日条。「下司善行法師」は千福丸の父宗有のことであろうか。この相論は結局、興福寺の下司職進止を認める幕府の裁許が下されて決着した(前掲注(57)史料)。

(59)『経俊卿記』建長八年五月十二日・十六日・六月十六日条。

(60)『中臣祐賢記』文永元年八月二十一日条。

(61)平雅行「鎌倉における顕密仏教の展開」(伊藤唯真編『日本仏教の形成と展開』法蔵館、二〇〇二年)、同「鎌倉幕府と延暦寺」(中尾堯編『中世の寺院体制と社会』吉川弘文館、二〇〇二年)。

(62)『妙槐記抄』正元二年正月四日条。

(63)『天台座主記』文永元年十二月二十四日・同二年二月十五日条(二五六頁)、『新抄』同元年十二月十四日・同二年二月十五日・三月十八日条。

(64) 平前掲注(61)「鎌倉幕府と延暦寺」、同「青蓮院の門跡相論と鎌倉幕府」(河音能平・福田榮次郎編『延暦寺と中世社会』法蔵館、二〇〇四年)。なお、建治三年の紛争では、幕府が直接座主・青蓮院・梶井の使者を召喚・尋問し、評定で処断の方針を決定して東使を上洛させている(『建治三年記』同年七月二十七日・十二月十六日・二十五日・二十七日条)。これは前年十二月の採題首班北条義宗の鎌倉下向後、探題職が事実上一年間空席状態だったことによる(森茂暁前掲注(5)「六波羅探題の「洛中警固」」)。
(65)『経俊卿記』正嘉元年三月二十六〜二十九日条、『天台座主記』同年三月七日条(二三〇・二三一頁)。
(66)『天台座主記』正嘉二年四月上旬条(二三一・二三二頁)。
(67)『経俊卿記』正元元年五月二十九日・六月一日条。
(68)『吾妻鏡』正元二年二月三日条。
(69)『吾妻鏡』文永二年正月六日条。
(70)『天台座主記』文永元年三月一日・二十六日条(二五〇・二五二・二五三頁)。
(71)『吾妻鏡』正嘉二年四月二十一日条、『天台座主記』同年四月十六日・七月下旬条(二三二〜二三四頁)。
(72)『天台座主記』文永元年十二月二十四日・同二年二月十五日条(二五六頁)。
(73)『天台座主記』文永四年四月二十九日条(二六二頁)。
(74) 本書序章第二節を参照。
(75)『吉続記』弘安二年五月四・八・九日条(一部、国立歴史民俗博物館所蔵「田中穣氏旧蔵典籍古文書」写本『大理秘記』により訂正)。この事件の詳細については、森茂暁前掲注(5)「六波羅探題と検非違使庁」を参照。
(76)『吉続記』弘安二年五月七日・二十一日条、『花園天皇日記』正和三年閏三月四日条。
(77) 年月日欠(文保三年)延暦寺衆徒一揆衆議事書案(禅定寺文書、『鎌倉遺文』三五—二七〇〇二)、年月日欠(文保三年)園城寺学頭宿老等申状(古簡雑纂一、『鎌倉遺文』三五—二七〇一二)。この事件については、永井晋「北条氏実泰流出身の寺門僧」(同『金沢北条氏の研究』八木書店、二〇〇六年、初出一九九九年)、平前掲注(61)「鎌倉幕府と延暦寺」を参照。

(78)『武家年代記裏書』文保三年四月二十五日条。
(79)『春日神主祐臣記』(東京大学史料編纂所所蔵謄写本)正中二年六月二十四日・三十日・七月二十五日・八月十日条。この紛争については、稲葉伸道「鎌倉末期の興福寺大乗院門主」(同『中世寺院の権力構造』岩波書店、一九九七年、初出一九九五年)を参照。
(80)『実躬卿記』永仁三年十一月二十六日・十二月二〜四日・十二日・十三日条。永仁の南都闘乱の詳細については、安田次郎「永仁の闘乱」(同『中世の興福寺と大和』山川出版社、二〇〇一年、初出一九八七年)を参照。
(81)事件の経過については、海津一朗「鎌倉後期の国家権力と悪党—弘安の大隅・薪荘境界相論をめぐって—」(悪党研究会編『悪党の中世』岩田書院、一九九八年)を参照。なお以下、『勘仲記』の本事件関係記事については、国立歴史民俗博物館所蔵原本の紙焼き写真により確認・校訂した。
(82)『勘仲記』弘安四年八月十四〜十六日条(村井章介他「『勘仲記』弘安四年秋記—翻刻と注釈—」『鎌倉遺文研究』一四、二〇〇四年)。
(83)『勘仲記』弘安四年九月十二・十三日条(同右)。
(84)『勘仲記』弘安五年二月一日条。この関東の下知に対して北方探題北条時村は猛抗議し、結局実際に神木入洛の阻止に当たった篝屋武士の罪科は免除され、代わりに南北両探題の被官計四人が選ばれ流刑となった。
(85)『勘仲記』弘安五年三月十五日条。
(86)平前掲注(61)論文。
(87)平前掲注(61)「鎌倉幕府と延暦寺」、同前掲注(64)「青蓮院の門跡相論と鎌倉幕府」。
(88)安田前掲注(80)論文。
(89)森幸夫「六波羅奉行人斎藤氏の諸活動」(同前掲注(3)著書)。
(90)『武家年代記裏書』徳治二年十二月条、『興福寺略年代記』(『続群書類従』巻第八五七)同年十二月六日条。
(91)『春日神主祐臣記』正中二年十月六日条。
(92)『勘仲記』弘安四年十二月十四日条(村井章介他「『勘仲記』弘安四年冬記—翻刻と注釈—」『鎌倉遺文研究』

一八、二〇〇六年）。また、正応四年（一二九一）末から翌年にかけて、興福寺・延暦寺などで嗷訴・閉籠が同時多発的に発生した時にも、六波羅探題が関東の書状を伏見天皇に取り次いでいる（『伏見天皇日記』正応五年二月十八日条）。

(93)『興福寺略年代記』徳治三年六月晦日条、『徳治三年神木入洛日記』（東京大学史料編纂所架蔵写真帳）同年六月二十八日・七月二日・十二日条。

(94)『春日神主祐臣記』正中二年十二月一・四・七日条。

(95)『勘仲記』弘安五年十二月五・六日条、（弘安五年）十二月七日亀山上皇院宣（『続南行雑録　祐春記抄』、『鎌倉遺文』一九―一四七五一）。

(96)『公衡公記』弘安六年七月二日・八月十七日・二十二日条。

(97) 前掲注(77)延暦寺衆徒一揆衆議事書案。

(98)（文保三年）四月十五日後宇多上皇院宣案（禅定寺文書、『鎌倉遺文』三五―二七〇〇一）、（文保三年）四月十九日後宇多上皇院宣案（同右、『鎌倉遺文』三五―二七〇〇八）、『花園天皇日記』同年四月十五・十八・二十日条、『武家年代記裏書』同年四月十三日条など。

(99)（元応元年）八月十一・十二日後宇多上皇院宣案（内閣文庫蔵『文保三年記』、『鎌倉遺文』三五―二七一九九・二七二〇〇・二七二〇二）。

(100) 文保三年（一三一九）の園城寺戒壇設置問題で、延暦寺による園城寺襲撃を受け、南方探題大仏維貞被官斎藤六郎と北方探題北条時敦被官祝（糟カ）屋二郎兵衛尉が即日鎌倉に下向した程度である（『武家年代記裏書』同年四月二十五日条）。

(101) 森幸夫「六波羅評定衆考」（同前掲注(3)著書、初出一九九一年）、同前掲注(17)論文。

(102) 細川重男「北条氏の家格秩序」（同『鎌倉政権得宗専制論』吉川弘文館、二〇〇〇年）。

(103) 永井晋氏も、金沢貞顕段階の六波羅探題が「鎌倉のエリートとして昇進するためのキャリア（実績）に数えられる役職」で、北条氏一門にとって「昇進の一階梯」であったと述べている（同「金沢貞顕総論」同前掲注

(77)著書一五〇頁)。ただし表4によれば、貞顕の探題就任前後の経歴は他の探題職経験者と比べてやや特殊である。

(104) 既に文永年間に評定衆・引付衆の若年化と北条氏一門の構成比の増大が進み、引付衆は一門の出世の一階梯に過ぎなくなっていたことが指摘されている(村井章介「執権政治の変質」同前掲注(52)著書、初出一九八四年)。

(105) 熊谷隆之「六波羅・守護体制の構造と展開」(『日本史研究』四九一、二〇〇三年)。

(106) 森幸夫氏は、永仁五年(一二九七)以降の南方執権探題の出現について、永仁徳政令施行・悪党鎮圧などの重要任務の遂行に際し、探題個人の実務能力が不可欠となったため、探題主導者の任命基準が家格主義から能力主義に変化したとする(同「南北両六波羅探題の基礎的考察」同前掲注(3)著書、初出一九八七年)。確かに、その時々の政治・社会問題に応じて職務経験の豊かな者が執権探題に任命されたり、執権・連署の近親者が探題となって鎌倉と京の関係強化が図られたりしたことは事実だろう。しかし、当該期には探題職が北条氏の昇進上の一ポストと化しており、探題首班が常に実務能力を持つ必要はなかった。従って、探題トップの人事に能力優先主義が現れたとまでは言い切れないと思う。

(107) 筧雅博氏は、両統対立下における皇位継承問題が公武上層部間で直接協議され、公武間交渉の正規ルートであったはずの六波羅探題・関東申次がそこから排除されていたとする(同「道蘊・浄仙・城入道」『三浦古文化』三八、一九八五年)。同様の状況は寺社紛争処理の場においても現れており、その背景には六波羅探題の性格・位置の変化があったと考えられる。ただし、当該期の皇位継承をめぐる朝幕間交渉は、持明院統・大覚寺統双方が幕府側の要人と内々かつ極秘に行ったものであり、そのあり方は寺社紛争処理の場合と異なるところもあったと思われる。この点は改めて検討したい。

(108) 高橋慎一朗氏は、探題首班が北条氏庶流家の家長として私的性格を濃厚に含んでいたこと、その政庁も探題私邸を中心とするものであり、六波羅という空間が首班と被官を中核に構成されていたことを指摘するが(同前掲注(9)論文、同「「武家地」六波羅の成立」同前掲注(9)著書、初出一九九一年)、そのような性格は特に鎌倉中期に濃厚であったと考えられる。

(109)　上横手前掲注（2）「六波羅探題の成立」一九〇頁。

(110)　検断頭人以下の探題被官が洛中・畿内近国における検断活動の中核を担っていたこと（高橋慎一朗前掲注（9）論文）は、検断が探題首班固有の重要な職権として確保されていたことを示している。

第五章　鎌倉後期の悪党検断方式に関する覚書

はじめに

鎌倉後期、畿内・西国の個別所領における訴訟案件に関して、院または天皇の指令が関東申次を介して六波羅探題に伝達され、六波羅探題がその機構をもって指令内容を施行するという手続きが存在したことはよく知られている。この方式については公武関係史研究の立場から、当該期の公武間交渉の仕組みとしてとりあげられ、分析が進められた。森茂暁氏は、関連文書の網羅的収集を通して、この手続きが鎌倉後期の建治・弘安年間に確立し、南北朝期においても勅裁を室町幕府が施行する方式として継承されたことを明らかにした(1)。また外岡慎一郎氏は、公家政権に提訴された案件のうち、殺害・刃傷・押領・年貢抑留等の犯罪に関するものを六波羅探題が施行しており、六波羅探題が王朝権力の意思を強制執行する役割を担っていたことを指摘した(2)。しかし、森氏は発給文書の書式や差出・宛所など、文書伝達の仕組みとその変遷に関心を向けており、外岡氏も六波羅探題の施行する訴訟案件の内容や関東との所轄関係を解明するにとどまっていた。

近藤成一氏の論文「悪党召し捕りの構造(3)」は、この文書伝達・指令施行のプロセスを大きくとらえ直す契機となるものであった。氏は、鎌倉後期に畿内を中心に出現した悪党について、公武権力による悪党処分のシステムこそが当該期固有の歴史的存在であると主張し、それを次のように定式化した。①本所が院（天皇）に対して悪党を告訴する。②院（天皇）が六波羅探題に悪党の召し捕りを命じる「違勅院宣（違勅綸旨）」を発給する（直接には関東申次に宛てて発給され、関東申次がこれを六波羅探題に施行する）。③違勅院宣（違勅綸旨）を受理した六波羅探題は、両使などに悪党召し捕りを命じる「衾御教書」を発給する。この衾御教書は「任レ法可ニ召進一」という特別の指示文言を有し、本来苛法と認識された実力による悪党召し捕りを命じる特別な効力を持っていた。そして、この衾御教書を発給させるために必要とされたのが違勅院宣（違勅綸旨）であり、本所一円地を対象とする訴訟において公家政権の裁許・命令に違反する行為＝「違勅狼藉」が発生した場合に限って発給されたという。このように氏は、院（天皇）の指令を六波羅探題が施行する一連の過程を、鎌倉後期における本所一円地悪党の検断システム（「悪党召し捕りの構造」）として位置づけたのである。

　近藤氏の研究は、右の指令施行の方式が実際に果たしていた機能という、それまでの公武関係史研究において見落とされていた点を究明したところに研究史上の画期的な意味があった。その後、海津一朗氏はこの悪党検断システムを、鎌倉後期の公武政権が徳政（荘園制的所領支配と権力構造の一円化・一元化）を推進する過程で、その秩序から排除された人々の組織的な抵抗に対して行使された抑圧装置と位置づけた[4]。筆者もかつて、六波羅探題による院宣（綸旨）の施行の実態とその影響・結果について考察したことがある[5]が、本方式の重要な機能の一つが悪党検断であったことは認めるものである。少なくとも十四世紀段階において、六波羅探題が院宣（綸旨）の趣旨を施行する一連の過程が「悪党召し捕りの構造」として位置づけられることは間違いないと言えよう[6]。

　以上の意義を確認した上で、なお近藤氏の議論に関して二つの問題点を提示したい。一つは、この悪党検断方式の成立のあり方についてである。氏は、幕府使節による実力行使システムの確立と伏見親政下の公家訴訟制度改革を本方式成立の背景としてあげている。しかし、本方式がどのようにして成立したのかという点については、後述のように一幕府法の制定を根拠として想定するのみであり、必ずしも充分に論じているわけではない。もう一つは、鎌倉後期における公家政権と六波羅探題との関係において、この悪党検断方式がいかなる性格を有していたのか、特にそれが当該期の検断という側面からどのように位置づけられるのかが明らかにされていないことである。

そこで本章では、鎌倉後期における本所一円地悪党検断方式の成立のあり方および当該期の公家政権と六波羅探題との関係における位置について、近藤氏の議論の検討を通して考察することとしたい。

一　「関東御事書」をめぐって

近藤氏は、「違勅院宣・綸旨が発給されたならば本所一円地における事件であっても受理するという原則は、幕府法に定められていた」とし、[7]法の存在と内容を推測させる史料を二つ提示している。いずれも長文であるが、先の第一の問題点を考える上で必要となるので、全文を引用しておきたい（傍線は筆者が付したものである）。

【史料1】

東寺領大和国平野殿雑掌僧弁性謹言上、

欲下重被レ経二御　奏聞一、同国一乗院家御領吉田庄幷安明寺沙汰人百姓等、違二背度々　綸旨一、連々致二刃傷狼籍（藉、以下同）一、剰及二于違　勅重科一上者、任二傍例一、成二賜　綸旨於武家一、被レ召二出彼違　勅狼籍張本輩一、被中断罪上子細事、

副進
五通　綸旨案〈三通先進了、二通進二上之一、〉
一通　違　勅狼籍人等交名〈但如二先度一、仍略レ之、〉
右、彼一乗院家御領吉田庄幷安明寺沙汰人百姓等、云二刃傷打擲一云二違　勅狼籍一、度々言上事旧了、然而去年〈永仁〉二三月十五日　綸旨者、先止二新儀之沙汰一、可レ明二申子細一之由、被二仰下一了、如二同年八月十八日綸旨一者、雖三度々被二仰下一、不レ弁二申子細一、剰及二狼籍一云々、為二実事一者、太不レ可レ然、早被（可）召進張本之（輩脱カ）云々、已雖レ有二度々　勅裁一、不レ叙二用之一、狼籍彌不二断絶一之間、愁訴之処、可下任二傍例一成中賜　綸旨於武家上之由、先度捧二申状一之処、所詮如二関東平均御式目一者、雖レ為二本所一円之領一、違　勅狼籍出来者、可レ有二御沙汰一之条、為二顕然一歟、而彼沙汰人百姓違　勅狼籍之条勿論也、此上者、被レ成二下　綸旨於武家一、召二出彼交名人等一、被レ鎮二狼籍一、欲レ令レ備二厳重御祈禱供料一、仍粗重言上如レ件、

永仁三年三月　日(8)

【史料2】
（端裏書）「□　□永仁六十□」
東寺領大和国平野殿庄雑掌重実重言上、
欲下早被レ経二御　奏聞一、仰二憲法奉行一、違　勅悪行・本所□□（敵対カ）違背悪党人願妙・清重（平）・清氏（平）□□□（以下輩）等、任二交名旨一、不日召二取□（其）身一、急速可レ有二誡沙汰一由、重被上申二送　院宣於武家一子細事、
副進
二通　綸旨幷西薗寺（実兼）家御施行案
八通　武家御教書案

一通　悪党張本願妙一類交名注文
　　已上当二進之一、
一巻　両御使請文正文
一巻　願妙・清重・清氏等請文・陳状正文
一通　悪党人等交名注文
　　已上具書等正文、本奉行津戸信濃□□（房之カ）許続二置之一畢、

右、子細者、彼願妙・清重・清氏以下悪党人等□□（不顧）罪業、□（忽カ）成二仏敵一、抑二留長日仏供燈明以下寺用米一、
打二止色々公事課役□（等カ）一、押領一□（庄）、□□□（一向如）私領而、擬レ令レ断二絶厳重御祈禱一、悪行狼籍（藉、以下同）余レ手之間、依レ被
レ下二　綸□（旨）於武家一、仰二御使一、被レ召二彼悪党人等一之処、願妙・清重□□□（等カ）請□□□（文云、両カ）人共一乗院御房人也、
可レ被二申二本所一云々、此条、捧二種々起請文一、補二当□□（寺一カ）円之恩職一、乍レ蒙二寺恩一、忽成二寺敵一、号二一乗院家
御坊人一、奉レ違二背　綸□□（旨幷）武家召符八ヶ度一上者、先被レ召二置其身一、可レ有二誡御沙汰一之処、無其□□□（儀之間カ）、
彌誇二悪行之威一、益押二領庄家一、已五ヶ年之間、打二止厳重仏聖燈油□□□（以下寺）用米等一、擬レ令レ断二絶　公家・武
家御祈禱一之□（条）、逆悪之至、非□□（所及）言□（語）、□（罪）業之極、申而在レ余、争無二誡御沙汰一哉、而為二津戸信濃房之
奉行一、去九月十二日召二合両方一、乍レ続二置訴陳状一、不レ令レ知二訴人一、隠二蜜（密）違　勅狼籍・□□（本所）敵対之次第一、
依レ令レ逢二年貢抑留之子細一、□於御沙汰歟、寺用抑□（留）□□□非二武家御沙汰一之間、被二奇（棄）置一云々、此条難
レ堪之愁訴也、　雖レ非二武家御口□□（入之）地一、本所敵対之輩出来、打二止年貢一、致二狼籍一之時、就二訴申一、被レ下二
　綸旨於武家一、有二誡御沙汰一之条、非レ無二傍例一、且関東御事書炳焉也、何可レ被レ奇（棄）二置武家之御沙汰一哉、
是併奉行私曲也、所詮、早□（仰）憲法検断奉行、違　勅悪行・本所敵対願妙・清氏以下悪党人等、任二交名之
旨一、不日召二取其身一、急速可レ有二誡沙汰一之由、重可レ被レ下二　院宣於武家一□□□□（之旨、為被経カ）御　奏聞、仍重言上

如レ件、

永仁六年十月　日(9)

氏はA論文で【史料1】・【史料2】の各傍線部を引用し、「本所一円地における事件であっても、重犯罪に関わる検断沙汰であるならば幕府の裁判管轄に属する」という「原則にもとづいて、違勅狼藉に関わる訴訟を検断沙汰として六波羅が受理する形式的要件として綸旨の発給を定めた」のが、「関東平均御式目」(【史料1】)・「関東御事書」(【史料2】)として引かれた幕府法であったとし、それは正応三年(一二九〇)から永仁三年(一二九五)の間に立法されたと推測したのである。(10)

しかし、【史料1】・【史料2】の全体をよく見てみると、それぞれの副進文書の中に、右の「関東平均御式目」・「関東御事書」に該当する文書があげられていないことに気づく。それだけでなく、右の二史料の関連文書を概観しても、本所一円地における違勅狼藉訴訟について六波羅探題が院宣(綸旨)を施行することを規定したとする幕府法は現存していない。更に、関連文書のうち訴陳状にしぼって見ても、右の関東事書とおぼしき文書は副進文書としてリストアップされていないのである。このことから、【史料1】・【史料2】の傍線部に見える平野殿荘雑掌の主張は、何らかの具体的な幕府法を根拠としてなされたものではなかったと考えられる。(11)

そもそも【史料1】は、正応六年(一二九三)正月、一乗院領大和国安明寺・吉田荘の百姓らが東寺領同国平野殿荘に侵入し、山木を伐採し萱草を苅り取った上に、これを制止しようとした平野殿荘の百姓らに対し打擲・刃傷に及んだ事件に関して、同荘雑掌が公家政権に提出した申状である。(12)これによると、平野殿荘百姓らは当初は公家政権に提訴し、伏見天皇から永仁二年(一二九四)三月十五日・八月十八日付の綸旨を受け取っていたが、安明寺・吉田荘側は命令に従わず狼藉を続けていた。この状況を受けて、東寺雑掌は【史料1】で

「本所一円地における案件であっても、違勅狼藉が発生すれば武家が沙汰を行い得ることは「関東平均御式目」に明らかである」と主張し、綸旨を六波羅探題に下して張本人の召喚・断罪を行うよう要求したのである。このように【史料1】は、公家法廷での裁判が停滞し事態の改善が見られない状況下で東寺側が作成した申状であり、傍線部の記述についても、安明寺・吉田荘側の綸旨不叙用・狼藉を非難する中で平野殿荘雑掌が述べた主張の一部に過ぎないことが分かる。

一方【史料2】は、永仁三年（一二九五）十月、平野殿荘下司平清重および惣追捕使願妙・子息清氏らが寺家の下知に違背し年貢・寺用米・公事課役等を抑留したことを同荘雑掌が訴えた事件に関する申状で、【史料1】の事件と連続するものの訴訟案件としては一応別のものとして提起されている。これによれば、訴訟を受けて綸旨が六波羅探題に下され、六波羅探題が使節に命じて清重・願妙らの召喚を図ったが、彼らは一乗院の御房人と称して雑掌側の批判をかわそうとし、六波羅探題の召文が八回も発せられる結果となった。ようやく永仁六年九月十二日に訴訟当事者双方が「召合」されることとなったが、六波羅奉行人の津戸信濃房が年貢抑留の件のみを引付に披露したため、本所一円地における年貢抑留事件は武家の管轄ではないとして訴訟が棄却されてしまった。そこで雑掌は、「武家口入の地ではなくても、本所敵対の輩が現れて年貢を抑留し狼藉を行った場合、訴訟に基づき綸旨が六波羅探題に下され、懲戒の措置がなされることは傍例があり、かつ「関東御事書」にも明らかである」として、違勅狼藉・本所敵対の側面を殊更に強調し、容疑者の拘束・処罰を六波羅探題に命じる院宣の発給を求めたのである。つまり【史料2】も、訴訟棄却という危機的事態に直面した東寺側が局面の打開を図って作成した申状であり、傍線部の記述についても、清重・願妙らを非難するとともに六波羅奉行人の裁判手続きの過誤を糾弾する文脈の中で発せられた、平野殿荘雑掌の主張の一部であると言えよう。

このように【史料1】・【史料2】の全文を読む限り、各々の傍線部に見える主張は、裁判が自らの思惑どおりに進まない状況において、局面を打開するために編み出された東寺側のロジックととらえる方がよいと考えられる。そもそも荘園領主の沙汰雑掌は、多くの裁判を通して法的知識や先例を知悉し、訴訟技術に長けた存在であった。平野殿荘の雑掌もまた、自らの訴えを公家政権に認めさせて六波羅探題の権力機構を発動させ、敵対する清重・願妙らを排除し同荘の支配を回復することをもくろみ、自らの手もとに蓄積していた数多くの幕府裁判の先例をもとにして、あたかもこの悪党検断方式が幕府法に定められていたものかのごとく主張したのではないだろうか。そうであるとすれば、【史料1】・【史料2】に見えた関東事書なるものは、荘園領主側に蓄積されていた幕府裁判の先例をもとに暗黙の了解として提示された認識に過ぎず、右の文言の存在から直ちに本所一円地悪党の検断の方式や違勅院宣（違勅綸旨）の効力を規定した幕府法が、当該事件以前に立法されていたとは必ずしも言いきれないことになるだろう。(13) この理解が正しいとすれば、本所一円地悪党検断方式が具体的な幕府法を根拠として成立したとする近藤氏の見解は再検討を要することになると思われる。

もちろん以上の考察は、本所一円地悪党検断方式が成立する法的根拠としての関東事書が存在しない可能性を指摘したものにとどまるものかもしれない。ただ筆者は、実在するか否かを明確にし得ない幕府法を前提とするよりも、むしろ現実に起こった悪党事件の内容やその展開に即して悪党検断方式の成立を考えていく方が、より生産的ではないかと主張したいのである。そこで次節では、初期の悪党事件に関するいくつかの史料を分析し、本所一円地悪党検断方式の成立のあり方に関する試論を提示してみたい。

二　悪党検断方式の成立

(一)　東大寺領伊賀国黒田荘悪党事件

考察に当たってまず確認しておきたいことは、公家政権（院・天皇）の指令が六波羅探題により施行されるという手続きそのものは、京都の治安維持や寺社紛争の鎮圧・処理に際して実施される方式として既に成立していたことである。(14) 従って、本方式は鎌倉後期において、それまでの寺社紛争の鎮圧や京都の警固に加えて、悪党事件をはじめとする畿内・西国の個別の紛争にまで機能の範囲が拡大したものと考えることができる。

では、六波羅探題による院宣・綸旨の施行の手続きは、どのようにして悪党検断の方式という性格をも有することとなったのだろうか。それを考えるためにとりあげたいのが、十三世紀末の弘安年間に発生した東大寺領伊賀国黒田荘悪党事件である。(15) 小泉宜右氏によって黒田荘第一期悪党と位置づけられたこの段階の悪党事件に関しては、関連史料が第二期以降の悪党事件に比べて少ないためか、これまで充分とりあげられてきたとは言いがたいように思われる。そこでまず、この第一期悪党事件に関して東大寺衆徒が作成した二つの申状の分析を通して、右の点について考えていきたい。これまた長文となるが、内容を逐一検討したいので、煩をいとわず全文を引用する。なお、両史料には適宜傍線と丸数字・括弧数字を付し、理解の便宜を図った。

【史料3】
（端裏書）「□□（寺解カ）案　有二政所御挙状案一」
東□□（大寺）衆徒等誠惶誠恐謹言、

請下殊蒙二 天裁一、因二准先例一、任二注進交名一、不日可二召取一由被上仰二下武家一、当寺領伊賀国黒田庄住人
清定(大江)・康直(服部)以下輩、山賊・夜罰(討、以下同)・強盗・放火・殺害等悪行露顕上、敵二対本所一、切二塞路次一、引二逆
木一、構二城槨(郭、以下同)一、大犯狼藉重畳罪科難レ遁子細状、

□(副)進

(1)一通 院宣案 先直可レ被レ触二訴武家一由、被レ載レ之、

(2)一通 政康(町野)賦状案

(3)一通 六波羅家状案 当国中悪党人可二召取一由事、

(4)一通 当国守護代状案

(5)一通 六波羅家状案 当寺領当国玉瀧庄強盗人事、

一通 悪党人交名注文

右、謹検二案内一、①諸国山賊以下夜罰・強盗等之大犯者、皆是武家成敗之限也、②随而如二弘安三年二月三日六波羅家状一者、可レ召二取国中悪党一云々、全無下被レ除二本所一円地一之所見上、平均可レ有二沙汰一之条無二子細一歟、爰当庄住人之内注進交名人等、③或大和国八峯山并伊賀国黒田坂山賊、当国霧生之夜罰、黒田・簗瀬両庄内放火・殺害等之大犯重畳之間、④依二粟田口大納言家(二条良教)并当国御家人武藤四郎友光等之訴訟一、当時於二武家一沙汰之最中也、⑤則自二当寺一任二守護代状一、雖レ可レ有二其沙汰一、直之問答無二先例一之上、依レ可レ為二向後之疵一、⑥任二先規一経二 奏聞一之処、先直可レ触二訴武家一之由就レ被二仰下一、⑦付二訴状於政康一了、⑧仍検断奉行令レ披二露衆中一之日、云二寺領一、云二所犯輩一、非二武家被官一者、不レ可二口入一云々、就レ之検二先例一、⑨雖レ為二本所一円之地一、本所之沙汰難治之時、武家直可二召取一之由被レ下二 院宣一者、承前不易之例也、今度被レ成二下 院宣一者、不レ可レ及二子細一之由奉行人返答云々、仍忩欲レ被レ成二下 院宣一、当時則擬レ塞二此沙汰一、⑩敵二対

本所一、切二塞路次一、引二逆木一、構二城槨一、打二止一庄年貢以下細々公事一畢、凡所行之企弥招二罪科一者歟、於二本所之沙汰一者難レ及之条、仰二高察一、望請　天裁、任二申請一被二仰下一者、匪二啻令レ断二絶寺領一庄之悪行一、兼国中悪党削二名字一者歟、仍不レ堪二欝訴一、衆徒等誠惶誠恐謹言、

弘安五年十月　日　　　　東大寺衆徒等(16)

【史料4】

(端裏書)「寺領　黒田悪党事　弘安五」

東大寺衆徒等申、

欲下早任二傍例一、就二本所放状一、不日被上レ召二取注進交名人等一、寺領伊賀国黒田庄住人清定・康直以下族、山賊・夜罰(討、以下同)・強盗・放火・殺害等悪行露顕間、加二沙汰一処、為レ敵二対本所一、切二塞路次一、構二城槨(郭、以下同)一蜂起嗷々無レ謂子細事、

副進

(1)一通　院宣案直可レ触二訴申武家一由被レ載レ之、

(2)一通　備後民部(町野政康)大夫賦状案可レ被二申沙汰一由載レ之、

(3)一通　六波羅殿御教書案当国中悪党人事、可二召取一由被レ載レ之、

(4)一通　当国守護代状案

(5)一通　六波羅殿御教書案当寺花厳宗領当国玉瀧庄強盗人、召具可二上洛一由、被レ仰二守護代一畢、

一通　悪党人交名注文

件悪党人等、或八峯山①南都以南幷黒田坂山賊、当国霧生夜罰、黒田・簗瀬両庄内放火等、併彼交名人等之所行也、仍②依二粟田口大納言家幷当国御家人武藤四郎友光等之訴訟一、当時則於二武家一御沙汰之最中也、都本所

為レ初、在々所々人之歎、進退谷之間、訴申之処、③云二所領内一、云二悪党人一、非二武家所摂一、為二本所一円一之上者、不レ可レ有二御沙汰一之由、自二引付之中一被二仰出一之旨、奉行人相原民部八郎申レ之、不レ及二御沙汰一之条、就二是非一就二傍例一、未二存得一之間、重欲レ申二達満寺群訴之趣一、④所詮国中悪党人等事、可レ有二御沙汰一之条、弘安三年二月三日御教書分明也、就レ之、⑤随二聞及一可二搦渡一之由、守護代之状又以明鏡也、然者当庄内悪党人等事、尤雖レ可レ相二触守護方一、於二当国寺領一者、不レ寄二付守護方沙汰一之条、為二先例一之間、寺家直之問答可レ為二向後之疵一、仍所二痛存一也、依レ之経⑥二奏聞一、自二 公家一欲レ被二仰下一之処、先直可レ触二訴武家一之由被二仰下一畢、子細見二 院宣一、⑦然間任二傍例一、以二備後民部大夫一訴申之処、可レ被二申沙汰一之由、去九月一日賦状分明也、如レ状者、可レ有二御沙汰一之条無二不審一歟、而不レ及二御沙汰一、不レ成二賜御教書一之条、弥悪党放光之源、無レ術之次第也、⑧日来大犯難レ遁之上、⑨為レ令レ敵二対本所一、切二塞路次一、構二城槨一、蜂起嗷々、好二合戦之企一、悪行之至、自非二武家御沙汰一者、争可レ鎮レ之哉、⑩且雖レ為二本所一円之地一、於二悪党事一者、就二本所放状一有二御沙汰一之条、傍例惟多之内、当寺花厳宗領当国玉瀧庄強盗人事、云二領内一、云二強盗人一、雖レ為二本所進止一、就二放状一及二御沙汰一畢、今当庄之沙汰以同前歟、訴訟之趣不レ背二傍例一者、早可二申沙汰一之由、欲レ被レ仰二含検断奉行中一、仍不レ堪二欝訴一、満寺衆徒等粗言上如レ件、

弘安五年十月　日　　東大寺衆徒等(17)

【史料3】・【史料4】は、佐藤進一氏が守護の検断権の特色を究明するに当たっての根拠として提示された史料で、(18)【史料3】は文末に「望請　天裁」とあることから公家政権に対して、【史料4】は同じく「欲レ被レ仰二含検断奉行中一」とあることから六波羅探題に対して提出する意図で作成された申状と考えられる。氏も述べるように、提出先の違いにより記事の精粗や表現方法の相違が存在することから、両者を突き合わせることによって事実の詳細や文意を明確にし得る。そこで本節でも、この二つの史料を合わせて分析することで、

衆徒らが悪党を告訴した経緯とその主張内容を探ることにしたい。なお、煩雑さを避けるため、【史料3】・【史料4】に記された事項とその内容、および各傍線部・副進文書の対応関係を表5にまとめた。

弘安五年（一二八二）に東大寺衆徒が告訴した、黒田荘住人の大江清定と服部康直・清直らによる悪党行為は、Ⅰ大和国八峯山・伊賀国黒田坂における山賊、伊賀国内での夜討、黒田・簗瀬両荘内での放火・殺害など、およびⅡ本所東大寺に敵対して路次を封鎖し、逆茂木を引いて城郭を構築し、年貢・公事などを抑留した行為の二つである。このうち、Ⅰの案件については既に六波羅法廷で裁判中であったことから、衆徒はⅠとⅡを連動させる形で告訴を図った。こうした悪党問題については、東大寺から守護方への要請により処分が進められるべきであるが、国内寺領の問題について東大寺が守護と直接交渉することは先例がなく、将来の不名誉となる恐れがあった（【史料3】・【史料4】傍線⑤）。そこで、衆徒はまず公家政権に提訴し、「先直可レ触二訴武家一」との亀山上皇の院宣を獲得した（副進文書⑴）。これを受けて衆徒が六波羅探題に告訴し、訴訟は一旦受理されたが、引付は、黒田荘が本所一円地であり、犯人も武家被官でないことから、本案件は武家の管轄外であり、取り扱いはできないとの見解を示したのである（【史料3】傍線⑧・【史料4】傍線③）。

このような六波羅引付の判断に対して、東大寺衆徒はいかなる根拠をもとに、どのような主張を展開したのだろうか。まず衆徒は、山賊・夜討・強盗などの「大犯」は武家の管轄であることをまず確認した上で（【史料3】傍線①）、Ⅰの行為を伊賀一国にまたがる「大犯」（【史料3】傍線③）・「日来大犯」（【史料4】傍線⑧）と位置づけ、弘安三年（一二八〇）二月三日付の六波羅御教書（副進文書⑶）と、六波羅探題の意を奉じて発給された伊賀国守護代の書状（副進文書⑷）を提示して、「全無下被レ除二本所一円地一之所見上、平均可レ有二沙汰一之条無二子細一歟」（【史料3】傍線②）と主張する。衆徒は、行為Ⅱの張本が行為Ⅰのそれと重複している点から、本来は別個の案件であるⅠとⅡを合わせて告訴することで、本来は本所の東大寺の検断権下に属する行為Ⅱに

表5　伊賀国黒田荘第一期悪党事件

事　項	【史料3】	【史料4】	内　容
悪党行為Ⅰ	傍線③	傍線①	大和国八峯山・伊賀国黒田坂における山賊、伊賀国内における夜討、同国黒田・簗瀬両荘内における放火・殺害など。
	傍線④	傍線②	……前大納言二条良教（粟田口大納言）・伊賀国御家人武藤四郎友光らの訴訟により、六波羅探題において裁判中。
悪党行為Ⅱ	傍線⑩	傍線⑨	本所東大寺に敵対。路次を切り塞ぎ、逆茂木を引き、城郭を構え、年貢・公事などを抑留。
訴訟の経過	副進(1) 傍線⑥	副進(1) 傍線⑥	東大寺、公家政権に提訴。 ↓六波羅探題への提訴を命じる亀山上皇の院宣が出される。
	副進(2) 傍線⑦	副進(2) 傍線⑦	↓東大寺、六波羅探題に提訴。 ↓訴状が賦奉行町野政康（備後民部大夫）に付される。
	傍線⑧	傍線③	↓検断奉行椙原民部八郎が訴状を引付に披露。 ↓引付は、本案件は武家の管轄外であるとの見解を示す。
衆徒の要求の根拠1	副進(3) 傍線②	副進(3) 傍線④	弘安三年二月三日六波羅御教書 ……伊賀国中の悪党の召し取りを命じる。
	副進(4) 傍線⑤	副進(4) 傍線⑤	伊賀国守護代書状 ……悪党を捕らえ身柄を引き渡すよう通告。
衆徒の要求の根拠2	副進(5)	副進(5) 傍線⑩	六波羅御教書 ……東大寺領伊賀国玉瀧荘強盗人を召し具し上洛するよう守護代に命令。
衆徒の要求の根拠3	傍線⑨	――	六波羅奉行人の返答 ……今回は、院宣が発給されておれば子細には及ばなかった。

ついても六波羅探題の沙汰の適用を図ったものと考えられる。ただ、右の六波羅御教書には「可レ召二取国中悪党一」（【史料3】傍線②）と記されており、守護代書状にも「随二聞及一可二搦渡一」（【史料4】傍線⑤）としか書かれていない。弘安三年時点の悪党召し捕りは伊賀国一国単位で、かつ守護の機構を通して実施されたものと推測される。この場合は、佐藤氏が指摘したように、守護は本所一円地の黒田荘に入部して悪党を追捕することはできず、ただ「大犯」の犯人として東大寺に悪党の身柄の引き渡しを要求するにとどまるものであった[19]。

衆徒による主張の二つ目の根拠は、東大寺領伊賀国玉瀧荘強盗人の先例である。衆徒は、この例を踏まえて、たとえ本所一円地の悪党であっても、「本所放状」が提出されておれば検断は可能であると主張している（【史料4】傍線⑩）。しかし、具書として提出された六波羅御教書案には「召具可二上洛一由、被レ仰二守護代一畢」（【史料4】副進文書⑸）と記されている。玉瀧荘のケースにおいても、逮捕の指令は六波羅探題から守護を通して守護代に伝達され、守護代が荘家より引き渡された犯人を連れて上洛したものと考えられ、荘内入部を含む悪党検断が行われたとは見なせない。

そこで注目したいのが【史料3】傍線⑨である。その前半部分は、本所一円地における案件であっても、本所の沙汰が困難な場合に、六波羅探題に直接悪党を召し捕るよう命じる院宣が発給された先例があるという主張で、前節で見た平野殿荘雑掌の主張とも通じるものである。それに続く後半部分で、衆徒は「今度被レ成二下院宣一者、不レ可レ及二子細一之由奉行人返答云々」と述べている。六波羅引付は本案件を武家の管轄外と見なしたが、六波羅奉行人（おそらく検断奉行椙原民部八郎）は、もし今回、院宣さえ発給されておれば、六波羅探題の出動に支障はなかったであろうと衆徒に返答しており、暗に東大寺側にとるべき行動をアドバイスしているのである。そして、この発言を受けて、衆徒は公家政権に、六波羅探題への悪党召し捕りを命じる院宣の発給を要請したのである。

以上から、六波羅探題による悪党検断は本来守護の機構を通して行われており、本所一円地においては悪党の逮捕に支障が生じていたこと、それを解決するべく、東大寺衆徒が様々な理屈によって公武権力に働きかけ、六波羅探題の権力機構の発動を図っていたことが分かる。そしてその結果、衆徒の主張は受け入れられた。亀山上皇は「召㆓出彼輩㆒殊可㆑加㆓炳誡㆒」との院宣を発給し、それを受けて六波羅探題が悪党を召し出したのである。(20)

このように考えると、黒田荘第一期悪党事件に関しては、本来は武家の管轄外の案件である本所一円地の刑事事件において六波羅探題を動かすための要件・手段として院宣が持ち出され、その結果いわば「特例」として悪党検断に至った色彩が濃厚であると思われる。そして、その裏には、院宣さえあれば六波羅探題の出動が可能だとする六波羅奉行人の訴訟技術上の知識に裏打ちされた発言が存在しており、それを引き出したのは、六波羅探題による悪党追捕を求める東大寺衆徒の訴訟運動だったのである。

しかし、たとえ「特例」であっても以後それが繰り返されれば、「特例」は先例・既成事実化する。右の事件の後、正応四年（一二九一）に黒田荘住人観俊・覚舜らが「坊門侍従物詣」の路次で山賊行為を働いた際には、十二月十二日に伏見天皇の綸旨、翌日に「西園寺施行」、翌年閏六月十二日に「六波羅召符」が発せられた。(21)続いて、正安二年（一三〇〇）に観俊・覚舜らが本所違背・年貢犯用・悪党扶持により東大寺から訴えられた時（第二期悪党訴訟）には、「可㆑召㆓出交名之輩㆒」とする伏見上皇の院宣が出され、おそらく関東申次西園寺実兼の施行状の発給を経て六波羅探題の「召符」が発給されている。(22)つまり、第一期悪党の段階ではあくまで特例として、院宣が六波羅探題に伝達されたが、第二期悪党の正安二年段階までには、これが本所一円地悪党の検断に関する指令・文書伝達ルートとして固まっていたことがうかがえるのである。

ただし、ここで注意したいのは、近藤氏が「悪党召し捕りの構造」において必須の条件としていた「違勅狼藉」などの文言が、右の黒田荘悪党事件とそこにおける検断指令の発令・伝達の過程には見えないことである。黒田荘第一期悪党事件においては、院宣は「大犯」および「本所敵対」を直接の根拠として発給されたのである。ではこれが、近藤氏の定式化したような、「違勅狼藉」を契機とする「悪党召し捕りの構造」として整ったのはいつ頃であり、またそれはどのようにして確立したのだろうか。

(二)　東寺領大和国平野殿荘悪党事件

本来公家政権が処理すべき個別の所領紛争において、「違勅」を根拠として六波羅探題が関与するようになる事例は正応年間から見え始める。例えば、伊勢国住人の式部房・伊与房らが同国松山御厨を「押作」し、数回の綸旨・院宣を「遵行」しなかったため、「違勅科」として、正応四年（一二九一）正月に交名が六波羅探題に下されている(23)。また、大和国宇陀神戸竹荘の領有をめぐる摂津四郎親景（弥勒丸）と伊勢神宮との相論では、親景が正応三年（一二九〇）四月十七日・五月十二日と相次いで濫妨停止・本知行安堵の院宣を獲得したのに対し、神宮と荘家の沙汰人百姓は抵抗の動きを見せた。そのため、親景の要求により翌年四月二日に「土民等違㆓背度々　勅定㆒、其科更難㆑遁、殊可㆓誡沙汰㆒」と六波羅探題に命じる伏見天皇の綸旨が発給され、翌正応五年三月に柘植六郎左衛門尉清親が使者として現地に下向したものの、神宮使・沙汰人百姓らによって追い返されている(24)。

しかし、本所一円地における悪党事件において、「違勅」を根拠に六波羅探題が関与するようになった早期の事例は、管見の限り、やはり前節で触れた大和国平野殿荘悪党事件のようである。とは言え、注意しておきたいのは、【史料1】に見える安明寺・吉田荘百姓らによる平野殿荘乱入事件では、六波羅探題が事件の処理や悪党の検断に動くこともなければ、公家政権から六波羅探題に対して悪党召し捕り命令が発せられたことさえなかったということである。関連史料で訴訟の経緯を確認すると、正応六年（一二九三）に初めて平野殿荘から公家政権に提訴がなされて[25]以降、その年だけで三度、一乗院宛に濫妨停止・尋沙汰を命じる伏見天皇の綸旨が発給された[26]。ところが、安明寺・吉田荘側がこれに従おうとしなかったため、翌永仁二年（一二九四）になると百姓らは「不レ拘二度々　勅定一、致二種々濫妨一上者、雖レ被レ下二　綸旨於院家一、無二其詮一歟」として、「被レ申二下　綸旨於武家一」、刃傷狼藉の交名人を召し出し「違　勅罪科」に処すよう要求した[27]。しかし、それに対しても前年と同様の綸旨が一乗院に下されただけであった[28]。【史料1】は、年が明けてもなお安明寺・吉田荘側の濫妨が続いたために東寺雑掌が公家政権に提出した申状であった。しかし、この時も先と同様に、一乗院宛の綸旨が発せられただけであり[29]、東寺側が求めていた六波羅探題の介入は最後まで実現されなかったのである。公家政権がなぜこのような判断をしたのか、明確に語る史料はないが、本案件が二つの荘園の間で発生した相論であることから、伏見天皇は両荘園を管轄する二つの本所の間の裁判として取り扱おうとしたと推測される。

一方、【史料2】に見える平野殿荘下司平清重・惣追捕使願妙・子息清氏による年貢抑留事件では、永仁三年十月に雑掌が「被レ申二下　綸旨於武家一」よう公家政権に要求した後[30]、約半年を経た翌年四月にようやく「可二尋沙汰一之旨、可レ被レ仰二遣武家一」との伏見天皇の綸旨が発給され、関東申次西園寺実兼の施行を経て、六月に「為レ有二其沙汰一、可レ被レ催二上彼土民等一也」と使節深栖泰長に命じる六波羅御教書が発給された[31]。ここからは、綸旨→関東申次施行状→六波羅御教書という文書伝達ルートが明確化していることが分かる。しかし、綸旨に見える当初の指令内容はあくまで年貢抑留の「尋沙汰」であり、六波羅探題による「催上」も当事者への尋問を意図しての召喚と考えられることに注意すべきである。この段階ではまだ「違勅狼藉」の文言も見えないし、それを契機とした悪党召し捕りが行われているわけでもないのである。

さて、この動きに対して下司平清重・惣追捕使願妙は「両人共一乗院家御房人候、任二傍例一、可レ被レ申二本所一哉候覧」と本所一乗院経由の沙汰を主張し、それを受けて東寺雑掌は彼らの行為を違勅・本所違背と非難した。[32] 以後、訴論人双方で申状と陳状・請文の応酬が続き、この間に六波羅御教書の発給は計八回に及ぶこととなった。[33] 永仁五年末以降、平清重が使節の下向を求めるなど年貢収納に応じる姿勢を見せ、願妙・清氏も参洛の意向を示したので、[34] 東寺は改めて交名人を「召誡置」くよう六波羅探題に命じる「厳密　綸旨」の発給を要請した。[35] ところが、九月十二日の六波羅引付で年貢抑留訴訟が棄却されてしまったため、東寺は清重・願妙らを「違　勅悪行・本所敵対」の悪党として「召取」り「誡沙汰」するよう六波羅探題に命じる院宣の発給を要請した（【史料2】）。その結果、十二月に「早可レ誡二沙汰一之由、可レ被レ仰二武家一」という伏見上皇の院宣が発給され、翌年、関東申次西園寺実兼の施行を経て、「可レ被レ催二上彼輩一也」との六波羅御教書が発給されたのである。[36] この「誡沙汰」こそ、六波羅探題による実力での悪党逮捕を意味する文言と思われ、それを受けて発給された六波羅御教書は清重・願妙らへの出頭命令（「催上」）であったと考えられる。なおその後、五月までに願妙・清氏が六波羅探題のもとに参上し、願妙は惣追捕使職を改易される一方、清重は下司職にとどまったようである。[37]

以上の経過を見ると、本案件は当初、年貢抑留の「尋沙汰」という形で裁判が始められたが、年貢抑留訴訟の棄却により東寺雑掌が違勅狼藉・本所敵対を強調する形で再告訴した結果、公家政権より「誡沙汰」が命じられ、六波羅探題が当事者の召喚に動いたことが分かる。つまり、本案件は永仁六〜七年の時点で本所一円地悪党事件として位置づけられ、六波羅探題による院宣・綸旨の施行の手続きも、「違勅狼藉」を根拠とする悪党検断の方式として、この時点においてようやく形作られたのである。そして更に留意したいのは、本方式が「悪党召し捕りの構造」として機能することとなった背後に、悪党の排除と平野殿荘支配を確実なものにするべく、執拗に公家政権・六波羅探題に働きかける雑掌以下の東寺の訴訟運動が存在したことである。(38)荘園領主による所領支配の維持や収入の確保に向けた活動の結果として違勅院宣が発給され、悪党検断手続きが開始されたのである。

煩雑な考察となったが、以上二つの悪党事件から分かるのは以下の点である。それまで寺社紛争の鎮圧や京都の警固において機能していた六波羅探題による院宣・綸旨の施行システムは、鎌倉後期になると畿内・西国における個別の所領紛争にまでその範囲を拡大させた。その突破口となったのが悪党検断であった。しかしそれは、公武両権力が主体的につくりあげたものというよりも、悪党の鎮圧・排除と所領支配の維持を実現するべく六波羅探題の機構を発動させようとする訴訟当事者（荘園領主）側の執拗な訴訟運動・要求と、それに個別に対応することで事件の解決を図った公家政権・六波羅探題両者の動向の結果として形成されたものと考えるべきである。本所一円地悪党の検断方式の成立については、幕府法の制定にのみその根拠を求めるのではなく、むしろ個々の悪党事件での公武両権力による個別の対応の積み重ね・既成事実化の文脈で理解すべきではないかと考える。(39)

三　悪党検断方式の歴史的位置

ところで、近藤氏はこの悪党検断方式について、「公家裁判において召喚・裁許などなんらかの命令に違反する行為が生じたならば、当該の案件は検断事件として六波羅に移管しうる（中略）裁判の進行中に違勅狼藉が生じたならば、本来その案件が幕府の裁判管轄に属さなくても、六波羅への移管を求めうる」と述べている。(40)公家政権の裁判の過程で違勅狼藉が発生した場合に六波羅探題が院宣（綸旨）を受理して悪党検断に動くことを、氏は公家政権から六波羅探題への案件の「移管」と見ているのである。やや言葉尻をとらえるようであるが、本節ではこの「移管」という言葉に少しこだわってみたい。

そもそも、近藤氏が六波羅探題の院宣（綸旨）施行による悪党検断を訴訟案件の「移管」ととらえたのは、森茂暁氏の研究を念頭に置いていたからではないかと推測される。森氏は、南北朝期に公家政権が雑訴を受理・裁許し、その裁決を室町幕府に執行させることを「勅裁の遵行移管」と呼んだ。(41)森氏はこれを踏まえて、鎌倉期における六波羅探題・幕府の院宣（綸旨）施行についても、「関東申次の施行状は勅裁を武家側に移管して、これを執行させるためのキーとなる手続き文書である(42)」、「判決（勅裁）の確固たる執行機構を持たぬ王朝にとって、幕府のそれに依存することは無理からぬところであり、ために王朝が受理した訴訟そのものが幕府や六波羅に移管されることとなった(43)」などと述べたのである。また外岡慎一郎氏も、訴訟当事者が六波羅探題・幕府による案件処理を公家政権に要求する際、関東と六波羅探題との「移管先の選択」を行っているとして、それぞれに「移管」される訴訟案件の内容を分析している。(44)このように、森・外岡両氏は公家政権に提起された訴訟案件やその執行が武家に「移管」されたととらえているのであり、近藤氏もこれらの先行研究の見方に依拠して「移管」という語を用いたものと思われる。

この言葉に特にこだわるのは、公家政権に提起された訴訟案件が六波羅探題に「移管」されるという把握の仕方が、幕府権力による王朝の諸権限の吸収という、佐藤進一氏の研究によって提起された論の枠組みと密接に関わるからである。(45)それは、森氏が「勅裁の遵行移管」の事例の消滅をもって室町幕府による王朝権力接収の完了ととらえていることからも明白である。(46)しかも、勅裁の遵行移管の消滅を、鎌倉末期～南北朝期における中央権力の在地への権力発動・命令伝達の系統（公家政権→幕府→守護→守護代→地頭）が形骸化する第一段階と考える見解もあるのである。(47)

しかし、悪党検断に関する六波羅探題の院宣（綸旨）施行は、果たして公家政権から六波羅探題への訴訟案件の「移管」なのであろうか。

この点に関してまず指摘しておきたいのは、公家政権と六波羅探題との間に、検断実施をめぐる双方向の連絡ルートが存在したことである。この現象は鎌倉中期以降、寺社紛争の処理における張本の検断でまず確認される。(48) 例えば宝治元年（一二四七）五月、高野山大伝法院衆徒による狼藉について「召二出張本之輩一、尋二究罪科軽重一、可レ言二上一」とする後嵯峨上皇の院宣が発給され、これを受理した六波羅探題は現地に雑色を派遣し、紀伊国守護代・守護使に容疑者の「催上」を命じた。(49) 後嵯峨上皇が六波羅探題に張本の召喚と取り調べを命じていること、その結果を六波羅探題から院に「言上」するルートが形成されていることが分かる。この院宣に見える案件は、仁治三年（一二四二）七月に高野山金剛峯寺衆徒が大伝法院を焼き討ちした事件と関連するものであるが、焼き討ち直後にも公家政権が金剛峯寺検校明賢ら張本十人を、続いて六波羅探題が金剛峯寺宿老二十六人を召喚し、以後六波羅探題が尋問と罪刑執行を行っており、(50) 公家政権と六波羅探題とが連携して容疑者の逮捕・処罰に当たっていることがうかがえる。

また、弘安二年（一二七九）五月に勃発した石清水八幡宮神人の嗷訴では、石清水側が処罰を要求した日吉社末寺赤山神人蓮法法師らの使庁による召喚が失敗したため、亀山上皇が関東申次西園寺実兼を介して六波羅探題に蓮法の逮捕を命じた。六波羅探題は容疑者の身柄が確保されると事情聴取を行い、その内容を奏聞した。五月二十一日に開催された院評定で蓮法の断罪について審議がなされ、事件の原因をよく追究すべきという意見も出されたが、結局は処罰を早急に行うべきとして遠流の決定が下された。これを受けて、六波羅探題は蓮法を薩摩国に配流した。(51) 以上から、公家政権が六波羅探題に容疑者の召し捕りを命じ、六波羅探題が容疑者を拘束・尋問してその結果を公家政権に報告するルートが確立していること、処罰に関しても、公家政権が罪科を決定して六波羅探題に指令を発し、六波羅探題は指令に従って罪科を執行していることが分かる。こうした寺社紛争の処理における公家政権と六波羅探題の密接な連携は、幕府の滅亡時まで続いたと推測される。

更に鎌倉後期には、右のような検断の実施をめぐる両者の意思疎通と連携の関係は個別の刑事事件においても萌芽していた。文永四年（一二六七）十一月に多武峯九品院の院主であった良性が殺害された事件では、建治二年（一二七六）に良性舎弟の良算が関白・氏長者鷹司兼平より遺領の領掌を認める長者宣を獲得するとともに、良性殺害犯を「悪党人」として公家政権に告訴した。亀山上皇は「可レ尋二究犯否一」との院宣を六波羅探題に発し、六波羅探題は交名人を召喚した。そのうち慶敏は命令に従わず抵抗を続けたものの、慶弁・英尊の二人は上洛・出頭し、取り調べで犯行を自供した。六波羅探題が「白状」などの報告書を奏聞すると、院はこれらを明法家に下して罪名勘申を行わせ、それに基づき容疑者を配流に処することに決定したのである(52)。

では、当該期の本所一円地悪党事件の処理において、公家政権と六波羅探題との関係はどうなっていたのであろうか。ここで再び注目したいのが伊賀国黒田荘第一期悪党事件である。東大寺三綱らが弘安九年（一二八六）に公家政権に提出した申状(53)によると、先の衆徒の告訴を受けて、亀山上皇が「召二出彼輩一殊可レ加二炳誡一」との院宣を発給すると、六波羅探題は悪党とされた大江清定および服部康直・清直らを召し出し、在京人に身柄を預けた。ところが、逮捕後も清定・康直らが醍醐路で山賊を働いたり洛中で強盗を行ったりするなど違法行為が絶えなかったため、衆徒が改めて奏聞した結果、「任二申請一可レ被レ処二流刑一」とする「厳密　院宣」が発給された。これにより、六波羅探題は改めて大江清定の身柄を拘束した後、出雲国に配流した。以上においても、公家政権が六波羅探題に悪党の逮捕や刑罰執行の指令を発しており、一方の六波羅探題は悪党拘束・刑罰執行といった実行のパートを受け持っていることが分かる。悪党検断に際しての公家政権・六波羅探題間における双方向の意思疎通ルートと両者の一体的な関係がうかがえる。

ところで、この過程において注目したいのは東大寺側のとった行動である。右の申状によると、東大寺は犯人の「預人」であった在京人が服部康直・清直をなかなか召進しなかったことを「悪党扶持之咎」と非難し、関東への注進を求めるとともに、康直・清直については「別御使」を派遣して召し捕るよう要求している。また、出雲国に配流された大江清定については、罪刑がきちんと実施されたかどうか確認するべく「配国下着之請取」を受け取りたいと述べている。そもそも、「厳密　院宣」に示された悪党流刑の決定そのものが衆徒の「申請」に基づくものであった。そして本申状提出に当たり、学侶は閉門籠居によって仏神事の退転をちらつかせ、公家政権に圧力をかけているのである。このように、東大寺は悪党に対する徹底した措置を公武両権力に要求していることが分かる。

更に注目されるのは、事件処理の過程において六波羅探題が、「今此悪党流罪之条度々被㆓仰下㆒之間、載㆓配国名字㆒、可㆑申㆓成　院宣㆒之由、武家評定畢云々」と、悪党の配流先を記した院宣の発給を求めることを評定で決定したこと、およびこれを受けて、東大寺衆徒が清定・康直・清直らにつき「今明忩可㆑流㆓遣隠岐・佐渡・薩摩三箇国㆒旨」の院宣の発給を要求したことである(54)。度重なる公家政権からの処罰命令に対して、六波羅探題は自らの命令履行の確固たる根拠とするべく、配流先を確定し処罰内容を明確化させた院宣の発給を求めたのである。そして、東大寺はこの六波羅探題の決定をもとに、悪党の配流先を具体的に指定して処罰を求めているのである。先の多武峯九品院院主殺害事件では、明法官人が提出した勘文に基づいて罪刑が決定されていたが、黒田荘悪党事件ではそのような勘文は見られず、処罰内容は事実上東大寺の意向に左右されているのである。

このように、黒田荘悪党の配流は、訴訟当事者である東大寺の要求がほぼそのまま実現したものであった。公家政権・六波羅探題は、東大寺側の意思に沿う形で案件の決着を図ったのである。そして、この時の公家政権と六波羅探題が連携して悪党を処分するあり方が、以後、悪党事件が頻発する中で手続きとして固まっていたのではないかと考えられる。時期はやや下るが、黒田荘第二期悪党の張本である覚舜・大江清高らが六波羅探題によって拘束された後、その「罪名」について「武家状幷使者申詞等」が奏聞され、「件輩可レ処二流刑一之旨、可下令レ仰二遣武家一給上」とする後醍醐天皇の綸旨が発給されており[55]、悪党処分をめぐる公家政権と六波羅探題の連絡・連携の関係がここにもうかがえるのである。

　以上の分析結果をまとめると、公家政権と六波羅探題との間において、悪党検断をめぐる意思伝達のルートと緊密な連携の関係が確立していた。それは、①公家政権が六波羅探題に悪党の召し捕りを命じる、②六波羅探題はその指令を執行して容疑者を逮捕し、罪状の取り調べを行って結果を奏聞する、③報告を受けた公家政権は、悪党の罪科を決定して六波羅探題に指令を下す、④六波羅探題がその処分内容を執行するというものであった。このような両者の一体的なあり方は当初、寺社紛争の処理における張本の検断として行われ始めたものが、鎌倉後期に悪党の追捕・処罰にまで実施の範囲を拡大させたものと推測される。ただ、その拡大は公武両権力自身によって主体的になされたものではなく、悪党の鎮圧・排除と所領支配の維持・確保を求める訴訟当事者（荘園領主）側の徹底的かつ執拗な訴訟運動によって実現したものであった。公武両権力はあくまで、荘園領主の動きに個別に対応していたと考えるべきである。

　このように見ると、鎌倉後期における本所一円地悪党の検断方式は、当該期において公家政権と六波羅探題がいわば一体となって行われた検断手続き全体の中で位置づけられるべきではないかと考えられる。そして、公家政権から六波羅探題への訴訟案件あるいはその遵行の「移管」という表現は、両者間における追捕から処罰に至るまでの一連の検断手続きの過程を視野に入れておらず、不適切ではないかと思われる[56]。

おわりに

以上、まとまりを欠く雑駁な議論となったが、本章の内容を改めてまとめておきたい。

六波羅探題による院宣・綸旨の施行は、当初は寺社紛争の鎮圧や京都の警固においてなされていた。ところが、鎌倉後期に施行の対象となる範囲が拡大し、悪党事件をはじめとする畿内・西国の個別の紛争においても、院宣・綸旨を六波羅探題が施行するようになった。本所一円地悪党の検断方式もこの流れの中で成立したものと考えられる。しかし、それは幕府法の制定など公武権力の主体的な動きによって成立したと言うよりも、個々の悪党事件において公家政権・六波羅探題が個別に対応することで蓄積された処理の先例が既成事実化した結果として制度化したものと考えるべきである。そしてその背景には、悪党の鎮圧・排除と所領支配の維持・再構築を目指す訴訟当事者（荘園領主）側の徹底的かつ執拗な訴訟運動が存在したのである。このような、悪党の召し捕りから処罰に至るまでの一連の過程は、鎌倉時代の寺社紛争における張本の検断と同様の手続きで行われた。公家政権と六波羅探題が密接に連携して行われた検断手続き全体の中に、鎌倉後期における本所一円地悪党検断の方式も位置づけることができるのである。

さて、このように考えると、幕府権力による公家政権の諸権限の接収という、当該期政治史に関する通説の枠組みに対しても疑問が生じよう。近年の南北朝・室町期公武関係史研究では、当該期に室町幕府によって北朝の持つ諸権限の吸収が次第に進み、足利義満期に完了して公武統一政権の確立に至るという、佐藤進一氏以来の学説に対する批判がなされ、再検討が進みつつある。[57] 佐藤氏が、幕府の王朝権力吸収の指向は十三世紀後半のモンゴル襲来を転機に起こると述べていることを考えれば[58]、鎌倉期に関しても、右の権限吸収論批判の成果を踏まえ、旧説の認識の枠組みを再検討すべき段階にあると思われる。

例えば西田友広氏は、鎌倉後期に悪党問題が本所の手に負えなくなり、また「悪党召し捕りの構造」の成立によって、公家政権による悪党の断罪も六波羅探題の武力によってしか実現されなくなる中で、本所の要請による衾宣旨（公家政権による犯人追捕命令文書）の発給が減少する一方、六波羅探題の悪党追捕命令文書が衾御教書と呼ばれるようになったとして、幕府が公家政権の有していた国家的検断権（諸国守護権）の統合を進めたと主張する。(59) しかし、幕府検断の優位化の流れという観点でのみ本所一円地悪党検断方式とその成立を見るという説明の仕方は、公家政権と六波羅探題（・幕府）が一体となって悪党処分に当たるという現実の検断のあり方を視野に入れられておらず、両者の関係のとらえ方としては不充分なものと言わざるを得ない。(60) 西田氏の議論も、旧説の枠組みを大きく超えるものではないように思われる。少なくとも、本所一円地悪党検断方式が実際の検断の局面でどのように稼働・機能したのか、また、本方式も含む鎌倉後期の勅命施行によって当該期社会にいかなる影響・結果がもたらされたのかを丁寧に考察し、当該期の公家政権と六波羅探題との関係の中に正確に位置づける必要があると考える。章を改めて、この点について更に検討を進めることとしたい。

〔注〕

（1）　森茂暁『増補改訂　南北朝期公武関係史の研究』（思文閣出版、二〇〇八年、初刊一九八四年）第四章、同『鎌倉時代の朝幕関係』（思文閣出版、一九九一年）第一・三章。

（2）　外岡慎一郎「鎌倉後期の公武交渉について―公武交渉文書の分析―」（『敦賀論叢』一、一九八七年）。

（3）　近藤成一「悪党召し捕りの構造」（永原慶二編『中世の発見』吉川弘文館、一九九三年。以下、近藤A論文と記す）。なお近藤A論文では、院・天皇は治天の君の立場で六波羅探題に悪党召し捕りを命じるとされているが、後に氏は、両統迭立期に治天の君でない上皇が違勅院宣の発給主体となる場合があることを指摘している（同「両統迭立期の院宣と綸旨」鎌倉遺文研究会編『鎌倉遺文研究Ⅰ　鎌倉時代の政治と経済』東京堂出版、一九九九年。以下、近藤B論文と記す）。この点は、悪党検断の指令主体の性格、ひいては鎌倉末期の王権（王家）の性格や六波羅探題・幕府との関係を探る素材として非常に興味深い。後考を期したい。

（5）拙稿「鎌倉後期の勅命施行と六波羅探題」（『ヒストリア』一六七、一九九九年。改題・改稿の上、本書第六章に収録）。

（4）海津一朗『中世の変革と徳政―神領興行法の研究―』（吉川弘文館、一九九四年）。

（6）ただし、悪党の検断に際して「違勅院宣（違勅綸旨）」・「衾御教書」が発給されたこと自体は、羽下徳彦氏の幕府検断研究において既に指摘されている（同「「検断沙汰」おぼえがき」（一）～（四）〈『中世の窓』四～七、一九六〇年〉、同「室町幕府初期検断小考」〈宝月圭吾先生還暦記念会編『日本社会経済史研究　中世編』吉川弘文館、一九六七年〉）。

（7）近藤A論文三一頁。

（8）永仁三年三月日大和国平野殿荘雑掌弁性申状案（東寺百合文書と、『鎌倉遺文』二四―一八七九四）。本史料は『中世法制史料集第一巻　鎌倉幕府法』の参考資料補遺第九条として採録されている。

（9）永仁六年十月日大和国平野殿荘雑掌重実重申状（東寺百合文書ネ二二、『鎌倉遺文』補・東寺二―三九七。一部、京都府立総合資料館所蔵原本の紙焼き写真により訂正）。本史料は『中世法制史料集第一巻　鎌倉幕府法』の参考資料第二九条として採録されている。

（10）近藤A論文三二頁。近藤B論文二〇〇～二〇二頁にも関連する指摘がある。

（11）近藤B論文では、この関東事書が違勅院宣（違勅綸旨）の効力を普遍的に規定したものではなく、何らかの具体的な事件の処理のために定められた可能性があり、その事件が平野殿荘悪党事件である可能性も高いと述べられている（二〇一頁）。右のとおりであればなおさら、この幕府法は訴人である東寺雑掌の主張の根拠として提出されていなければならないはずであろう。しかし、それは管見の限り見出せないのである。なお、氏の右の所見は、幕府法がその時に直面している特定の具体的訴訟を解決するための手段として立法されるという性格を持つとする笠松宏至「中世法の特質」（同『日本中世法史論』東京大学出版会、一九七九年、初出一九六三年）の見解をもとにしていると推測される。

（12）平野殿荘悪党事件の詳細については、網野善彦「大和国平野殿荘」（同『中世東寺と東寺領荘園』東京大学出版会、一九七八年、初出一九五七年）、小泉宜右「東寺領大和国平野殿庄の悪党」（『国史学』七〇、一九五八年）、高木徳郎「荘園制展開期における山野の「領有」と相論―大和国平野殿荘における山野相論を事例に―」（同『日本中世地域環境史の研究』校倉書房、二〇〇八年、初出二〇〇二年）などを参照。

（13）『中世法制史料集第一巻　鎌倉幕府法』には、古文書等の文中に法文またはその趣旨が引用されている類の幕府法は「参考資料」として収められている。しかし、その解題において、このような追加の佚文史料は「格段の信憑性の低さがつきまとう」ものであり、極端には「全く虚構の追加を引用する場合」もあり、また引用者が取意節略の場合には「多少とも引用者の主観の入ることは免れ難」く、部分引用の場合でも「一部強調による歪曲の可能性」もあるとして、「その一つ一つについての検討が必要」であると注意が喚起されている（同書四四五・四四六頁）。【史料1】・【史料2】に引用された関東事書が「虚構」・「歪曲」であると言い切ることはできないが、右の指摘を踏まえるならば、この関東事書についても実在の可能性からまず疑ってみる必要があると思われる。

（14）本書第一章「六波羅探題の成立と公家政権」、第四章「鎌倉時代の寺社紛争と六波羅探題」。

（15）伊賀国黒田荘悪党事件については、小泉宜右「伊賀国黒田庄の悪党」（稲垣泰彦・永原慶二編『中世の社会と経済』東京大学出版会、一九六二年）、稲葉伸道「黒田荘」（『講座日本荘園史』六、吉川弘文館、一九九三年）などを参照。

（16）弘安五年十月日東大寺衆徒等申状案（東大寺文書一―一―二二、『大日本古文書　東大寺文書之十』六三号〈以下「『大日本古文書』六三」のように略記する〉）。

（17）弘安五年十月日東大寺衆徒等申状案（東大寺文書第一回採訪ノ二）。

（18）佐藤進一『鎌倉幕府訴訟制度の研究』（畝傍書房、一九四三年。復刊・岩波書店、一九九三年）第三章第三節「検断沙汰機関」。

（19）佐藤前掲注（18）論文。実際、文永二年（一二六五）に伊賀国守護代平家政が正嘉二年（一二五八）の悪党禁遏令（鎌倉幕府追加法三二〇条）を施行し、黒田荘の荘家に悪党の引き渡しを求めたが、荘家沙汰人はこれを拒否している（文永二年六月日伊賀国守護代平家政子息政氏重申状〈内閣文庫所蔵伊賀国古文書、『鎌倉遺文』一三—九三〇五〉）。

（20）弘安九年十一月日東大寺三綱等申状案（東大寺文書一—一—三、『大日本古文書』六四）。

（21）正安二年四月日東大寺衆徒等重申状土代（東大寺文書一—一—一六、『大日本古文書』七一）。

（22）徳治二年九月日東大寺衆徒等重申状土代（東大寺文書一—一—三五、『大日本古文書』七四）、正和三年三月日東大寺衆徒等重申状土代（東大寺文書一—一—二〇、『大日本古文書』八四）。ただし後者によると、伏見上皇院宣の発給は正安二年八月二十五日とされているが、前者では、六波羅探題の召文の最初の日付は同年八月十四日となっている。

（23）年月日未詳伊勢国松山御厨雑掌申状（神宮文庫蔵三条家古文書、『鎌倉遺文』二五—一九二五二）。

（24）年月日未詳（永仁四年）摂津親景代承経重申状（今江広道「宮内庁書陵部所蔵『実躬卿記嘉元四年五月巻』紙背文書」〈『古文書研究』一二、一九七八年〉）。この事件については、森幸夫「平頼綱と公家政権」（『三浦古文化』五四、一九九四年）、本書第六章「勅命施行にみる鎌倉後期の六波羅探題」を参照。

（25）正応六年正月日大和国平野殿荘百姓等申状案（東寺百合文書と、『鎌倉遺文』二三—一八一〇一）。

（26）正応六年正月二十一日・四月十三日・六月一日伏見天皇綸旨案（東寺百合文書と、『鎌倉遺文』二三—一八〇九五・一八一六九・一八二一五）。

（27）永仁二年三月日大和国平野殿荘百姓等重申状案（東寺百合文書と、『鎌倉遺文』二四—一八五一二）。

（28）永仁二年三月十五日・八月十八日伏見天皇綸旨案（東寺百合文書と、『鎌倉遺文』二四—一八五〇五・一八六三二）。

(29) 永仁三年四月七日伏見天皇綸旨案（東寺百合文書と、『鎌倉遺文』二四―一八七九八）。
(30) 永仁三年十月日大和国平野殿荘雑掌尚慶申状土代（東寺百合文書と、『鎌倉遺文』二五―一八九二二）。
(31) （永仁四年）四月七日伏見天皇綸旨案（東寺百合文書と、『鎌倉遺文』二五―一九〇四四）、（同年）四月九日西園寺実兼御教書案（同右、『鎌倉遺文』二五―一九〇四七）、同年六月六日六波羅御教書案（同右、『鎌倉遺文』二五―一九〇八五）。
(32) （永仁四年）九月十四日大和国平野殿荘下司平清重・惣追捕使願妙請文案（東寺百合文書と、『鎌倉遺文』二五―一九一三九）、同年十月日大和国平野殿荘雑掌尚慶申状案（同右、『鎌倉遺文』二五―一九一七七）。
(33) 永仁四年六月六日・八月十日・十月二十五日・同五年九月七日・十一月二日・十二月十四日・同六年三月九日・四月十五日六波羅御教書案（東寺百合文書と、『鎌倉遺文』二五―一九〇八五・一九一〇七・一九一六七・二六―一九四四六・一九五二一・一九五五九・一九六二三・一九六五三）。
(34) （永仁五年）十二月二十七日大和国平野殿荘下司平清重請文（東寺百合文書と、『鎌倉遺文』二六―一九五五三）、年月日欠（永仁六年正月）大和国平野殿荘下司平清重書状（同右、『鎌倉遺文』二六―一九五八二）、同年五月十八日大和国平野殿荘下司平清重請文案（同右、『鎌倉遺文』二六―一九六八四）、（同年）五月十八日大和国平野殿荘願妙・清氏請文案（同右、『鎌倉遺文』二六―一九六八五）。
(35) 永仁六年六月日大和国平野殿荘雑掌聖賢重申状（東寺百合文書と、『鎌倉遺文』二六―一九七三二）。
(36) （永仁六年）十二月廿□日伏見上皇院宣案（東寺百合文書ネ一五九ノ一、『鎌倉遺文』補・東寺二―四〇一）、（永仁七年）正月九日西園寺実兼御教書案（東寺百合文書ネ一五九ノ二、『鎌倉遺文』補・東寺二―四〇五）、永仁七年二月二十四日六波羅御教書案（東寺百合文書ヨ六〇、早稲田大学大学院中世史ゼミ「『鎌倉遺文』所収「東寺文書白河本」の校訂」（４）〈『鎌倉遺文研究』四、一九九九年〉一六八号）。
(37) 永仁七年四月日大和国平野殿荘雑掌重申状（東寺百合文書京二二、『鎌倉遺文』補・東寺二―四〇八）、正安元年五月二十四日六波羅御教書案（東寺百合文書ひ四、『鎌倉遺文』補・東寺二―四〇九）、同年八月二日東寺供僧評定事書（東寺百合文書ネ二三、『鎌倉遺文』補・東寺二―四一一）。

(38) 東寺雑掌は、下司平清重・物追捕使願妙らを糾弾するだけでなく、六波羅探題の下知をきちんと履行しようとしない使節の緩怠も追及し、自己の要求の貫徹を図っている（永仁五年十二月九日平野殿荘雑掌聖賢重申状案〈東寺百合文書と、『鎌倉遺文』一二六―一九五五六〉）。

(39) もちろん、幕府法の制定がなかったとしても、六波羅探題が関東の特段の指示がなくとも公家政権からの命令をもとに本所一円地悪党の検断を行うことについて、幕府の暗黙の了解はあったと考えられる。大和国では建治年間以降、興福寺からの要請を受けて幕府が悪党退治への関与を強めていたという（渡辺澄夫「大和の悪党―弘安八年大和一国落書を中心として―」〈同『増訂　畿内庄園の基礎構造　下』吉川弘文館、一九七〇年、初出一九六〇年〉、西田友広「鎌倉幕府の検断と権門寺院」〈同『鎌倉幕府の検断と国制』吉川弘文館、二〇一一年、初出二〇〇四年〉）。幕府はモンゴル襲来への対応と並行して、国内の治安維持、特に悪党の鎮圧を志向していた。こうした当該期における悪党鎮圧方針を背景に、幕府も本所一円地悪党の検断に関する六波羅探題の院宣・綸旨施行を黙認していたのではなかろうか。

(40) 近藤A論文三二一～三三頁。

(41) 森茂暁前掲注(1)『増補改訂　南北朝期公武関係史の研究』四七一頁。ちなみに、同書の第四章第一節第二項の題は「朝廷より幕府へ―遵行の移管―」である。また「朝廷に提出された訴に対し、朝廷がこれを受理・裁許し、その遵行についてはこれを幕府に移管するもの」（同右著書三六二頁）などの叙述も見える。

(42) 森茂暁前掲注(1)『鎌倉時代の朝幕関係』一四五頁。

(43) 森茂暁前掲注(1)『鎌倉時代の朝幕関係』二八八頁。

(44) 外岡前掲注(2)論文五四頁。この論文の第二章・第三章の副題はそれぞれ「関東移管の訴訟」・「武家移管の訴訟」である。

(45) 佐藤進一「室町幕府論」（同『日本中世史論集』岩波書店、一九九〇年、初出一九六三年）、同『日本の中世国家』（岩波書店、一九八三年）。

(46) 森茂暁前掲注(1)『増補改訂　南北朝期公武関係史の研究』四七二頁。

(47) 古澤直人「公方の成立に関する研究―史料に探る「中世国家」の展開―」（同『鎌倉幕府と中世国家』校倉書房、一九九一年）。
(48) 以下の二つの事例は、本書第四章「鎌倉時代の寺社紛争と六波羅探題」でも検討した。
(49) 宝治元年五月十三日六波羅御教書案（『根来要書』中、『鎌倉遺文』九―六八二八）。
(50) 『南海流浪記』（『群書類従』巻三三〇）。
(51) 『吉続記』弘安二年五月七日・二十一日条、『花園天皇日記』正和三年閏三月四日条。
(52) 年月日未詳九品院院主良算重申状（『勘仲記』弘安六年十・十一月巻紙背文書）。この事件の場合、亀山上皇の院宣の指令内容は容疑者の尋問と犯行の有無の調査であるが、公家政権―六波羅探題間相互の意思伝達のルートが存在することは明らかである。なお、文書の校訂全文および事件の内容については、本書付論「鎌倉後期多武峯小考―『勘仲記』裏文書にみえる一相論から―」を参照されたい。
(53) 前掲注(20)史料。
(54) 年月日未詳東大寺衆徒等重申状案（東大寺文書一―一―三、『大日本古文書』六四・紙背文書(1)）。文書中に「五箇年之群訴于今不レ達」という記述があることから、本文書が成立したのは弘安九～十年頃と推測される。前掲注(20)史料では大江清定の配流先は出雲国とされており、本文書と一致しないが、本文書が黒田荘第一期悪党事件に関連して作成されたことは間違いないであろう。
(55) （嘉暦三年ヵ）十月十四日後醍醐天皇綸旨案（東大寺文書一―一―一三四、『大日本古文書』一〇七）。
(56) なお西田友広氏は、衾御教書を六波羅探題の検断沙汰を経て発給される検断執行（悪党追捕）命令文書とし、「悪党召し捕りの構造」は右の衾御教書発給に至る手続きのうちで本所一円地の訴訟が経由するものであると主張する（同「衾宣旨と鎌倉幕府」〈同前掲注(39)著書、初出二〇〇三年〉）。この指摘は、衾御教書を本所一円地悪党検断の場面だけでなく幕府の検断手続き全体の中でとらえたものとして注目される。しかし、本章での考察を踏まえれば、違勅院宣・違勅綸旨と衾御教書が発給される本所一円地悪党検断のシステムは、六波羅探題成立以降形成されてきた、公家政権と六波羅探題とが一体となって行う検断の手続きの中にこそまず位置づけられるべきではなかろうか。

(57) 松永和浩『室町期公武関係と南北朝内乱』(吉川弘文館、二〇一二年)など。

(58) 佐藤前掲注(45)『日本の中世国家』。

(59) 西田前掲注(56)論文。

(60) この視角については、市沢哲『日本中世公家政治史の研究』(校倉書房、二〇一一年)序章も参照。ちなみに西田氏は、鎌倉後期に衾宣旨が幕府によって施行されている事例を紹介し、「悪党召し捕りの構造」との類似性を強調している(同前掲注(56)論文)。しかし、氏自身が明らかにしているように、衾宣旨の効力は幕府だけでなく寺社など自力救済能力を持つ個々の自立的集団によって担保されているのであるから(西田「衾宣旨とその効力」〈同前掲注(39)著書、初出二〇〇三年〉)、国司・寺社本所によるケースも含めて衾宣旨の伝達・施行の方式とその実態を丁寧に分析する必要がある。その上で、氏が衾宣旨と同じく違勅認定の機能を持つとした違勅院宣(違勅綸旨)との比較を行うべきであろう。なお、西田前掲注(39)著書については、拙稿書評(『日本歴史』七七八、二〇一三年)も参照されたい。

第六章　勅命施行にみる鎌倉後期の六波羅探題

一　問題の所在

本章は、鎌倉後期の畿内近国の個別所領における訴訟案件に関して院または天皇が発した指令を六波羅探題が施行する方式について、実態的な側面から検討し、そこにうかがえる六波羅探題の歴史的位置を明らかにすることを目的とする。

序章および前章でも触れたように、鎌倉後期の本方式自体について最初に本格的な分析を行ったのは森茂暁氏である。氏は、南北朝期の室町幕府による北朝の勅裁（院宣・綸旨）の遵行について検討した際、この制度が鎌倉期以来の伝統的方式を継承したものであったことを指摘していた[1]。氏は続けて、鎌倉期に遡ってその成立時期を探り、関東申次の施行状を介してなされる公家政権から幕府・六波羅探題への指令伝達の方式が、西園寺実兼が関東申次であった建治・弘安年間に確立したことを明らかにした[2]。

この森氏の研究とは異なる視点から公武交渉の特色を追究し、本方式における六波羅探題の役割について検討したのが外岡慎一郎氏である。氏は、訴訟当事者が公家政権への提訴に際して、幕府（「関東」）と六波羅探題（「武家」）のどちらを院宣（綸旨）の伝達先とするのかを選択していたことに注目し、西国における訴訟案件をめぐる幕府と六波羅探題の所轄関係を分析した。その結果、六波羅探題は所管国内で発生した殺害・刃傷・押領・年貢抑留などの犯罪に関する案件を管轄したこと、その場合、院宣（綸旨）を受けた六波羅探題が関東の指示を仰ぐことなくその趣旨を執行しており、六波羅探題が幕府の指令を受けて所轄の諸国に伝達する役割に加えて、王朝権力の意思を強制執行する役割を担っていたことを明らかにした(3)。

右の外岡氏の指摘や成果を受けて、森氏も公武交渉における六波羅探題の役割について更に事例の紹介と検討を進めた。氏は、六波羅探題の畿内・西国における裁判・支配（「西国成敗」）に関して、関東の直接支配に関わる事案についてはその指示を仰いだり注進を行ったりする一方で、六波羅探題が公家政権の西国支配権と深く関わりながら独自の活動を行っていたと主張した。具体的には、文永～弘安期の社会変動や建治三年（一二七七）の北条時村の六波羅探題就任を契機として、公家側から伝達された訴訟案件を関東の介在なしで六波羅探題が処理する方式が定着したこと、六波羅探題が自らの所轄する案件に関して訴訟手続き上の文書を朝廷や公家権門とやりとりするなど独自の裁量で訴訟を指揮し、王朝の裁判権を合法的に蚕食していったことを指摘した(4)。

両氏の研究は、鎌倉後期に六波羅探題が、院宣・綸旨に記された公家政権の意思を関東の介在なしで施行するなど、畿内・西国の訴訟案件の処理において公家政権と関わりつつ独自の役割を果たしていたことを明らかにした点で貴重な成果と言えよう。

しかし、森氏の本制度に対する主な関心は、発給文書の書式・伝達ルートや差出・宛所の人物といった文書伝達の仕組みとその変遷にあり、外岡氏も六波羅探題が管轄する訴訟案件の内容とそれをめぐる関東との所轄関係を解明するにとどまっている。両氏ともに、六波羅探題による公家政権の意思の施行の実態的側面について充分に検討しているとは言いがたいのである。具体的には、①公家政権の指示を受けて六波羅探題が取り扱う紛争や裁判の性格・実態、あるいはその訴訟当事者の性格、②公家政権より六波羅探題に伝達される指令の内容、あるいはその指令を受けて六波羅探題が果たす機能、③六波羅探題が公家政権の指令を施行した結果や、それにより当該期社会にもたらした影響が差し当たり問題となると考える。本章では、右の三点を中心に考察することとしたい。

なお②に関しては、近年の悪党研究の成果が注目される。近藤成一氏は、院（天皇）が六波羅探題に悪党召し捕りを命じる院宣（綸旨）を発給し、関東申次の施行を介してそれを受理した六波羅探題が、使節に御教書を下してその趣旨を実行するというプロセスを「悪党召し捕りの構造」と定式化した。(5) 氏の研究は、森・外岡両氏が留意してこなかった本方式の機能に着目し、それを悪党検断ととらえた点で重要である。そうであるとすれば、当該システムは実際にどの範囲の問題まで運用されていたのか、六波羅探題が悪党検断の機能を担うことにより、いかなる効果が当該期社会にもたらされたのかといった実態面の検討が次の課題となるだろう。

さて、次に問題としたいのは、鎌倉後期の公武関係、特に公家政権と六波羅探題の関係に関する外岡・森両氏の評価についてである。外岡氏は、公家政権の指示を受けて関東が施行する訴訟案件の中に北条氏との関係からなされるもの（港湾・関所などの海上交通路関係、禅宗寺院関係）が見られることを指摘し、得宗を中核とする北条氏権力が院（王朝権力）の支配権が及ぶ西国に私的権益の拡大を図ったところに権門体制的公武協調路線の破綻の原因があるとする。(6) しかし、鎌倉幕府滅亡に関する右の展望は、関東の管轄する訴訟案件の内容から導き出されたものであり、議論が六波羅探題管轄のそれの特色と有機的に結びつけられていない。氏は、西国に対する院（王朝権力）の支配権が幕府滅亡に至るまで六波羅探題の全面的協力のもとに存続したとする。そうであるとすれば、なぜ六波羅探題が後醍醐天皇と結んだ討幕軍の攻撃対象となったのかを説明する必要があるだろう。

一方、森氏は、鎌倉期の公武関係を必然的に対立とみなす先入観を持ってはならず、両者持ちつ持たれつの関係も深かったこと、その中で公武関係が幕府の絶対的主導のもとに整序され、幕府の支配機構に対する公家側の依存も強まったことを指摘する。(7) 氏の評価は、当該期を公武協調、あるいは幕府の朝政干渉の強化、統一権力への志向の時期ととらえる通説とも通じるものであるが、問題はこの認識が多分に予定調和的なことである。この点は、「六波羅は西国における王朝権力の意志を代行するとともに、王朝の裁判権を合法的に蚕食する一面を持った」という氏の指摘(8)に示唆的である。つまり、公家政権の裁判や検断などに関する諸権限が次第に鎌倉幕府・六波羅探題に蚕食され、南北朝末期に室町幕府に完全に吸収されて公武統一政権に至るという流れが、氏の議論の中に所与の前提として設定されてしまっているのである。(9) だが言うまでもなく、この時期の政治・社会は悪党の蜂起、荘園制の動揺、鎌倉幕府の滅亡、建武政権の成立と崩壊、南北朝内乱の全国的展開という複雑かつ矛盾に満ちた過程であった。そうであるとすれば、当該期の公武関係を単純に幕府による公家政権の権限吸収の過程と決めつけるわけにはいかない。公家政権と六波羅探題との関係に即して言えば、単に協調関係ととらえるだけでなく、六波羅探題が現実の制度の稼働や権力行使の局面において、公家政権とどのような関係を保ちながら、いかなる活動をしていたのかを究明していく必要があるだろう。(10)

このように考えた時、六波羅探題による院宣（綸旨）の施行の実際の局面に焦点を据えて考察することは、六波羅探題が当該期の複雑な政治・社会情勢にどのように巻き込まれ、なぜ真っ先に滅ぼされることになったのかを探る有効な方法となるのみならず、六波羅探題が当該期の国家や畿内・西国社会に占めた位置を浮き彫りにするものと考える。

そこで本章では、鎌倉後期において六波羅探題が公家政権の指令を施行するシステムの実態について、その前提である裁判・紛争の内実や訴訟当事者の性格、および施行の現実のあり方や影響・効果を中心に検討し、その歴史的意義を明らかにしたい。そしてその作業を通して、六波羅探題が当該期社会に占めた位置について考察したい(11)。

なお、第一・四章で検討したように、院または天皇の指令が六波羅探題により施行される手続きそのものは、京都の警固や寺社嗷訴・紛争の鎮圧・処理などにおいて、六波羅探題成立の段階から既に存在していた。よって本章では、院（天皇）が院宣（綸旨）の形で発した指令を「勅命」と呼び、畿内・西国の訴訟案件に関して、院（天皇）が一方の訴訟当事者の要請を受けて院宣（綸旨）の形で六波羅探題への指令を発し、関東申次を介して院宣（綸旨）を受理した六波羅探題が両使などの機構をもってその趣旨を施行するという、鎌倉後期に確立した方式を指して「勅命施行」と呼ぶことにしたい。

二　勅命施行と地頭御家人・武家被官

(一)　勅命施行要請の意図

第一節で述べたように、勅命施行によって遂行される機能の多くは悪党検断であった。そうであるとすれば、六波羅探題がその機構を発動させるのは当然悪党が出現する訴訟案件においてであり、その「悪党」とは本所進止下の非御家人や凡下・住人ということになる(12)。しかし実際には、直接悪党訴訟とは認定されない案件において、六波羅探題が勅命施行を行う場合があった。本節ではそのようなケースの具体的内容を分析した上で、訴人が勅命施行を要請した意図およびその効力について明らかにしたい。

まずとりあげるのは、高野山蓮華乗院領紀伊国南部荘における年貢抑留相論である。同荘は承久の乱以来、地頭請所として年貢五百石が本所蓮華乗院に運送される決まりになっていたが、正和三年（一三一四）より地頭代観円がしばしば年貢を抑留するようになったため、蓮華乗院の学侶らはその早急なる納入を求めて六波羅探題に提訴した[13]。以後、数度にわたって六波羅探題より弁済命令が下され[14]、観円も未進分返済・年貢納入を約する請文を提出した[15]。ところが元応二年（一三二〇）三月、次の文書が発給される。

紀伊国南部庄地頭年貢抑留事、道順僧正重申状副二具書一、如レ此、子細見レ状候歟、于今不二事行一之由申レ之、
忩可二尋沙汰一旨、可レ被レ仰二遣武家一之由、
御気色所レ候也、仍言上如レ件、

元応二
三月十五日　　権大納言定房（吉田）奉
進上　北山殿（西園寺実兼）[16]

これによれば、請文提出後も地頭代観円は本所に違背し年貢の抑留を続けた模様である。そこで学侶らは、東寺二長者道順を介して当該案件を公家政権に訴え、「尋沙汰」を六波羅探題に命じる後宇多上皇の院宣を獲得したのである。地頭代による年貢抑留という事件の性質を考えれば、学侶らが最初に訴訟を六波羅探題に提起したのは当然であろう。ところが、彼らは中途で提訴先を公家政権に変更し、六波羅探題に事態の改善を促す勅命を下すよう要請している。論人観円が地頭代で「悪党」とは告発されていないにもかかわらず、学侶らは六波羅探題への院宣発給を要求し、かつそれが認められているのである。

同様の状況は、元応元年（一三一九）十二月に備後国大田荘倉敷尾道浦で起こった事件でもうかがえる。かねてより瀬戸内海交通の要衝である当地への入部の機会をうかがっていた守護長井貞重は、幕府が西国悪党の鎮圧のため使節を発遣したのに乗じて、守護代円清・高致らを同地に乱入させ、政所・民家などへの放火や殺

害・刃傷・追捕を行わせた[17]。そこで、本所である高野山金剛峯寺の衆徒は、事件の処理を六波羅探題に命じるよう公家政権に要求し、これを受けて後宇多上皇は、翌年三月に「厳密殊可二尋沙汰一旨、可レ被レ仰二遣武家一」との院宣を発給したのである[18]。

実際、森・外岡両氏の掲げた勅命施行の事例一覧表を見ると、勅命施行のなされた案件には、原則的に「悪党」とは認定されない守護や地頭・御家人その他武家被官が訴訟当事者（特に論人）として現れる事例が少なくない[19]。ここで一つの疑問が浮かび上がる。素朴に考えると、このような案件の場合、訴人は六波羅探題を裁判の場に選ぶことも可能なはずである[20]。手続きの面でも、公家政権に勅命施行を要請するより、六波羅探題に直接提訴する方が簡便であろう。では、訴人はなぜ地頭御家人・武家被官の関与する案件を六波羅探題に直接提訴しないのか、なぜ六波羅探題による勅命施行を公家政権に要求するのか。次にこのことを検討してみたい。

一、当院領紀伊国南部庄地頭中務権大輔朝貞、年貢抑留、御下知違背、至極重畳間、御注進上者、於二関東一、不日可下被レ経二御沙汰一、行中所当罪科上子細事、

右、当院領南部庄者、鳥羽　法皇御菩提料所、五辻前　斎院（頌子内親王）一円御寄附地也、而地頭為二請所之儀一、正和三四以来、年貢抑留繁多之間、於二六波羅一、重々被レ経二御沙汰一、任二員数勘定一、可レ致二済納一之旨、八箇度雖レ有二御下知一、敢以不レ令二叙用一、就レ之違背重畳、越二常篇一之上者、罪責殊是重、地頭改替、何可レ及二予議一哉之旨、学侶頻雖二訴申一、憚二御一門之権勢一、御沙汰不レ被二遵行一、理訴空送二年序一畢、難レ堪無レ極之処、結句御一門異レ他之間、罪科輙難レ被レ定、仍以二違背之篇一、可レ有二関東御注進一云々（下略）[21]

この史料は、正中二年（一三二五）に蓮華乗院学侶が南部荘の案件を関東の幕府に提訴するために作成した訴状の一部である。これによると、六波羅探題は学侶らの再三にわたる訴えにも関わらず、「御一門之権勢」を憚って散々裁判を延引したあげく、沙汰の放棄と関東への注進を決めてしまったことが分かる。この「御一

門」に該当するのは、事書に見える南部荘地頭中務権大輔朝貞であり、文脈から幕府内部の有力者の一門と推測できる。その官名と朝貞という名から、彼は名越朝時（北条泰時弟）の孫に当たる名越朝貞と考えてまず間違いない。[22]つまり、南部荘の地頭が北条氏一門の名越朝貞であったが故に、六波羅探題はその権勢を恐れ、裁判を遁避したのである。そして地頭代観円は、その名越朝貞の権威を背景に年貢を抑留し続け、相論を長期化させていたのである。

このように考えれば、学侶らが六波羅探題による勅命施行を公家政権に求めた意図も次のように推測が可能であろう。すなわち、一向に年貢の納められない状況に業を煮やした学侶らは、時の治天の君であった後宇多上皇の院宣を獲得し、それをもって六波羅探題に裁判を進めるよう圧力をかけることで、裁判の延引・私曲を狙う地頭名越朝貞とその代官観円に対抗し、懸案の早期解決をもくろんだのではなかろうか。

備後国大田荘倉敷尾道浦の場合でも、論人側の長井貞重が当時六波羅評定衆の筆頭格という地位にあった点に注意したい。[23]衆徒らは、仮に六波羅法廷に直接訴えても、南北両探題首班に次ぐ権勢を持つ彼を六波羅探題が自ら処断する見込みはないと予測し、張本人の処罰を確実に行わせるため、六波羅探題への提訴ではなく最初から院宣獲得の行動に出たものと考えられる。このように、論人が幕府関係者であり、その縁故により裁判で不正が行われる可能性がある場合、訴人がその予防線あるいは対抗措置として公家政権を頼り、勅命を六波羅探題に向けて出させ、六波羅法廷への圧力を図ることがあったのである。

次に、九条家領摂津国輪田荘の事例を検討したい。同荘の相伝知行を主張する円真および雑掌静成が正和二年（一三一三）に提出した申状[24]によれば、「武家被管之身」である真浄が、その名を色々と変えながら「九条殿御挙状」を掠め取り、地頭薬師寺義清とも語らって同荘を濫妨したので、円真は六波羅探題に訴え、三度その下知を得た。しかし、真浄と地頭義清がなおも本所九条家の挙状を得てそれらに違背したので、彼は再度六波羅法廷に提訴し、三年間にわたって審理が進められていた。ところが、そこで真浄側が「御沙汰之最中、掠㆓申下　院宣於武家㆒」し、「抑㆓武家下知㆒」える行動に出たのである。そこで、円真・静成は「沙汰未断之最中、執㆓進権門之状㆒事者、武家古今不易之制法也、何況於㆓　院宣㆒哉」とこれを非難し、真浄側に下された院宣を無効として、自分たちの方に年貢荘務を行わせる旨の院宣を六波羅探題に下すよう公家政権側に求めたのである。

まず、この案件でも当初、裁判の舞台は六波羅探題であったことが分かる。ところが、真浄・地頭義清が自分たちにとって不利な判決が下されるのを防ぐため、裁判の最中に院宣を獲得して六波羅探題の成敗を滞らせてしまったので、円真・静成もこれに対抗して、真浄側に下された院宣の効力を停止し、元のごとく六波羅探題の成敗を蒙るべく、六波羅探題宛の院宣の発給を求めているのである(25)。このケースの場合、勅命施行が六波羅法廷における裁判の妨害あるいは形勢逆転のための手段として利用されていると考えられる。

以上の分析結果をまとめれば、六波羅探題で進められている裁判の不利な現状を打開し、最終的に勝訴を得て権益を維持・確保するための手段として、一方の訴訟当事者が意図的に公家政権の介入を要請したものと言うことができよう。

(二)　勅命施行の効果

勅命施行要請の目的を以上のようにとらえることが可能であるならば、果たしてその勅命の効力はどれほどあったのだろうか。また、勅命施行によって、その紛争・裁判にいかなる影響や結果がもたらされることになったのであろうか。まず、先に触れた南部荘年貢抑留相論のその後の経過を見ることで、その手がかりを得ることにしたい。

「尋沙汰」を命じる後宇多上皇の院宣を受け、六波羅探題は八月に従来と同様に年貢の究済を命じる御教書を発給し、十月には地頭代より請文が提出された[26]。この後、学侶らは再び奏聞して「忩可レ致二其沙汰一旨、可レ被レ仰二武家一」との院宣を得[27]、翌元亨元年（一三二一）五月には六波羅探題より改めて年貢弁済命令が発せられた[28]。しかし、その後も地頭代観円は年貢を納めなかったと見え、同年八月には「可レ及二神輿動坐一」とする学侶らに対し、「猶（於脱カ）嗷々儀者、不レ可レ然之間、可レ止二其企一之由、被二仰下一畢、於二訴訟一者、急速可レ仰二遣武家一」との院宣が下されている[29]。それでもなお事態は改善されず、ついには前述したように、六波羅探題が沙汰を放棄して幕府への注進を提案したため、学侶らはやむなく元亨三・四両年に雑掌定守を関東に派遣して幕府法廷に訴え出た。しかし、そこでも「奉行人又畏二地頭権威一歟之間、或称二相労一、令レ延二引御沙汰之期日一、或号二物詣一、徒然令レ送二旬月一」という始末であった[30]。ところが、嘉暦元年（一三二六）に金沢貞顕が調停に乗り出すと、事態は一転して解決の方向に向かう。間もなく観円が地頭代を改易され、新たに地頭代に補任された富田掃部允入道道円と学侶らとの間で、未進年貢の究済と今後の年貢の納入を約する和与が締結されて、相論は決着したのである[31]。

以上の経過では、学侶らの獲得した院宣は結局何の効力も持ち得なかったかのように見える。確かに、問題を最後に解決したのは幕府であり、院宣そのものが年貢収入の確保や論人の処罰に直接結びつかなかったことは事実である。しかし、もし学侶側が単に六波羅探題に訴え続けるだけだったとすれば、結局問題をうやむやにされて終わり、年貢収入の回復は到底望めなかったものと推測される。しかも、院宣を受けた六波羅探題はその趣旨に沿う形で行動しており、更に結果としては和与に持ち込めたのであるから、むしろ、院宣を得た学侶らと、「御一門」の権威を背後に持つ地頭代観円との力関係は拮抗したと考えるべきではなかろうか。ただ、その院宣が効力を発揮したのはそこまでであり、六波羅探題の勅命施行によって、当該案件は膠着状態に陥ってしまったのである。だからこそ、関東の幕府が相論の調停に乗り出さなければならなかったのである。いずれにせよ、勅命施行が少なくともその後の相論の行方を変え、学侶らが年貢収入を確保する可能性を残す効果を有したと解釈することはできるであろう。

備後国大田荘倉敷尾道浦のケースでは、金剛峯寺衆徒が院宣を得て六波羅探題に張本人の処罰を要求したのに対して、長井貞重は六波羅探題奉行人の飯尾彦六左衛門尉為連と結託して「抑二留院宣一」し、数ケ月にわたって沙汰を延引せしめる行為に出た[32]。長井貞重は六波羅評定衆という自己の立場を利用して衆徒らの動きに対抗したのであり、両者の力関係が拮抗し、事態の膠着が生じつつある状況がここにもうかがえる。しかし、十月に再び勅命施行命令が発せられる[33]と長井貞重は方針を変え、東寺長者道順と交渉の上、守護代高致を狼藉の張本として改易することで事態を収拾させた[34]。訴人の衆徒らにとっては、守護の処罰は実現しなかったものの現地の権益はひとまず確保することができた。逆に、大田荘倉敷尾道浦の富の獲得を狙った論人長井貞重の立場からすれば、勅命施行によってそれを妨げられたのである。当初は自己の立場を利用して沙汰を延引し、最後には自身への追及を免れたものの、衆徒側との和解によって、彼のもくろみは結局失敗に帰したのである。

以上のように、論人側の抵抗がうかがえるとはいえ、六波羅探題の勅命施行によって、裁判がその申請者側の有利な方向に歪められる場合のあったことが判明する。その点で注目したいのは、輪田荘の事件で円真が公家法廷に提出した二度目の訴状の一節である。

仮二本家御権威一、掠二申下問状　院宣一候之間、俄停二成敗之儀一、就二　院宣一可レ沙二汰渡于敵方一之由、武家令レ申候之間（下略）[35]

これを信用すれば、真浄と地頭薬師寺義清が公家政権より得たのは「問状　院宣」であったにもかかわらず、六波羅探題はそれまで進めていた円真を訴人とする裁判を停止し、真浄・地頭義清の意向に沿って沙汰を行おうという態度を示したことになる。六波羅探題の訴人・論人に対する姿勢は、「問状　院宣」を受理する前後で一変しているのである。この点、南部荘・大田荘倉敷尾道浦の事例でも、六波羅探題に下された勅命が「尋沙汰」すなわち審理・調査を命じる問状の院宣であったことを想起したい。そして六波羅探題は、基本的にその勅命の趣旨に沿って沙汰を進める姿勢をとっているのである。だからこそ、場合によっては六波羅探題の裁判の方向が勅命施行の前後で逆転してしまうのである。

　畿内・西国の事例ではないが、薩摩国国分寺領の知行および追捕放火狼藉をめぐる相論もその点で興味深い(36)。この相論は、元亨二年（一三二二）十二月に同国御家人国分友貞が舎兄国分友任を提訴して以来、鎮西探題において裁判が進められた。ところが、国分友任は半年ほど鎮西探題の催促に応じなかったばかりか、筑前国天満宮安楽寺の雑掌祐舜と結んで「替レ面、掠二申下綸旨・六波羅御教書一」してしまったのである。これもまた、国分友任と雑掌祐舜が、鎮西探題における裁判の現状打開と勝訴の獲得を意図して、京都に綸旨発給を申請したものと判断できよう。そして、鎮西探題はそれらを受け取ると一転して国分友任側の訴訟の審理を始め、「可レ沙二汰渡年貢於雑掌一」との御教書を国分友貞の「当敵」である薩摩守護島津貞久に下したのである。彼は守護代に命じて所務を濫妨させた上、「諸郡郷院免田所当米等、不レ可レ弁二友貞方一」と現地の郡司名主に伝達したため、所当米一向抑留という事態に至った(37)。国分友貞としては、本件を通して現地の支配の拡大を図ったのであろうが、国分友任・雑掌祐舜の申請で勅命が六波羅探題を経て鎮西探題に下されたがために、裁判の方向が一変し、寺領知行の裁許を得るどころか、一転してその権益を失いかねない危機的状況に陥ってしまったのである。

　この事態を受けて、国分友貞も戦略を変更せざるを得なくなった。彼は正中元年（一三二四）十二月に「任二承元請所之例一」せて年貢等を納入することを条件に、本家菅三位（菅原長宣）家と和与を結んだ。本家の申請を受けて、後醍醐天皇は翌年三月に「和与綸旨」[38]を発給し[39]、これが西園寺家・六波羅探題を経て鎮西探題に伝達され、七月に和与承認の裁許が発せられて相論は収束した[40]。彼は、勅命施行により直面した危機を脱するために、相論前の状態に回帰するという形で和与を締結したのである。

このように、勅命施行はそれを要請した側にとって、裁判・相論を自己の有利な方向に変えさせる効果を発揮したのである。一見すると、問状の院宣（綸旨）を発する公家政権（院・天皇）は、本所と六波羅探題や地頭御家人・武家被官との上位に立って裁判を行う第三者的裁判権力の体裁をとっているかのようである。しかし実際には、勅命は訴人の訴訟に関する吹挙状の役割を果たしているのであって、公家政権は事実上、六波羅探題の行う裁判に口入しているのである。確かに輪田荘の円真が非難したように、「沙汰未断之最中、執₂進権門之状₁事」は、早くから幕府法によって禁じられていた[41]。しかし、これらの案件では、院宣・綸旨という「権門之状」以上に権威のある文書によって、その規定が公然と破られているのである。そして、六波羅探題がそれに沿って問題を処理する姿勢をとることによって、この勅命は実効力を持つことになるのである。

逆に、勅命施行申請者より訴えられた側からすれば、院宣・綸旨を受けた六波羅探題によって、彼の権益拡大の行動は妨害を受けることになった。そして、その妨害を受けるのは、一般的に本所や論所の雑掌などより、地頭御家人・武家被官の側であるケースが大半だったのである。もちろん、彼らが幕府内部に権威を有する立場であるか、有力者と縁を持っておれば、それを頼って、一時的には裁判の延引といった対抗策をとることもできたであろう。しかし、それは事態を一層膠着・混乱させることにしかならず、結局は原状への回帰という形で和与を結ぶしかなくなってしまったのである。

まして、幕府・公家との縁も持たない多数の地頭御家人・武家被官の場合、より一層厳しい対応を迫られたのは当然であろう。彼らが勅命および六波羅探題の指令に対して示した反応をうかがい得る史料は少なく、明確なことは言えないが、およそ以下のように推測できるであろう。彼らはその身分上、武家法廷での陳弁の機会を得られる立場にあったから、当初は裁判への不出頭を含めて法廷闘争の道をとることが可能であった。だが、訴人が院宣・綸旨を得ている以上、六波羅探題が論人の主張をまともにとりあげる可能性は低く、敗訴は目に見えていた。そこで、彼らはひとまず勅命および六波羅探題の下知に服従し、以後改めて支配拡大の機会をうかがうという方法をとらざるを得なくなったのではなかろうか。いずれにせよ、六波羅探題が勅命を施行することによって、地頭御家人・武家被官はその権益拡大の動きを封じ込められることになり、彼らの六波羅探題に対する不満は次第に鬱積していったものと思われるのである。

(三) 小括

本節の考察結果をまとめておこう。訴訟当事者の一方が地頭御家人・武家被官であるにもかかわらず、訴人が直接案件を六波羅探題に提起せず、勅命施行を公家政権に要請する場合があった。これは例えば、論人が北条氏一門や六波羅探題の要人などの地位にあったり、その権威を背後に有していたりして、六波羅探題に直接提訴しても良い結果が期待できないと判断される時、訴人が彼らへの対抗策として勅命を得、懸案の早期かつ厳密なる解決を六波羅探題に行わせようとしてなされた。あるいは六波羅法廷において自己の意向と異なる形で裁定が下されようとする情勢にある時、その裁判を妨害し形勢を逆転させるために行われることもあった。いずれも六波羅法廷における裁判の現状打開や権益の維持・確保の手段として、訴人側が意図的に公家政権の介入を要請したものと言えよう。

六波羅探題は、基本的に勅命の趣旨に沿って沙汰を進める姿勢をとったため、勅命施行は相論・裁判の方向を時には一変させ、それを要請した側にとって有利な状況を生み出し得る効果を発揮した。逆に、訴えられた地頭御家人・武家被官の側は、幕府内部での権威や有力者との縁を有しておれば、それに頼って裁判の引き延ばしなどの対抗策をとることはできたが、結局は事態を一層膠着・混乱させ、相論前の状態に回帰する形で訴人側と和解することになった。まして、そのような権威・縁を持たない大半の地頭御家人・武家被官の場合は、最終的に六波羅探題の下知に服従せざるを得なくなったと考えられる。こうして彼らは、勅命を施行した六波羅探題によって権益拡大の動きを封じ込められ、六波羅探題に対する不満を次第に募らせていったのである。

三　悪党検断としての勅命施行とその実態

(一)　勅命施行に対する反応

本節では、勅命施行による悪党検断の実施のあり方とその影響・結果について、訴訟案件の実態、および勅命施行に対して論人・被疑者の側が示した反応に注目して検討する。

近藤成一氏が定式化した本所一円地悪党の検断の手続きについては前章で言及したので、ここでは省略する。氏はこの方式が成立した背景として、伏見親政下の公家訴訟制度改革とともに両使による実力行使システムの確立をあげている。(42) 外岡慎一郎・熊谷隆之両氏の研究によれば、建治三年（一二七七）の六波羅探題の体制改革を契機として、両使を主要な担い手とする遵行システムと、それを基盤とする六波羅探題の西国支配構造が確立したという。(43) 遵行システムのありようや支配構造の特質のとらえ方については両氏の間に見解の相違が見られるが、システム確立の時期に関してはほぼ一致していると考えてよい。そうであるとすれば、六波羅探題による勅命施行のシステムも、この両使を中核とする遵行システムの確立と密接に関連しつつ形成されたと推測される。

近藤氏は、伊賀国黒田荘悪党事件や大和国平野殿荘悪党事件の分析を通して、右の悪党検断方式の成立により、本所一円地における年貢抑留といった荘園内部の本所と荘民の対立・紛争に幕府の強力装置を発動させることが可能になるとともに、本所敵対・年貢抑留の荘民が「悪党」の名で呼ばれるようになったと指摘する。前章で検討した弘安年間の黒田荘悪党事件においても、東大寺衆徒が住人大江清定・服部康直らを本所敵対・年貢抑留の「悪党」として告発していることが知られる。そして、この悪党訴訟において、公家政権は悪党検断に関する命令権者・判断主体の立場を、六波羅探題は悪党逮捕・処罰指令を執行する立場をそれぞれとっていたことも前章で考察したとおりである。[44]

さて、弘安年間の黒田荘悪党訴訟は、被疑者とされた大江清定・服部康直らが六波羅探題の検断に服従する形で鎮圧された。[45]しかし、間もなくその後を引き継いで、観舜・覚舜・道願らが本所東大寺に敵対し、年貢・課役の抑留、寺家使者の打擲蹂躙、悪党扶持などの行為を活発化させた。衆徒は正応四年（一二九一）・正安二年（一三〇〇）と相次いで彼らの召し捕りを要求し、[46]院宣が六波羅探題に下されたが、荘官・荘民からも悪党に与同する者が現れるなど鎮圧は遅々として進まず、その後も覚舜・道願らの悪党行為は継続した。衆徒の訴訟はいよいよ激化し、六波羅探題は元亨四年（一三二四）に至り、近江国守護代佐々木範綱と伊賀国御家人柘植二郎左衛門尉を両使に任命して悪党の鎮圧を命じた。[47]ところが、佐々木範綱が「江州強盗幷海賊」退治を名目に使節を辞退した上、[48]もう一方の使節柘植二郎左衛門尉も「得二悪党人等之語一、不レ及二執沙汰一、結句構虚□」という。[49]衆徒の要求により、両使は伊賀国御家人服部右衛門太郎持法と同国守護代平常茂に改替されたが、彼らも「恐二悪党之権威一、就二巨多之賄賂一、不レ及レ帯二弓箭兵杖一、纔莅レ堺、預二種々饗応一引退之間、其沙汰有名无実」と衆徒に糾弾されるありさまであった。[50]東大寺より悪党として告発された在地住人覚舜・道願らは、

（佐々木を除く）両使の買収という方法をもって六波羅探題の武力制裁を免れようとしているのである。両使はその後も度々悪党召進のために現地に派遣されたが、覚舜・道願らは「使者入部之時者雖レ令二退散一、帰参之後者、還二住本宅一、構二城墎(郭)一致二悪行一」[51]すという戦術によって頑強に抵抗を続けたのであり、彼らが六波羅探題に召し捕られたのは嘉暦三年（一三二八）一月頃になってからであった。

以上、本所一円地における悪党訴訟で、年貢抑留をはじめ種々の本所敵対行為を行う荘園住民を本所が「悪党」として告訴し、悪党召し捕りを命じる院宣を受けて六波羅探題の武力装置が発動していること、それに対して荘民が様々な戦術により制裁を免れようとしていたことを確認した。しかし、この悪党検断システムは、必ずしも近藤氏が主張したように、本所一円地での悪党問題に限って発動されていたわけではなかったのである。その点について、大和国秋篠山の領有・用益をめぐる西大寺と秋篠寺との相論を素材として検討したい。平安末期より断続的に勃発した紛争の経緯や訴訟の争点については先行研究に譲り[52]、ここでは十四世紀段階の紛争の経過のみ簡単にたどっていくことにしよう。

西大寺側の主張によれば、秋篠寺はそれまで両寺に認められていた秋篠山の山毛の「通用」すなわち入会用益の規定を破り、山林十一ケ所を押領して西大寺の樵夫を締め出し、山の下地や用水池についても「一円之儀」を企て、同寺執行盛尊以下の輩が刃傷狼藉を行い城郭を構える行動に出た。西大寺はこの件につき、まず「狼藉篇」を関東の幕府に訴え、正安四年（一三〇二）九月に「早停二止当時悪行一、宜レ仰二聖断一」との関東御教書を得た。続いて「山池所務篇」については公家政権が裁判を実施し、訴陳の応酬や対決および現地実検を経て、嘉元元年（一三〇三）八月十六日付後宇多上皇院宣および同年十一月二日付太政官牒において、西大寺に秋篠山の一円領掌を事実上認める判決が下された[53]。ところが、秋篠寺がこれを不服として「違　勅狼籍(藉、以下同)」に及んだため、十二月八日に「可二誡沙汰一之由、可レ被レ仰二武家一」との院宣が発せられた。これは関東申次西園寺実兼を介して六波羅探題に伝達され、「狼籍人」は逮捕の後、翌年正月二十日・十月三日の「関東御下知」によって遠流の処分となった[54]。

この案件は、当初より悪党訴訟として進められた黒田荘の事例とは異なり、本来は秋篠山の下地の領有権をめぐり二つの寺院の間で争われた所務相論であった。それにもかかわらず、公家政権より六波羅探題に「誡沙汰」指令が下されたのは、西大寺に秋篠山の知行を認めた勅裁に秋篠寺が違背したことによる。秋篠寺側は、実力で現地の当知行を維持しようとしたと思われるが、その行為が公家政権に「違　勅狼籍」と認定され、張本人（おそらく執行盛尊ら）が六波羅探題による検断の対象とされたのである。そして、この悪党検断が、事実上公家政権が発した所務の裁許の強制執行となっているのである。つまり、悪党検断を実施するか否かの判断はひとえに公家政権が行うのであり、六波羅探題は、そこから発せられた所務の判決および「誡沙汰」指令があって初めて、その権力機構を発動させることが可能となったのである。この点からも、六波羅探題が公家政権の意思の執行機関として機能していることが改めて確認できよう。しかし注意すべきは、その強制執行があくまで悪党検断という形で行われていることである。これは、国家的検断を担う幕府の職能に基づくものであり、六波羅探題が公家政権の軍事・警察機構という従来からの立場を依然維持していることによるものと考えられる。

では、この勅命施行に対して、秋篠寺側はいかなる対応を見せたのであろうか。まず徳治二年（一三〇七）十一月、「先度　勅裁無㆓相違㆒矣」とする院文殿の勘文に基づき、「秋篠寺之越訴可㆓奇（棄）置㆒」とする後宇多上皇の判断が出されており[55]、秋篠寺が強制執行後間もない時期に、先の勅裁を覆すべく公家法廷に越訴を提起していたことが分かる。更に正和五年（一三一六）、同寺別当僧正房光誉と門弟光海が「縁者按察家」を奉行として公家政権に提訴し、十一月三日に「秋篠寺領大川・忍熊土民紀藤次・佐藤三男已下輩年貢抑留事（中略）厳密令㆓誡沙汰㆒、且全㆓寺用㆒、且可㆑被㆑致㆓興行沙汰㆒」との後伏見上皇の院宣を獲得した。秋篠寺はこれを根拠として、同月七日および翌月五日に執行盛尊以下多数を西大寺内・同寺領内に侵入させ、住宅などの追捕・破壊・放火、米銭・財物の強奪、山林樹木の伐採といった実力行使に出たのである。西大寺は二条大納言家を奉行として公家法廷に提訴し、七日の院評定を経て「且致㆓警固㆒、且可㆑尋㆓究子細㆒」と命じる院宣が六波羅探題に下された。両使長清・忠国が現地を実検して十六日に結果を奏聞した後、十八日に院評定で秋篠寺の行為が非法と認定され、翌日「可㆑被㆑召㆓返去月三日　院宣㆒、若猶及㆓狼籍㆒者、弥可㆑為㆓罪科㆒」との院宣が発せられた[56]。しかし、秋篠寺はこれを無視し、大川・忍熊の郷民に西大寺に従わないよう下知を加え、それに違背した者に放火などの狼藉を働いた。西大寺は「不日可㆑被㆑下㆓違　勅院宣㆒」と求める申状を提出したが、逆に秋篠寺の訴訟によって「被㆑改㆓御奉行㆒（二条大納言家）、可㆑入㆓理非㆒之由」が命じられる事態となるのである[57]。

以上のように、秋篠寺が六波羅探題の勅命施行後も執拗に秋篠山の領掌を狙って、越訴の提起、院宣の獲得とそれを根拠とする現地への実力行使、西大寺側の奉行人の告発などの行為をとっていることが判明する。秋篠寺は一旦は公家の裁許と武家の検断に服する形をとったものの、その後もなお法廷闘争や実力行使など様々な手段を用いて、現地の権益の保持や六波羅探題の検断阻止といった運動を展開しているのである。

六波羅探題の勅命施行に対して、被疑者・敗訴者の側が合法・非合法の両側面から抵抗し、逮捕・処罰を免れようとした事例はこの他にも豊富に存在する。例えば乾元二年（一三〇三）、播磨国大部荘内にある浄土寺の住侶らが、荘内鹿野原村の領知を図って院宣を獲得し、本寺東大寺に敵対する事件が起こった。東大寺は公家政権より濫妨停止の勅裁を獲得し、それを執行するため現地に寺家公人らを派遣したが、住侶卿阿らが彼らに刃傷を加えたため、東大寺は「被㆑仰㆓付武家㆒、可㆑被㆓断罪㆒之旨　奏聞」した。これに対して、浄土寺側は「以㆓当庄預所㆒号㆓法蓮㆒、発㆓向浄土寺㆒、致㆓追捕放火刃傷㆒由」を訴え、六波羅探題の実力行使の阻止を図ったのである。[58]

また、大和国宇陀神戸竹荘の領有をめぐる摂津四郎親景（弥勒丸）と伊勢神宮との相論[59]では、摂津親景が正応三年（一二九〇）四月十七日・五月十二日にそれぞれ獲得した濫妨停止・本知行安堵の院宣を、神宮および荘家沙汰人百姓が無視したため、親景の要求により、翌年四月二日に「土民等違二背度々　勅定一、其科更難レ遁、殊可レ誡二沙汰一」と六波羅探題に命じる伏見天皇の綸旨が発せられた。ところが、翌正応五年三月十八日に柘植六郎左衛門尉清親が六波羅探題の使者として現地に下向したところ、沙汰人百姓らは「為二神宮使於前一、率二百余人一追二出武家使一」してしまった[60]。更に、神宮使度会光倫が子細を申したことで「被レ棄二置武家沙汰一、重於二公家一被レ経二御沙汰一」れ、同年十一月二日、今度は摂津親景が証文を備進しなかったとして、その所務を停止する旨の綸旨が神宮側に下されたのである[61]。神宮と沙汰人百姓は、六波羅探題の使節の入部を実力で阻止して現地の占有を維持しようとし、また公家法廷に再審を請求して勝訴を得、その知行の正当化を図っているのである。

これまでに引用した史料は、訴状における当事者の主張が多く、それらが全て事実と断定できないことは言うまでもない。しかし少なくとも、本所一円地対象の悪党事件以外においてもこの検断システムが発動する場合があったこと、六波羅探題が勅命を施行し論人・被疑者を逮捕・拘禁しようとした時、彼らの多くがあらゆる手段を行使してその武力制裁を延引もしくは阻止し、自己の権益を維持・回復する行動に出ていたことが理解できると思う。勅命施行に対して、これほど合法・非合法両面からの抵抗が頻発したとすれば、訴人・六波羅探題と被疑者側との対立が激化して紛争は長期化し、次第に社会的混乱が深刻化していったことは明らかと言わざるを得ない。

(二)　抵抗続発の原因とその結果

六波羅探題の勅命施行が充分機能しなかった原因の一つに、実際に六波羅探題より指示を受けて勅命の施行に当たる使節の問題がある。外岡慎一郎氏は、当該期の使節遵行が、本所からの自立を目指す在地の抑圧と権益の維持をもくろむ荘園領主側によって随時要請されたこと、しかしそれは在地秩序の本所からの更なる自立を促す一方、遵行使節となった御家人も悪党と共に地域権力の主体として成長しつつあったため、在地の様々な利害関係に連動して、必ずしも本所の意向に即応した行動をとらなかったことを指摘した(62)。遵行対象地付近に所領を有する御家人を使節として起用する方式をとっていた当時の遵行システムは、その御家人が在地社会において有する様々な利害関係の状況によって、指令の貫徹の度合いも変化するという特色を有していたのである。

しかし、六波羅探題の勅命施行によって、却って悪党の抵抗が続発し、混乱が深刻化した最大の原因は、当該システムが有する悪党検断という機能それ自体にあると考えられる。六波羅探題は事実上公家政権の意思を執行する役割を担うと同時に、その軍事・警察機構という従前からの性格も依然維持していた。従って、その勅命施行はどうしても悪党検断という強圧的なものにならざるを得ないのである。また、「悪党」として告発される被疑者の大半は非御家人および凡下・住人であり、守護の職権に基づく検断や検断沙汰中の逮捕拘禁を受けないという、御家人であれば享受できるような幕府検断上の身分的保護を受けることができなかった(63)。

更に、六波羅探題の検断が実施された場合、当然「悪党」とされた論人・被疑者は自己の有していた経済的権益を喪失してしまうことになる。秋篠寺が秋篠山の下地領有・用益の権利を失うことを恐れ、六波羅探題の強制執行に抵抗したことは先に見たとおりであるし、黒田荘の大江清定が下司職を、播磨国矢野荘の寺田法念が公文職を没収されたのは周知のことであろう。このように考えれば、勅命施行に伴って実施される制裁措置は、単に六波羅探題によって被疑者に人身的損害が加えられるのみならず、経済的基盤の面でも公家政権もしくは本所から所職・所領を剥奪されるという、徹底的かつ厳しいものであったと言い得るのである。幕府下知の不履行に対する「下知違背の咎」が、その当事者に対する所職・所領の段階的分割没収という経済的な損害のみ与える措置であったこと[64]と比べれば、その制裁内容がいかに苛酷なものであったかが知られよう。このように、六波羅探題の悪党検断とそれに伴う制裁措置は、論人・被疑者の権益・立場を全て否定してしまうものであり、彼らとしては到底甘受できるものではなかったのである。

しかし、当時は荘園公領制の動揺という趨勢の中、荘園領主が所領支配の再建（下地の直接支配・一円化）に乗り出しており[65]、六波羅探題の組織的武力を稼働させる当該システムは、その支配再建の妨害者・敵対者を排除する手段としてしばしば利用されたであろう。公家政権も寺社領興行などの徳政を推進する立場から、荘園領主の要請を容れて「誡沙汰」指令を下す傾向が強かったものと思われる[66]。そして六波羅探題も、現体制の軍事的維持を図る幕府の志向と合致することもあって、公家政権の悪党検断指令をほぼ忠実に履行する姿勢をとった。このような状況では、論人・被疑者である非御家人・荘園住人らが「悪党」と認定され、六波羅探題による検断を受ける可能性は非常に高かったと言えよう。

このような当該システムの厳しさを表す一例が次の史料である。

（端裏書）「道願請文」

東寺御影堂領拝志庄田事、

合三丁七段者坪付注二于別紙一、

（付箋）「万里小路大納言入道判」（裏花押）

右、於二件庄田一者、向後永令レ停二止道願之綺一候畢、彼田地者、自レ本一円御管領地候之上者、或寄二権門勢家一、或属二神社仏寺一、且致二表裏沙汰一、且不レ可レ成二違乱凶害一候、此上者、被レ閣二武家御沙汰一候者、尤所レ仰候也、若背二此等之旨一候者、如レ先被レ召二出武家一、可レ被レ行二違勅罪科一者也、仍請文状如レ件、

正和元年十二月廿六日　　沙弥道願（花押）(67)

これは、東寺領山城国拝志荘の百姓道願が、院宣違背・苅田狼藉の行為を違勅狼藉と認定され、六波羅探題より断罪される状況に至ったのを受けて提出した請文である。このうち本文後半部では、請文内容の違反に対する六波羅探題への「召出」と「違勅罪科」の適用が明記されている。この点、幕府における「下知違背の咎」成立が和与を急増させるとともに、和与内容履行の担保文言（強制力）としてその適用が和与状に明記されたとする古澤直人氏の指摘が想起される(68)。しかし、「下知違背の咎」の場合と異なり、六波羅探題の勅命施行ではこのような史料の残存例が非常に少ないことにも注意せねばならない。しかも、本文前半部では、道願は自己の名田である三丁七段の田地(69)を東寺の「一円御管領地」と認めている。つまり、これは当事者間での和解と言うよりは、道願が本所東寺に対して一方的な屈服を誓約したものと評価する方が正確であろう。このように考えれば、凡下・住人に対して六波羅探題の検断が実施される時、そこに当事者間での和解が成立する余地は極めて少なかったと考えざるを得ないのである。

古澤氏は、「下知違背の咎」成立による幕府権力の強制が「在地領主層にとって強烈な重圧とな」り、「幕府下知の保障下に一定の支配を確保するか、徹底的に抗戦するか、二者択一を余儀なくされた」とする(70)。しかし、所領の分割没収という制裁措置の内容と、その適用による和与の急増という二点を考慮すると、下知違背の当事者は幕命への服従、もしくは和与締結と幕府による認可という道を選択すれば、それによって自己の権益が若干損なわれるとはいえ、再び同様の事態を引き起こさない限り、その後も幕府の保障のもとに自己の一定の

存続が可能だということになる。それに比べ、六波羅探題の勅命施行においては、訴訟当事者間での和解が成り立つ可能性は極めて低く、検断の対象者にとってそれは、幕府の「下知違背の咎」適用対象者以上の重圧となったのである。そのため、被疑者・敗訴者である凡下・住人は、勅命に服従して六波羅探題の逮捕・処罰を受けるか、勅命に従わずに当知行を実力で保持し、六波羅探題の武力行使に対しては合法・非合法様々な手段で徹底的に抗戦するかの、より厳しい二者択一を余儀なくされたのである。

以上のような厳しい性質を持つが故に、六波羅探題の勅命施行は更に新たな事態を引き起こす効果をも有することとなった。ここで再び、西大寺・秋篠寺間の相論を検討することにしたい。注目したいのは、正和五年（一三一六）に秋篠寺の別当僧正房光誉とその門弟光海が、「縁者按察家」を介して院宣を獲得したことである。

①二通　院宣案十二月十九日、付正和五、秋篠寺掠申　院宣被二召返一事、一通者西大寺被レ下レ之、一通者按察江被レ下レ之、

　一通　院宣案十二月十九日、付正和五、秋篠寺狼籍(藉)事、就二両使注進一、武家　奏聞之後、重武家被レ下レ之、

②秋篠寺別当僧正房光誉執権伯甥・同門弟光海同卿御息等、属二于流(縁カ)者御奉行按察家一掠二申

院宣一云、

③同(十二月)十八日被レ逢二御評定一之処、光誉僧正房被レ召下返所レ被二掠申一之　院宣上之由、被レ仰二下于執権幷武家一

乎(畢カ)、

④執権者依レ為二光誉僧正房流(縁カ)者一、御奉行西大寺所レ申二子細一也、

⑤光誉僧正坊以二不知行之他領一、称二当知行一、属二縁者按察家一、去年十一月三日掠二下　院宣一、成二当寺領大

川・忍熊両所於荒廃之地一[71]

以上の史料は、文保元年（一三一七）に西大寺僧が作成した訴状からの抜粋である。まず②・⑤より、光誉

と光海が「按察家」の縁者であることが分かる。また、光誉が「執権」の縁者④＝「伯甥」②で、光海は同じく「御息」であること②も知られる。更に前述のとおり、二人が十一月三日に得た院宣の「召返」が翌月十九日の院宣をもって伝達されたが、その宛所は、①が西大寺・「按察」と「武家」、③では「執権幷武家」となっている。西大寺が「執権」とは考えられないから、「執権」と「按察家」は同一人物であると判断できよう。では、この人物は一体だれであろうか。本訴状は文保元年の正月から三月までの間に成立したと考えられるが[72]、この時点で按察使となっている人物は、『公卿補任』によれば、正和五年閏十月十九日から翌文保元年六月二十一日までそれを務めた日野俊光である[73]。彼が後伏見上皇をはじめ持明院統の院執権を代々務めていたことはよく知られているし、本訴状の「執権」が院執権を指すことは文脈上間違いないから、「執権」＝「按察家」とは、時の治天の君である後伏見上皇の院執権であった日野俊光と考えられよう[74]。また、『尊卑分脈』の日野氏の系図から、光誉が日野光国（俊光の祖父家光の弟）の子息、光海が俊光の子息で光誉の弟子であることが確認でき[75]、②の史料とも合致する。以上から、光誉と光海は秋篠山の権益保持のため、二人と血縁関係にあり、当時後伏見上皇の院執権を務めていた日野俊光を奉行として公家法廷に訴訟を提起し、獲得した院宣を根拠に現地に対する実力行使に及んだものと考えられるのである。

一方、この動きに対して西大寺は、一貫して公家政権に「違　勅院宣」の発給と「違　勅狼籍（藉）」による張本人の処罰を要求している。その「勅」とは、前掲の訴状において同寺が「早任二嘉元之例一、不日被レ仰二武家一、欲レ被レ処二彼悪党人等於遠流一」と求めていることから[76]、嘉元元年（一三〇三）に発給された後宇多上皇院宣および太政官牒と考えられる。西大寺は、大覚寺統の後宇多上皇が治天の君の地位にあった時に得た、秋篠山の一円進退を同寺に認める勅裁を根拠として現地を領掌していたのである。西大寺が大覚寺統の後宇多上皇の勅裁を、秋篠寺が持明院統の後伏見上皇の院宣をそれぞれ獲得し、当事者双方がそれらを自己の正当性の根拠として、現地知行の権利を主張する状況がここに生じたのであり、在地寺院間の対立・紛争が両皇統間の対立と結合してしまったのである。[77]

加えて、西大寺と秋篠寺はそれぞれ有力寺院勢力の支持も得ていた。西大寺が公家法廷に提訴した際、同時に「興福寺々務一乗院家（良信）雖レ被レ加二制止一不レ随二制法一之由御注進状、同学侶・衆徒書上状」が奏聞されている[78]が、これは当時、西大寺が興福寺の末寺であったことによるものであった。当時、大和国が事実上興福寺の支配下にあったことは贅言するまでもないが、秋篠寺の狼藉は単に興福寺の検断権発動の対象であるだけでなく、その末寺領の侵害でもあったのである。一方、秋篠寺は太元帥御修法の供料として香水と壇土を公家政権に進上する役割を平安期から担っており、真言宗特に太元帥法の法流（安祥寺・勧修寺・醍醐寺理性院）の庇護下にあった。護摩木を採取する秋篠山と周辺の御修法料田は、秋篠寺および太元帥法関係勢力にとって必須の権益だったのである。[79]

このように、秋篠山をめぐる西大寺と秋篠寺との紛争は、興福寺と太元帥法関係勢力の対立と密接に絡んでいただけでなく、六波羅探題の勅命施行によって結果的に両統対立にまで結びついてしまったのである。これでは公家政権（王家）が紛争調停の機能を果たすのは到底不可能であり、問題の解決は一層困難になってしまったのではなかろうか。

ある一つの紛争が、六波羅探題の勅命施行によって別の対立に結合するという現象は、上級領主と在地、権門内部、有力寺社間など様々な対立・抗争が頻発していた当時においては、さほど珍しいことではなかったものと思われる。前章で検討した東寺領大和国平野殿荘下司平清重および惣追捕使願妙・子息清氏らによる年貢抑留事件では、東寺雑掌の要求を受けて伏見天皇が六波羅探題に綸旨を発し、六波羅探題が被疑者の召喚を使節に命じた[80]のに対して、下司清重・惣追捕使願妙は「両人共一乗院家御房人候、任二傍例一、可レ被レ申二本所一哉候覧」との請文を提出し、[81]一乗院経由での沙汰を主張した。これは、当初は本所の東寺と同荘住民との対立であった当該案件が、東寺と興福寺（一乗院）の対抗関係とも結びついてしまったことを示すと言えるのではなかろうか。また、永仁六年（一二九八）末に「早可㆓誡沙汰㆒之由、可㆑被㆑仰㆓武家㆒」との伏見上皇の院宣が出され、以後、張本を召喚する六波羅御教書が計六回にわたり発給されると、[82]願妙・清氏は翌正安元年五月までに京都に参上し、願妙は惣追捕使職を改易された。[83]ところが、願妙・清氏は処罰を受ける前に秘かに逃亡して荘家を濫妨しただけでなく、春日社神主泰長と結託して同社の神人と号し、摂関に提訴して長者宣を獲得した上、直接院宣の下賜を受けたり六波羅使節と結んで別件の訴訟を提起したりするなどの行為に出たのである。[84]願妙・清氏がなおも東寺・六波羅探題に抵抗する動きを見せていることが知られるとともに、彼らが春日社神人と号することで、本案件が東寺と春日社（・興福寺）との対抗関係につながり、更には摂関家が新たな法廷として出現していることがうかがえるのである。[85]

㈢　小　括

やや煩雑になったので、改めて本節で述べてきたことをまとめておきたい。論人・被疑者が本所進止下の凡下・住人である場合、六波羅探題の勅命施行は悪党検断の機能を果たすこととなった。彼らが幕府検断にあたっての身分的保護を受けられなかったこともあり、勅命施行に伴って実施される制裁措置は、被疑者に対して人身・経済的基盤の両面から徹底的に損害を与える厳しいものとなった。訴訟当事者間で和解が成立する可能性も極めて低く、当該期の社会的状況も相俟って、彼らが「悪党」と認定され、逮捕・処罰される可能性は非常に高かったと考えられる。

こうした勅命施行のあり方によって、六波羅探題の検断を受ける対象となった論人・被疑者の側は、越訴などの法廷闘争、六波羅使節の買収や現地入部の阻止など、あらゆる手段を行使してその検断の引き延ばしや妨害を図り、自己の権益の維持・確保を図った。このような合法・非合法両面からの抵抗が続発するのみならず、勅命施行に伴って、一つの訴訟案件が両統対立その他様々なレベルの対立・抗争と結合し、問題の解決を一層困難にさせることもあった。六波羅探題による勅命施行＝悪党検断は、紛争の長期化、「悪党」の再生産、訴人や六波羅探題と悪党との対立の激化といった結果をもたらすこととなり、社会の混迷を一層深刻化させていったのである。

おわりに

以上、鎌倉後期の六波羅探題による勅命施行の実態的側面について分析し、それが畿内・西国を中心とする当該期社会にいかなる影響や結果をもたらしたのかを検討してきた。最後に、本章での考察結果をもとにして、六波羅探題による勅命施行の歴史的意義をまとめるとともに、勅命施行を通して見た六波羅探題の鎌倉後期社会に占める位置について述べておきたい。

第三節で明らかにしたように、凡下・住人の関与する相論において、六波羅探題は悪党検断に関する公家政権の意思を執行する機能を果たした。一方、第二節で見たように、地頭御家人・武家被官の関与する相論では、六波羅法廷で行われている裁判に勅命が介入してきた時、六波羅探題はおおよその趣旨に沿って沙汰を進めた。注意すべきは、いずれの場合でも、公家政権は六波羅探題に指令を発するのみでその意思の実現には一切携わらず、諸々の相論・紛争の実際的処理には六波羅探題が当たっていたことである。しかも、六波羅探題による勅命施行は、地頭御家人・武家被官の不満を醸成し、悪党の反発・抵抗をも惹起させて、社会の混迷を一層深刻化させる結果をもたらした。鎌倉後期の六波羅探題は、勅命施行を通して当該期の様々な紛争の処理を一手に担わされ、諸階層の不満や反発を一身に受けざるを得ない立場に追い込まれていったのである。

だからと言って、勅命施行そのものが公家政権と六波羅探題との間に対立を惹起させ、討幕運動の高揚に直接つながったと言うことはできない。なぜなら、六波羅探題は公家政権の意思をほぼ忠実に施行しており、公家政権にしても、自己の意思の執行機関として位置づけている限り、あえて六波羅探題と敵対する理由はなかったからである。また、両皇統間の対立が激しくなる十四世紀段階においても、勅命施行の事例が一方の皇統の治世に偏って検出されるわけでもなく、勅命施行自体が両統対立に直接結びついたともまた考えられないのである。そうではなく、勅命施行の結果として、諸々の対立や抗争が激化し反六波羅探題勢力が形成されるのであり、その社会的混乱が両統対立と結びつくことによって初めて、反六波羅探題勢力が討幕を志向する皇統のもとに結集する可能性が生じるのである。このように考えれば、六波羅探題による勅命施行は、結果的に後醍醐天皇による討幕および建武政権樹立に向けての条件を整備したと評価できるのではなかろうか。

なお本章では、南北朝期の室町幕府による勅命施行の実態については検討することができなかった。その制度的変遷については岩元修一・森茂暁両氏の研究があり、室町幕府による機械的施行および公家裁判の形骸化の一要因という理解・評価が与えられていると言える。[86]しかし既に述べたように、そもそも森氏の研究は、武家による勅命施行の方式がどの段階に成立したのかという関心から、南北朝期から逆に鎌倉期に遡及するというものであった。そこでは、鎌倉期における勅命施行は南北朝期のそれの前段階として位置づけられており、両者の表面的連続性は指摘されていても、その質的変化のあり方にまでは目が向けられていない。勅命施行システムと密接に関わる使節遵行については、既に外岡慎一郎氏により、その制度的連続性と社会的変容に伴うシステムの変化が明らかにされている。[87]本章の成果を踏まえて、改めて南北朝期における勅命施行の実態・性格を把握し[88]、鎌倉期のそれと比較しながら、一貫した視野により勅命施行の展開とその特質を追究すべきであると考える[89]。今後の課題としたい。

〔注〕

（1）森茂暁『増補改訂　南北朝期公武関係史の研究』（思文閣出版、二〇〇八年、初刊一九八四年）第四章「北朝と室町幕府」。

（2）森茂暁「幕府への勅裁伝達と関東申次」（同『鎌倉時代の朝幕関係』思文閣出版、一九九一年、初出一九八四年）。また、同右著書第一章所収「西園寺実氏「関東申次」指名以前の朝幕交渉」・「関東申次をめぐる朝幕交渉―西園寺実氏以降―」・「関東申次施行状の成立」・「関東申次制の意義」も参照。

（3）外岡慎一郎「鎌倉後期の公武交渉について―公武交渉文書の分析―」（『敦賀論叢』一、一九八七年）。

（4）森茂暁「六波羅探題の「西国成敗」」（同前掲注（2）著書、初出一九八七年）。

（5）近藤成一「悪党召し捕りの構造」（永原慶二編『中世の発見』吉川弘文館、一九九三年）。また、同「両統迭立期の院宣と綸旨」（鎌倉遺文研究会編『鎌倉遺文研究Ⅰ　鎌倉時代の政治と経済』東京堂出版、一九九九年）も参照。

（6）外岡前掲注（3）論文。

（7）森茂暁前掲注（2）著書三七・三八・八二・一四五頁。

（8）森茂暁前掲注（2）著書三〇五頁。

（9）森氏のこのような認識は、鎌倉期の検非違使庁と六波羅探題との関係の展開について、モンゴル襲来以降における幕府権力の拡大・全国化の趨勢の中で、当初は協力・協調の関係にあった使庁の職務・権限を六波羅探題が代替し、公家側の警察機構を担ったとしたところにも現れている（森茂暁「六波羅探題と検非違使庁」〈同前掲注（2）著書〉）。この図式は、室町幕府による王朝権限の吸収という佐藤進一「室町幕府論」（同『日本中世史論集』岩波書店、一九九〇年、初出一九六三年）以来の議論を前代にまで遡らせたものと見られる。森氏の公武関係史研究が南北朝期に始まり、後に鎌倉後期に遡ったものである以上、このような認識の枠組みとなるのも当然であったと言えよう。

(10) この視角については、市沢哲『日本中世公家政治史の研究』（校倉書房、二〇一一年）序章を参照。また、公武関係史における権限吸収論・公権委譲論の問題点については、川合康『鎌倉幕府成立史の研究』（校倉書房、二〇〇四年）、同「鎌倉幕府研究の現状と課題」（『日本史研究』五三一、二〇〇六年）、松永和浩『室町期公武関係と南北朝内乱』（吉川弘文館、二〇一三年）などを参照。

(11) なお、本章ではその目的上、関東の幕府が勅命を施行する事例や、逆に六波羅探題・関東から公家政権に奏聞がなされる事例の分析は行わないこととする。これらについては、外岡前掲注(3)論文・森前掲注(4)論文を参照されたい。

(12) 山陰加春夫「「悪党」に関する基礎的考察」（『日本史研究』一七八、一九七七年）。

(13) 元応元年七月日高野山蓮華乗院学侶申状案（高野山文書又続宝簡集九七、『鎌倉遺文』三五―二七一〇八）。

(14) 正和五年正月二十七日六波羅下知状案（高野山文書続宝簡集一九、『鎌倉遺文』三三―二五七二八）、文保元年六月一日六波羅下知状案（同右、『鎌倉遺文』三四―二六二二二）、同年十二月二日六波羅御教書案（同右、『鎌倉遺文』三四―二六四五二）、文保二年八月六日六波羅御教書案（同右、『鎌倉遺文』三五―二六七五四）、元応元年後七月二十七日六波羅下知状（同宝簡集二四、『鎌倉遺文』三五―二七一八〇）。

(15) 元応元年八月十五日紀伊国南部荘地頭代観円請文（高野山文書続宝簡集一九、『鎌倉遺文』三五―二七二一〇）。

(16) 元応二年三月十五日後宇多上皇院宣案（高野山文書続宝簡集一九、『鎌倉遺文』三五―二七四〇九）。

(17) 元応二年八月日金剛峯寺衆徒等解状（金剛峯寺文書、『鎌倉遺文』三六―二七五五八）。なお、この事件については、網野善彦「鎌倉幕府の海賊禁圧について―鎌倉末期の海上警固を中心に―」（同『悪党と海賊―日本中世の社会と政治』法政大学出版局、一九九五年、初出一九七三年）も参照。

(18) （元応二年）三月十日後宇多上皇院宣（高野山御影堂文書、『鎌倉遺文』三五―二七三九八）。

(19) 森前掲注(2)著書一一六～一三二頁、外岡前掲注(3)論文六四～六七頁。また、院宣・綸旨や関東申次施行状などは残存しないが、「下二院宣（綸旨）於武家一」といった文言を有する訴状などがある場合も含めて、勅命施行が確認される事例を『鎌倉遺文』で検索した結果、地頭御家人・武家被官の関与する案件が三二件、本所および凡下・住人のみ関与するものが六〇件となり、前者が全体の三分の一を占めることが判明した。また、前者の諸案件では、地頭御家人・武家被官が論人として現れるケースが殆どであった。

(20) 瀬野精一郎編『増訂　鎌倉幕府裁許状集下　六波羅・鎮西裁許状篇』（吉川弘文館、一九八七年）に収められている六波羅下知状を通観しても、本所関係者と地頭御家人が当事者として現れる事例は多数あり、この点からも、六波羅探題への直接提訴という道を選択する訴人の方が多かったと推測される。

(21) 正中二年正月日高野山蓮華乗院学侶等訴状事書（高野山文書続宝簡集二〇、『大日本古文書　高野山文書之二』二八四号）。

(22) 北条氏研究会「北条氏系図考証」（安田元久編『吾妻鏡人名総覧』吉川弘文館、一九九八年）。なお、小泉宜右「地頭請に関する一考察」（『日本歴史』二九八、一九七三年）も参照。

(23) 小泉宜右「御家人長井氏について」（高橋隆三先生喜寿記念論集刊行会編『古記録の研究』続群書類従完成会、一九七〇年）、五味文彦「在京人とその位置」（『史学雑誌』八三―八、一九七四年）、森幸夫「六波羅評定衆考」（同『六波羅探題の研究』続群書類従完成会、二〇〇五年、初出一九九一年）など。

(24) 正和二年三月日摂津国輪田荘雑掌静成申状案（『九条家文書　二』三三五㈠）。

(25) ここで注目すべきは、「武家被管之身」である真浄と地頭の薬師寺義清が、おそらくは本所九条家を介して六波羅探題宛の院宣を獲得したとされる点である。地頭御家人・武家被官も、何らかのルートで本所・貴族と結びつきさえすれば、勅命施行を要請して院宣・綸旨を得ることが可能だったのである。この点、後に触れる国分寺領の例でも、御家人である国分友貞は本家と締結した和与の履行を、綸旨の獲得と六波羅・鎮西両探題の施行によって実現しており、勅命施行は本所側のみではなく地頭御家人・武家被官の側にも開かれた、六波羅法廷での裁判を有利に進めるための一方法となっていたのである。ただし、輪田荘の事例の場合、六波羅探題に勅命施行を命じる院宣も、それを受けて発給されたはずの六波羅探題の文書も残っておらず、また、円真の訴訟に対して提出された本所九条家雑掌の陳状に「今度於㆓中路㆒、無㆓左右㆒可㆑被㆑下㆓院宣於武家㆒之由捧㆓自由状㆒、奉㆑掠㆓叡聞㆒」などとあること〈年月日欠〉九条禅閤〈忠教〉家雑掌第二度目安案〈『九条家文書二』三三九〉から、真浄側が六波羅探題に勅命施行を命じる院宣を得たとする円真の主張自体がでっち上げであった可能性もある。また一般的にも、地頭御家人・武家被官の側が公家法廷に勅命施行を申請し得るようなコネクションを持つことは稀であったと思われ、多くは南部荘の事例のような、本所もしくは本所関係者が地頭御家人・武家被官の側を訴え、六波羅探題による勅命施行を公家政権に要請するパターンであったと考えられる。

(26) 元応二年八月二十二日六波羅御教書案（高野山文書続宝簡集一九、『鎌倉遺文』三六―二七五五二）、元応二年十月十三日藤原貞親請文案（同右、『鎌倉遺文』三六―二七五九四）。
(27) 元応二年十一月十一日後宇多上皇院宣案（高野山文書続宝簡集一九、『鎌倉遺文』三六―二七六三一）。
(28) 元亨元年五月二日六波羅下知状案（高野山文書続宝簡集一九、『鎌倉遺文』三六―二七七七九）。
(29) 元亨元年八月二十八日後宇多上皇院宣案（高野山文書続宝簡集一九、『鎌倉遺文』三六―二七八四八）。
(30) 前掲注(21)史料。
(31) （嘉暦元年）五月二十七日金沢貞顕書状（高野山文書宝簡集二四、『鎌倉遺文』三八―二九五一二）、嘉暦元年八月二十一日南部荘年貢米和与請文（同宝簡集二三、『鎌倉遺文』三八―二九五八九）。
(32) 前掲注(17)史料。
(33) （元応二年）十月六日後宇多上皇院宣（高野山文書宝簡集五、『鎌倉遺文』三六―二七五八四）。
(34) （元応二年）十月十三日備後守護長井貞重書状（高野山文書宝簡集六、『鎌倉遺文』三六―二七五九五）、年月日欠（元応二年）備後守護使者佐渡入道円覚申詞記（同又続宝簡集一四二、『鎌倉遺文』三六―二七六〇四）、（元応二年）十月二十二日東寺長者道順御教書（同宝簡集七、『鎌倉遺文』三六―二七六〇三）。

(35)（正和二年）六月十九日円真重申状案（『九条家文書　二』三三七㈡）。

(36) 相論の詳細については、古澤直人「「公方」の成立に関する研究―史料に探る「中世国家」の展開―」（同『鎌倉幕府と中世国家』校倉書房、一九九一年）を参照。

(37) 以上、元亨三年十一月日国分友貞申状案（国分寺文書、『鎌倉遺文』三七―二八六〇四）。実際、鎮西探題は元亨三年（一三二三）九月に、「綸旨・六波羅施行」に基づいて年貢を雑掌に引き渡すよう島津貞久に命じている（同年九月十六日鎮西御教書案〈同右、『鎌倉遺文』三七―二八五二七〉）。

(38) 以上、正中二年二月日菅三位家雑掌宗清申状案（国分寺文書、『鎌倉遺文』三七―二九〇一六）。

(39)（正中二年）三月二日後醍醐天皇綸旨案（国分寺文書、『鎌倉遺文』三七―二九〇二六）。

(40)（正中二年）三月三日西園寺実衡御教書案（国分寺文書、『鎌倉遺文』三七―二九〇二七）、正中二年三月十三日六波羅御教書案（同右、『鎌倉遺文』三七―二九〇四三）、正中二年七月二十五日鎮西下知状案（同右、『鎌倉遺文』三七―二九一五八）。

(41) 御成敗式目第三十条に「遂二問注一輩、不レ相二待御成敗一執二進権門書状一事（中略）自今以後、憖可二停止一也」とある（『中世法制史料集第一巻　鎌倉幕府法』）。

(42) 近藤前掲注(5)「悪党召し捕りの構造」。

(43) 外岡慎一郎「六波羅探題と西国守護―〈両使〉をめぐって―」（『日本史研究』二六八、一九八四年）、同「鎌倉末～南北朝期の守護と国人―「六波羅―両使制」再論」（『ヒストリア』一三三、一九九一年）、熊谷隆之「六波羅・守護体制の構造と展開」（『日本史研究』四九一、二〇〇三年）。

(44) 六波羅探題の悪党処分に際しての拘禁手続きが幕府の「囚人預置」制に基づいていることについては、海津一朗「中世社会における「囚人預置」慣行―西国地頭の村預けを中心に―」（『日本史研究』二八八、一九八六年）を参照。また植田信広氏は、幕府の殺害刃傷事案、特に悪党事件に対する処断の大半が流刑である点を明らかにしている（同「鎌倉幕府の殺害刃傷検断について」西川洋一・新田一郎・水林彪編『罪と罰の法文化史』東京大学出版会、一九九五年）。

(45) 伊賀国黒田荘悪党事件の経過については、小泉宣右「伊賀国黒田庄の悪党」（稲垣泰彦・永原慶二編『中世の社会と経済』東京大学出版会、一九六二年）、稲葉伸道「黒田荘」（『講座日本荘園史』六、吉川弘文館、一九九三年）などを参照。

(46) 正安二年四月日東大寺衆徒等重申状土代（東大寺文書一―一―一六、『大日本古文書　東大寺文書之十』七一号〈以下「『大日本古文書』十―七一」のように略記する〉）。

(47) 元亨四年二月二十日六波羅御教書案（東大寺文書一―一―一三七、『大日本古文書』十―八八）。

(48) 元亨四年五月二日佐々木範綱請文案（東大寺文書一―一―三五五、『大日本古文書』十二―三五五）。

(49) 嘉暦元年九月日東大寺衆徒等重申状案（東大寺文書一―一―三二、『大日本古文書』十―九一）。

(50) 嘉暦二年二月日東大寺衆徒等重申状土代（東大寺文書一―一―三四、『大日本古文書』十―九二）。

(51) 嘉暦二年三月二日六波羅御教書案（東大寺文書一―一―一三六、『大日本古文書』十―九三）。

(52) 太田順三「西大寺の領域的支配の確立と絵図」（竹内理三博士古稀記念会編『続荘園制と武家社会』吉川弘文館、一九七八年）、石上英一「西大寺荘園絵図群の研究」（同『古代荘園史料の基礎的研究　下』塙書房、一九九七年）。

(53) 以上、嘉元元年十一月二日太政官牒（興正菩薩行実年譜附録上、『鎌倉遺文』二八―二一六六九）。

(54) 年月日欠（文保元年）西大寺訴状目安（西大寺文書、『鎌倉遺文』三四―二六五〇五。一部、原本の紙焼き写真により訂正）。

(55) 徳治二年十一月八日文殿勘文（西大寺文書、『鎌倉遺文』三〇―二三〇八三。一部、原本の紙焼き写真により訂正）。

(56) ここでの勅命施行は悪党検断ではなく、現地の警固および院評定における審議・判断材料を得るための調査を目的としており、第四章で検討した寺社紛争の処理における六波羅探題の調査機能と通じるものである。また、両使より現地実検の結果が奏聞され、それに基づき院の判断が形成されており、公家政権と六波羅探題との意思疎通のルートがここにも見られる。

(57) 以上、前掲注(54)史料。
(58) 乾元二年八月日東大寺衆徒等申状案(東大寺文書一―一二―六五、『兵庫県史　史料編・中世五』一九九〇年)。
(59) この事件については、森幸夫「平頼綱と公家政権」(『三浦古文化』五四、一九九四年)も参照。
(60) 以上、年月日欠(永仁四年)摂津親景代承経重申状(今江広道「宮内庁書陵部所蔵『実躬卿記嘉元四年五月巻』紙背文書」〈『古文書研究』一二、一九七八年〉)。
(61) 永仁四年三月日度会光倫申状(前掲注(60)「宮内庁書陵部所蔵『実躬卿記嘉元四年五月巻』紙背文書」)、年月日欠(永仁四年三月ヵ)度会光倫申状(神宮文庫蔵三条家古文書、『鎌倉遺文』一二五―一九二四八)。
(62) 外岡慎一郎「使節遵行に関する覚書」(『敦賀論叢』七、一九九二年)、同「使節遵行と在地社会」(『歴史学研究』六九〇、一九九六年)。
(63) 羽下徳彦「「検断沙汰」おぼえがき」(一)~(四)(『中世の窓』四~七、一九六〇年)。
(64) 古澤直人「鎌倉幕府法の効力―幕府法効力の本質=限界と、その変質―」(同前掲注(36)著書、初出一九八八年)。
(65) 網野善彦「鎌倉末期の諸矛盾」(同前掲注(17)著書、初出一九七〇年)、市沢哲「鎌倉後期の公家政権の構造と展開―建武新政への一展望」(同前掲注(10)著書、初出一九九二年)。
(66) もちろん、訴人の告発する人物を「悪党」と認定するか、および悪党検断指令を六波羅探題に発するかについては、曲がりなりにも公家政権が判断を下していたのであって、六波羅探題の武力発動という訴人の要求が常に承認されていたとは言いがたい。
(67) 正和元年十二月二十六日沙弥道願請文(東寺百合文書ホ九ノ六、早稲田大学大学院中世史ゼミ「『鎌倉遺文』所収「東寺文書白河本」の校訂」(7)〈『鎌倉遺文研究』七、二〇〇一年〉三二二号。一部、京都府立総合資料館所蔵原本の紙焼き写真により訂正)。
(68) 古澤前掲注(64)論文。

(69) 同日付の沙弥道願名田坪付注進状案（東寺百合文書ホ九ノ七、前掲注(67)「『鎌倉遺文』所収「東寺文書白河本」の校訂」（7）三三三号）に「東寺御影堂御領山城国拝志庄内道願名田事／合参町七段者」とある。

(70) 古澤前掲注(64)論文二六九頁。

(71) 以上、前掲注(54)史料。

(72) 紛争の起こった正和五年を「去年」とする点、また、秋篠寺がその下知に従わない大川・忍熊の郷民に狼藉を加えた「今月十四日」・「十七日」を「今春」と表現している点から、本訴状は文保元年の正〜三月頃に成立したと考えられる。

(73) 『公卿補任』正和五年・文保元年条。

(74) 太田順三氏は前掲注(52)論文で、「按察家」を葉室頼藤とする（『鎌倉遺文』も氏の判断に従う）が、『公卿補任』正和五年条によれば、葉室頼藤は閏十月四日の権大納言就任とともに按察使を辞している。光誉・光海が「按察家」を介して院宣を獲得した同年十一月三日は、日野俊光が按察使に就任した閏十月十九日の後となるから、「按察家」を頼藤とすることはできない。また、俊光が翌年六月二十一日に権大納言に昇進した後、按察使は数ケ月間空席となり、次に葉室長隆がそれに任じられたのは十二月二十二日である。更に『尊卑分脈』では、光誉・光海と葉室頼藤・長隆父子との血縁関係・姻戚関係は特に見出せない。以上より、「按察家」はほぼ日野俊光に比定し得る。

(75) 『尊卑分脈』第二篇二三四・二四八頁。

(76) 前掲注(54)史料。

(77) 前述した大和国宇陀神戸竹荘をめぐる摂津親景と伊勢神宮との相論では、正応五年（一二九二）に伊勢神宮勝訴の判決が言い渡されるが、摂津親景はなおも同荘の掌握を図り、度会光倫が関東に下向している隙をうかがって、永仁二年（一二九四）七月二十九日に重ねて知行安堵の綸旨を獲得した（前掲注(60)史料、前掲注(61)永仁四年三月日度会光倫申状）。そして、神宮側が公家法廷に越訴したのに対し、摂津親景は先の安堵の勅裁を根拠として、「召㆓取彼悪党等㆒、被㆑禁㆓籠其身㆒、可㆑令㆑沙㆓汰居領主代於庄家㆒」と六波羅探題に命じる綸旨を再び発給するよう要求している（永仁四年正月日某〈摂津親景代承経ヵ〉申状〈前掲注(60)「宮内庁書陵部所蔵『実躬卿記嘉元四年五月巻』紙背文書」〉）。当時はまだ両統対立が顕在化していない時期であるが、訴訟当事者が双方ともに現地の領有を認定する勅裁を得て、自己の正当性を主張する状況がここにもうかがえる。

(78) 前掲注(54)史料。

(79) 以上、石上前掲注(52)論文。

(80) （永仁四年）四月七日伏見天皇綸旨案（東寺百合文書と、『鎌倉遺文』二五―一九〇四四）、永仁四年六月六日六波羅御教書案（同右、『鎌倉遺文』二五―一九〇八五）。

(81) （永仁四年）九月十四日大和国平野殿荘下司清重・惣追捕使願妙連署請文案（東寺百合文書と、『鎌倉遺文』二五―一九一三九）。

(82) （永仁六年）十二月廿□日伏見上皇院宣案（東寺百合文書ネ一五九ノ一、『鎌倉遺文』補・東寺二―四〇一）、永仁七年二月二十四日六波羅御教書案（東寺百合文書ヨ六〇、早稲田大学大学院中世史ゼミ「『鎌倉遺文』所収「東寺文書白河本」の校訂」(4)〈『鎌倉遺文研究』四、一九九九年〉一六八号）、（正安元年ヵ）八月二十一日大和国平野殿荘雑掌快実書状（東寺百合文書無八一、『鎌倉遺文』補・東寺二―四一二）。

(83) 永仁七年四月日大和国平野殿荘雑掌重申状（東寺百合文書京一三、『鎌倉遺文』補・東寺二―四〇八）、正安元年五月二十四日六波羅御教書案（東寺百合文書ひ四、『鎌倉遺文』補・東寺二―四〇九）、同年八月二日東寺供僧評定事書（東寺百合文書ネ一三、『鎌倉遺文』補・東寺二―四一一）。

(84) 前掲注(82)大和国平野殿荘雑掌快実書状、正安元年十月日大和国平野殿荘雑掌快実重申状土代（東寺百合文書無一七ノ一、『鎌倉遺文』補・東寺二―四一七）。なお、間もなく清氏は上洛したところを逮捕され、篝屋御家人に身柄を預けられている（正安元年九月日大和国平野殿荘雑掌重申状〈東寺百合文書無一六、『鎌倉遺文』補・東寺二―四一五〉）。

(85) この点、鎌倉末期に黒田荘悪党が禁裏供御人と称して贄司の挙状を獲得し、公家政権に提訴して記録所で東大寺との対決を図ったことが想起される（小泉前掲注(45)論文）。

(86) 岩元修一「所務相論を通してみたる南北朝期の朝幕関係について—足利尊氏・義詮期を中心に—」(『九州史学』七二、一九八一年)、同「開創期の室町幕府政治史についての一考察—北朝との関係を中心に—」(『古文書研究』二〇、一九八三年)、森茂暁前掲注(1)著書第四章。

(87) 外岡前掲注(43)「鎌倉末~南北朝期の守護と国人」、同前掲注(62)「使節遵行と在地社会」。

(88) 既に永井英治氏が、裁判の実態から岩元・森両氏の研究を再検討している(同「南北朝内乱初期の裁判における幕府・朝廷関係」『年報中世史研究』二二、一九九七年)。

(89) 同様の視点から、幕府・六波羅探題がその意向を公家政権に奏聞する武家執奏についても考察する必要があると考える。

付論　鎌倉後期多武峯小考
――『勘仲記』裏文書にみえる一相論から――

はじめに

中世前期の多武峯については、これまで興福寺との抗争、墓守の活動、藤原鎌足木像の破裂などに関する研究が行われてきた。(1) しかし、度重なる火災や戦乱によって多くの文書類が失われたこともあり、特に鎌倉時代の多武峯の実像については断片的な史料によってしか知ることができず、その基礎的な研究さえ充分なされるには至っていない。

このような鎌倉時代の多武峯関係史料の欠乏状況を補ってくれる格好の史料が『勘仲記』の裏文書である。周知のように、『勘仲記』は鎌倉後期の中級貴族である勘解由小路兼仲が記した日記で、公家政権の政務・儀礼・訴訟制度や公武関係、モンゴル襲来をめぐる動向、寺社権門の活動など、広範囲にわたる記事を含んでいる。その裏文書も、建治・弘安・正応年間（一二七五～九三）を中心として、質・量とも非常に豊富な内容を有しており、公文書からは知り得ない当時の社会の実態がうかがえる貴重な史料である。

『勘仲記』裏文書については、森茂暁氏のまとまった研究がある。(2) 氏は、記主である兼仲が摂関家の家司として、その家政に関わる職務を務めるとともに、蔵人・弁官に任じられ、訴訟担当奉行や文書の発給といった朝廷の諸政務に従事しており、そのような彼の職務活動が裏文書残存のあり方と密接に関係していたことを明らかにした。またそれと関わって、『勘仲記』裏文書には朝廷と並んで摂関家を提出先とする申状が多数残されていること、中でも多武峯関係の文書が抜群に多く、それらから興福寺との抗争や大和国内の諸相論に関与した衆徒や墓守の活動が知られることを指摘している(3)。

本付論では、そのような『勘仲記』裏文書の中から、鎌倉後期における多武峯九品院相論に関する文書をとりあげる。森氏もこれを多武峯の内部紛争の一例として簡単に検討しているが、本付論ではまず、関係史料の相互関係や成立順序などの基礎的事項を整理し、相論の内容や発生の経緯を可能な限り復元したい。そしてそれを通して、当該期の多武峯の実像に関する論点を提示することにしたい。

一　弘安九年の多武峯九品院相論

本付論で検討するのは、多武峯寺内九品院の院主職およびその所領である大和国稲(南)渕荘内塔堂・干川(星河)両名をめぐり、弘安九年(一二八六)に繰り広げられた相論である。訴人は良忠、論人は栄範で、いずれも多武峯寺僧である。法廷の場は摂関家(関白鷹司兼平)と考えられ、鷹司家の家司であった勘解由小路兼仲が裁判の奉行となった。

『勘仲記』裏文書に収められている関係史料は計十点で、そのうち八点が正応元年の巻に、残り二点は正応二年の巻に収められている。文書の種類は訴陳状が殆どである。これらはいずれも『鎌倉遺文』に活字化されているが、翻刻時の制約による読み誤りが多く見受けられるので、全文を掲げるに当たって、国立歴史民俗博物館所蔵原本およびその紙焼き写真により校訂した。なお便宜上、訴人側作成と考えられる文書を【史料1】

として各々に記号A～Eを付し、論人側作成の文書は【史料2】として記号a～eを付した。文書名下の（　）内は当該文書所収の『勘仲記』の巻、および対応する『鎌倉遺文』の巻―号数を表す。文字は原則として常用漢字を使用した。また、紙替わりは「　」で記した。(4)

【史料1】

A　良忠申状（正応元年七月巻、『鎌倉遺文』二二―一六〇〇九）

多武峯寺僧良忠謹言上、

請レ被下殊蒙二恩裁一、停二止当寺僧永（栄）範当国稲渕庄内□「
干（星）河両名濫妨一、兼改二易永（栄）範九品院院主一、以二良忠一補中任彼「
職上子細状、

副進

□通　当御代御成敗　長者宣幷別当法印状案
□通　興福寺紛失状案幷一（乗カ）条院家御下知状等案
□通　③′良筭売文

」□（文カ）子細者、①当寺九品院院主良賀法印之遺弟良性寺□「
」永四年冬比、為二悪党一被二殺害一之刻、所持之財物調度之「
」□被二盗取一矣、依レ之、良性之舎弟良筭経二上裁一之処、以良（性カ）□「
」□（遺カ）領者、可レ為二良筭之進退一之由、被レ成二下長者宣一、以殺害之（張カ）□「
」□仰二武家一、被レ処二流罪一畢、其間子細為二当御代御沙汰一之（前カ）□「
」□無二御不審一歟、仍委細不レ能レ令二注進一、加之、付二所領之田畠一、既雖レ賜二「

〕□(御カ)成敗長者宣一、猶依レ恐二末代之牢籠一、②重立二紛失状一、申二賜興福寺〔

〕□(三カ)綱正権之証判一畢、依レ之、良算致□年知〔

〕□年秋比、彼領内以南渕庄之〔　〕良算〔　〕□□〔

〔　　　　〕

〕遺領〔　〕而③沽却相伝之上者、不レ可レ有二子細一之処、〔

〕④殺害之□□□(同流僧カ)(栄)永範、此四・五年之程、□(忩カ)移二住九品院一、猥令押領〔

〕間、既為二⑤先師殺害之怨敵一之上、令レ押二領九品院一之前者、可被〔

〕罪科之□可二訴申一之旨雖レ令レ存、猛悪不善之悪党也、若企訴詔〔

〕之致二阿党一歟之由、依レ令二恐怖一、□(徒カ)懐二愁憤一空送二年序一之処、剰□〔

〕⑥願及二所領之濫妨一之条、希代之狼藉、超過之悪行也、然間、依□〔

〕□(乍カ)恐宣二愁訴一之処也、訴詔之〔　〕就レ中、〔

〕⑦殺二害児童一蒙二上御勘責一、未レ蒙二御宥免一□〔

〕□也、尤可レ有二御炳誡一者歟、⑧抑南渕庄者、為二一乗院家之御領一〔

〕□□(訴申カ)子細於院家之処、既追二出永範(栄)無道之使者一、可随良忠之□〔

〕□蒙二御成敗一畢者、⑨早任二相伝之道理一、可停止永範(栄)之南渕領之〔

〕□(旨カ)預二御裁許一、兼依二師弟之由緒一、良忠可レ為二九品院院主一□(之カ)由□〔

〕□(御カ)成敗者、弥仰二憲政之貴一矣、仍粗言上如レ件、

弘安九年二月　日

B　良忠重申状（正応元年七月巻、『鎌倉遺文』二一―一五九五六）

□至二于未来際一、為二門葉安堵一、令レ付二置後坊一者也、全不可有□(他カ)□
□□之処、①永(栄)範非二彼門弟一、而令レ殺二害院主良性一、盗二取置文一□
□対二于良賀之門弟一、致二遺跡相論一之条、希代之濫吹、尤背□□
□也、付レ冥付レ顕、争可レ有二御許容一哉、②同状云、於二院主職一者、□(為カ)□
□□沙汰、令二定補一畢云々、此条良性之遺領遺跡者、停二止峯□(勘カ)□
□妨一可レ為二良筭之進退一之旨、去建治二年五月十七日任法家□□
□　長者宣畢、何背二御下知幷本願之置文一、私令補任□(院カ)□
□之由、可レ掠二申之一哉、猛悪奸謀之陳状、非二御信用之限一、所詮、□
□良忠於九品院々主職、且被レ停二止所領違乱一、③且被紏返贓□(物カ)□
□□(等カ)之後、為レ被レ行二其身於強盗殺害之重科一、重言上如レ件、

弘安九年七月　日

C　良忠書状（正応元年八月巻、『鎌倉遺文』二二―一六〇〇二）

□□(九)品院々務職事、①栄範掠申　二条□(殿カ)□
□蒙二御下知一之由載二于訴状一候之条、存外次□(第カ)□
□□(院カ)故者、峯寺別院縦雖レ致二方々之御祈禱一□
□□主職者必蒙二　摂録(籙)御成敗一候之条、先□□
□□(殿カ)候、則当寺之別院念仏院者、雖レ為二　近□(衛カ)□
□□御祈禱所一、院主弥忍慶円房先年蒙□(罪カ)□
□□之時、聊不レ及二御口入一、依二　摂録(籙)御成敗一□

⊔□（流カ）罪畢、次又大和国平田庄官曳田兵衛⊓
⊔（政カ）行、依㆓御墓守之訴訟㆒罪科之時、雖㆑為㆓同⊓（近カ）
⊔□（衛カ）殿御領之住人㆒、不㆑及㆓直之御成敗㆒、被㆑申㆓⊓
⊔摂録（籙）㆓之後、被㆓仰下㆒畢、峯寺之事、皆⊓
⊔此候、何況於㆓当院之事㆒哉、以㆓此旨㆒可□⊓
⊔□（洩カ）御披露候、恐惶謹言、
十月十九日（弘安九年カ）　良忠
進上　山城前司殿

D　良忠重申状（正応二年正・二月巻、『鎌倉遺文』二二―一六〇一三）
⊔寺僧良忠重言上、
為㆓栄範偽訴㆒、被㆑抑㆓留南渕塔堂・干（星）川両名乃貢㆒⊓
愁状、
⊔件条者、既被㆑召㆓三問三答之訴陳㆒、可㆑仰㆓　上裁㆒之由⊓
⊔仰下之上者、任㆓道理㆒、良忠可㆑預㆓　御成敗㆒之処、雖⊓
⊔数箇月、不㆑預㆓　御成敗㆒事、愁吟之至、無㆓比類㆒者也、⊓
⊔重言上如㆑件、

E　延陳挙状（正応元年八月巻、『鎌倉遺文』二二―一六〇〇三）
寺僧良忠申栄
範致㆓濫訴㆒間、数月□（不カ）預㆓

御成敗一由事、良忠訴状
如レ此候、子細見二于状一候歟、
可レ有二洩　御披露一□(候カ)、
延陳恐惶謹言、

【史料2】

a　栄範陳状（正応元年八月巻、『鎌倉遺文』二二―一五九三二〈第二紙〉）

⊔申云、栄範雖レ令二知行一、何御灯油用途可レ有二闕如一哉、①加之南渕⊓
⊔(星カ)河両名良筭之令二売買一事者、依レ令レ存下為二仏田等一之由上不能□(知カ)⊓
⊔令二売買一歟、爰良忠者、称二入室給仕遺弟一之前者、乍令存知□(仏カ)⊓
⊔売買之条、猛悪不善之至極也、②又栄範之使者乱二入南渕庄一⊓
⊔責彼両名百姓等之由令レ申之条、甚以無実也、仰二　上裁一之□(前カ)⊓
⊔無二左右一可レ致二苛責一哉、良忠之愚案之企、弥招二非拠一者歟、
⊔③状云、良性殺害之同流僧栄範云々、
⊔条又無二跡形一虚誕也、証拠何事哉可二立申一者歟、不レ然者可レ被レ行二奏□(事カ)⊓
⊔□(実カ)罪科一者也、
⊔④状云、栄範者児童殺害之重科深云々、
⊔事又以不実之偽訴也、同被レ糺二明証人一者、所レ令二庶幾一也、
⊔前条々披陳大概如レ斯、⑤抑栄範者不レ存二別儀一、以二多楽院之沙汰一⊓
⊔(補カ)任院主之間、⑥為レ興二隆此院中一、守二本願良賀法印之証文一、加二沙汰一⊓

」□良忠者、住二私曲無実之狂心一、所二訴申一者、全非二今沙汰之肝心一□「
」□(栄)範之訴詔者、⑦為二九品院院主之身一、令二居住一之日者、為二其院領一□「
」□所レ令二寄附一之仏堂領者、院主可レ令二領知一之旨、任二道理一仰　上「(裁カ)
」⑧於二院主職一者、為二院内之沙汰一、令二定補一畢(乎カ)、何可レ有二後混(昆カ)之儀一哉□「
」被レ停二止良忠之無実之濫訴一、欲レ被レ崇二敬九品院之仏堂等一、仍「
」(言)上如レ件、

弘安九年六月　日

b

栄範重陳状（正応二年四・五月巻、『鎌倉遺文』二一―一六〇一一）

」知上者、不レ可レ費二私詞一云々、此段者、栄範令レ申二披一畢、良筭「
」栄範事者、令レ移二住于九品院一之日、兼依レ恐二国中一、九品院「
」返企二濫訴一之時也、①良筭・良忠等、尤可レ思二院中繁昌一之「
」貪欲、令レ滅二亡先師興隆遺跡一事、就二冥顕一可レ令二思慮一「
」(栄)範者、以二②院内計一、天然移住之身也、然上者、殆可辞申院□「
」既励二私力一、顕二苦労一上者、全無二曲節一、於レ今者、為蒙　御□(成カ)「
」□論之身也、所詮、被レ停二止良忠之競望一、南渕塔堂・星河「
」為二九品院院主栄範進止一、可レ令二領知一之由、欲レ蒙二　御成敗一矣、「
」③訴状云、本願門葉、何以二院主殺害之悪党栄範一、可レ被レ補二院主一「
」(良)忠苟為二本願之門弟一、而峯寺之住侶也、被レ補二院主一之条、誰可□(称カ)「
」哉云々、此段事新申状也、以二良忠一可レ定二器量一者、④良忠被レ免二「

□勘一之後、当寺之居住、雖レ送二数十年一、一念興行之思無レ之、既□
□別遺跡居住之前者、非二所望之限一、然今以二欲心一令レ競二望南□
□□(名カ)等一之日、如レ此令二掠申一処也、⑤非二院主器量一之条、思定之処、今□
□前後不二相順一之条、尤仰二　御高察一矣、
□□条々、就二重良忠之偽訴一、取レ詮披陳言上如レ斯、抑自余之偽□
□無益之枝葉也、問答費二紙筆一無二其詮一者也、故以二肝要一、今□(令カ)□
□□(前カ)者、忝被レ垂二　御哀憐一、蒙二　御裁許一者、且為一院興隆之□
□為二　摂録(籙)万年之御祈禱一哉、仍重披陳如レ件、
弘安九年十月　日

C
九品院院主栄範重陳状（正応元年八月巻、『鎌倉遺文』二一―一五九三二〈第一紙〉）

□(九品)院院主栄範重陳申、
□良忠偽訴一一無二其謂一事、
□□(副進カ)
□通　二条殿御下知状案幷御宛文案
□通　多武峯三綱中被二　仰下一状案
□通　良賀法印注置証文案
□通　多武峯多楽院内九品院注置状案
□通　院内宛文案
□栄範者、令レ補二任九品院院主職一事、全非二私競望一、依無人□(于カ)□

□□之扶持、既任①二一院之計一、令レ移二住九品院一之間、栄範以②二私力一□

□□二面房舎令二興隆一之上者、任二良賀寄文旨一、脩二理仏堂一□

③致二 二条殿御祈禱一、令レ言二上子細一之処、被二 仰下一状如レ此、□（依カ）□

両部之大法抽二三密之行業一、専励二長日不断之懇祈一、偏□

□泰平之繁栄者也、若栄範為二非器不善之躰一者、争為□

一院之計、以二栄範一雖レ為二片時一可レ令レ定二補彼院主職一哉、加之□

□（住カ）九品院之後者、一向備二仏性灯油一、致下令レ興二隆院中一事上、是□

□哉、若又良忠可レ為二九品院院主職一之旨令二存知一者、④良忠□

当寺衆徒之免除、令二帰住一之後十余年、何不崇先師遺□（跡カ）□

狼之栖哉、前後相違之濫訴、今案偽謀之企、尤可有 御□

□（哉カ）⑤、但良忠之訴状云、被レ召二出強盗幷殺害人栄範一、被紀返贓（物カ）□

d 九品院院主栄範重陳状（正応元年七月巻、『鎌倉遺文』二二―一六〇一〇〈第一紙〉）

□（多）武峯寺九品院院主栄範重弁申、

□良忠重濫訴一一無二其謂一上者、早被レ停二止無尽□□

□訴一、栄範可レ預二 御成敗一□（愁カ）事、

□（副カ）進

□通　二条殿御下知状案幷御宛文案

□通　多武峯執行三綱中御下知状案

□通　良賀法印注置証文案

□通　多武峯多楽院内九品院注置状案

□通　院内宛文案

□通　自二一条殿一被レ仰二付一乗院家一状案

□通　九品院堂塔仏具等破却注進状

「①（良）忠重申状云、九品院之造営、非二栄範私力一、還贓物□「

「重科云々取レ詮、此段、坊舎営作之私力、寺中無レ隠、人皆知「

「良忠申状者、院内何可レ申二補于栄範一哉、尋器量「

「然之処、今良忠姧懸二心于南渕仏田等一之日、企虚□（誕カ）「

「□偽訴者也、弥住二貪欲一、致二院中荒廃之濫妨一、尤仰「

「②訴状云、致二　公家・武家之御祈禱一之事者、非二制之限一、但□（当カ）「

「者、於二所務一者、尤奉レ仰二　摂録（籙）御成敗一之条、先傍例□（也カ）、「

「□（経カ）次□（第カ）之□□□□（沙汰掠申カ）「

e　栄範陳状（正応元年十月巻、『鎌倉遺文』二二―一六〇一二）

「也、①良性・良忠□下之輩等、為二満寺衆徒一被二治罰一事、全栄「

「相交者也、若栄範致二彼沙汰一者、何良筭等訴詔之時、称張「

「沙汰之日、彼交名不レ入二栄範一哉、②抑証文相伝之条者、栄範「

「九品院之上、欲レ令レ興二隆院中一之間、為二[redacted]之沙汰一、所二送渡一也、凡□（良カ）「

「③□□被二治罰一之根元者、良賀法印死去之剋、為奉報「

「寄二進数多田地于物寺依怙一之処、良忠「

寄進之命、住二貪欲一、私欲レ令二知行一之上、為 大織
被レ処二衆勘一者也、此条、栄範雖レ非レ可レ申二子細一、以□(不カ)
範今為レ妨二九品院領一、作二出虚誕一、及二偽訴一事、自他頗
益之言論之間、任二実正一所レ令二言上一也、所詮、④栄範為二院主職一、住九□(品カ)
者、任二本願一、於二彼領一者、院主可レ令二進退一哉、又九品院者、雖成□
被二弃置一哉否之事、所レ仰二 厳察一也、⑤但良忠之申状之中、□(専カ)
拠者、 長者宣幷 一乗院御下知状云々、此条者、如先度□
堂修理田等之間、依レ掠二申子細一、被二成下一歟、以□(本カ)
御斟酌者也、良忠之訴状事、一一雖可□
□言論也、又⑥栄範改名之由令レ申之条、無二跡形一之□(無カ)
□称二良賀之門徒一、不レ存二彼法印之遺跡興隆一、只住
□(企カ)今案之相論、⑦栄範者、雖レ非二其門徒一、依二院内無想之計略一、
住之間、守二本願寄進一、修二理堂舎仏像一、欲レ致二惣別之忠勤一許
今良忠以二非道一致二濫訴一事、何可レ相二叶冥慮一哉者、早任道
仰二 上裁一之状、粗披陳言上如レ件、
□□□(弘安九年カ)

本文書群には、保存状態の問題により生じた判読不能または困難な文字に加えて、一般的な裏文書と同様、日記の料紙に利用される際に左右天地の一部が切断され形が揃えられたため、文字が欠失した箇所も多数存在する。また、二紙以上の文書が分離され、その一部が散逸したと見られるものもある。そこではじめに、相論

の全容を把握するための基礎作業として、残された文書の相互関係や成立の順序から整理していくことにしよう。

まず、年月日や文言に注目すると、訴人良忠側の文書【史料1】は、Aが弘安九年二月日、Bが同年七月日の日付を持つから、A→Bの順に作成されたことになる。Cは十月十九日と年欠だが、内容から見てA・Bと同じく弘安九年のものと推測される。Dには日付が記されていないが、本文を見ると、「三問三答之訴陳」が既に行われたにもかかわらず、数ヶ月経っても成敗が下されないとあり、本文書が一連の裁判手続き終了後に作成されたことが分かる。Eは「良忠訴状」を取り次いだ挙状であるが、Dと類似する文言が見えることから、「良忠訴状」はDである可能性が高い。以上より、【史料1】はA→B→C→D→Eの順に作成されたと考えられる(5)。

一方、論人栄範の陳状【史料2】については、aの日付が弘安九年六月日、bが同年十月日であるから、a→bの順であることが分かる。次に、c・dは年月日が欠けているが、dの副進文書の五点目まではcのそれと一致しており、dはcの時より副進文書を新たに二点加えて法廷に提出されたと推測されるから、作成順序はc→dと考えられる。また、事書から両文書とも重陳状であることが分かり、【史料1】Dの「三問三答之訴陳」という文言もあわせて考えれば、cは二答状、dは三答状ということになる。

以上から、【史料2】の作成順序はa→b・c→dまでが判明したが、eに関しては年月日が判読できず、各文書の接続関係もまだ分からない。また、訴状・陳状の対応関係も判然としていない。ところで、当時の裁判は訴陳状の応酬、すなわち一方の主張に対して他方が反論を行い、それに対して一方が更に批判を加える形式をとるから、こうしたやりとりから文書の作成順序や訴陳の流れを導き出すことが可能である。Dから、本裁判では三問三答の訴陳がなされたことは間違いない。そこでここからは、各文書の引用や対応関係のあり方について分析することで、文書の成立順序を復元することとしたい。

まず【史料1】Aは、関係史料中最も成立が早く、また後述のように、訴人良忠の主張が最もまとまって提示されていることから、彼が最初に作成した申状と考えられる。二紙は直接接続し、間に別紙は挟まないと見てよかろう。このAを受けて栄範が最初に提出した陳状はどれだろうか。そこで【史料2】aを見ると、【史料1】Aの個々の主張に対する栄範の反論が随所に見られることに気づく。例えばa傍線②は、栄範の使者が稲渕荘内に乱入し塔堂・千川両名百姓を苛責したとする良忠の主張を否定した箇所であり、A傍線⑧の「追二出永(栄)範無道之使者一」に対応していることが分かる。また、a傍線③・④は良忠の申状からの引用部分であり、それぞれA傍線④・⑦に該当する。更に、a傍線①はA傍線③・③′に対応し、良忠が塔堂・千川両名を良算から買い受けた事実に関して非難した箇所と推測される。以上から、【史料1】Aに対する栄範の初回の陳状は【史料2】aと考えられる。

次に【史料1】B傍線②の「同状云、於二院主職一者、□(為カ)［　　］□沙汰、令二定補一畢云々」の部分は、【史料2】a傍線⑧とほぼ同一であり、栄範の初回の陳状から引用した箇所であることは明らかである。従って、Bはaを受けて良忠が作成した二問状である。続いて【史料2】c傍線⑤は【史料1】B傍線③を抜粋した箇所と判断できるので、cは先の推測のとおり二答状であり、二問状Bに対して栄範が作成した文書ということになる。

次に【史料1】C傍線①の「栄範掠申　二条□(殿カ)［　　］蒙二御下知一之由載二于訴状一候」の部分は、明らかに【史料2】c傍線③に対応しており、Cが栄範の二答状cを受けて作成されたことが分かる。次に【史料2】d傍線②は、【史料1】C傍線①の「峯寺別院縦雖レ致二方々之御祈禱一［　　］□(院カ)主職者必蒙二　摂録(籙)御成敗一候之条、先□［　　］□候」の部分とほぼ同じ趣旨であるから、先の推測のとおり、dは栄範の作成した三答状である。なお、dは良忠の「重申状」・「訴状」に対して出されたことが分かるが、Cは奉行勘解由小路兼仲を実質上の宛所とする書状であり、[6]申状そのものではない。つまり【史料1】Cとは別に、二答状【史料2】cに対応する形で三問状C′が作成されていたと推測される。

ここまでの検討から、A→a→B→c→C（・C′）→d→D→Eという成立順序が明らかになった。続いて、いまだ作成時期の不明な【史料2】eの分析に移ろう。まず、栄範側の文書【史料2】との関係から検討すると、e傍線④はa傍線⑦と同じ内容であり、e傍線⑤の「□堂修理田」の部分は、a傍線①「仏田」・傍線⑦「仏堂領」と対応している。次にc傍線④の「当寺衆徒之免除」は、e傍線①の「為二満寺衆徒一被二治罰一事」や傍線③の「衆勘」という記述を前提にして初めて理解が可能である。つまり、良忠は「衆勘」の「免除」を受けて寺内に「帰住」したのであり、c傍線④はe傍線①・③を前提として書かれたことが分かる。従って【史料2】eについては、dではなくa・cとの対応関係がうかがえる。

では、良忠側の文書【史料1】についてはどうであろうか。まず【史料2】e傍線⑤で、良忠が訴訟の根拠としたとされる「長者宣幷　一乗院御下知状」は、【史料1】Aの副進文書「当御代御成敗　長者宣」・「一条（乗カ）院家御下知状」をそれぞれ指しており、eはAを受けて書かれたことが分かる。だが、より注目したいのはe傍線⑦の「栄範者、雖レ非二其門徒一」の部分である。これは、B傍線①の「永（栄）範非二彼門弟一」の部分を受けて記されたものと考えられる。すなわち良忠が、良賀の門弟ではない栄範が良性を殺害して置文を盗み取り、良賀の門弟（＝良忠）に対して遺跡相論を起こしたのは不当だと非難したのに対して、栄範は良賀の門徒でないことを認めつつ、「院内無想之計略」により九品院に居住し、堂舎仏像を修理して「惣別之忠勤」に励んだと反論しているのである。また、e傍線②の「証文相伝之条」の部分も、良忠がB傍線①で、栄範が本願良賀の置文を持っているのは、彼が院主良性を殺害してそれを奪ったからだと主張したのに対し、栄範は自身が九品院に移住し院中興隆を図った際に多楽院の沙汰として送り渡されたので、良賀の証文を「相伝」したのだと反論したものと思われる。つまり、eはBに反駁するために書かれた文書と考えられるのである。以上より、【史料2】eは【史料1】Bの成立以後からC成立以前、すなわち七月以降十月十九日以前に作成された文書であり、栄範の二答状の一部として【史料2】cと接続すると判断できる。[7] このように考えれば、残りの【史料2】bは栄範が三度目に提出した重陳状の一部で、【史料2】dと接続するものと考えられる。[8] なお、b傍線③およびd傍線①・傍線②はいずれも良忠の重申状からの引用部分であるが、これらは現存する良忠側の文書には見られない。すなわち先述のとおり、紙背に残されてはいないが、良忠はc・eとd・bの間に右の記述を含む三問状C′を実際に作成したと思われる。

かなり煩雑な考察となったが、文書の成立順序は次のように結論づけられよう。

【史料1】A（弘安九年二月）→【史料2】a（六月）→【史料1】B（七月）→【史料2】c・e（七月～十月十九日以前）→【史料1】C（十月十九日）〈・C′（十月十九日前後）〉→【史料2】d・b（十月十九日以後）→【史料1】D→【史料1】E

それでは次に、訴論人両者の主張内容を整理しておこう。訴人良忠の主張は、その初回の申状【史料1】Aにほぼ集約されている。それによると、文永四年（一二六七）冬、九品院院主良賀の遺弟良性が悪党に殺害され、財物・調度を盗まれた。良性の舎弟良算が摂関家に提訴したところ、良性の遺領に対する良算の進退を認める長者宣が下され、殺害の張本は武家により流罪に処された（A傍線①）。この長者宣は明法家の勘文に基づき、建治二年（一二七六）五月十七日に発給されたものという（B傍線②）。続いて良算は、所領田畠に関する紛失状を作成して興福寺三綱の証判を獲得し（A傍線②）、領有を確実なものとしたが、数年後に遺領の一部である稲渕荘内塔堂・干川両名田地を良忠に売却し、以後良忠が両名を知行することとなった（A傍線③・

③′、a傍線①)。ところが、この四・五年ほど、「先師殺害之怨敵」(A傍線⑤)・「良性殺害之同流僧」(a傍線③)の栄範が九品院に移住してこれを押領し、所領の濫妨に及んだ(A傍線④・⑥)。稲渕荘は一乗院家(信昭)領であるので、良忠は院家にこれを訴え、栄範の使者を追放して良忠の指示に従うよう命じる成敗を得た(A傍線⑧)。そこで、良忠は続けて関白家(鷹司兼平)に提訴し、「相伝之道理」に任せて稲渕荘内所領の進退権を、「師弟之由緒」により栄範の九品院院主職改替と良忠の補任を要求したのである(A傍線⑨)。良忠は、栄範は良賀の門弟ではないにもかかわらず、良性を殺害して良賀の置文を盗み、良賀門弟に対して遺跡相論を起こしたと非難し(B傍線①)、「院主殺害之悪党」栄範ではなく、「本願之門弟」・「峯寺之住侶」である自分こそ院主にふさわしいと主張している(b傍線③)。

これに対して論人栄範は、「多楽院之沙汰」・「院内之沙汰」・「一院之計」により院主職に補任されて九品院に移住し(a傍線⑤・⑧、c傍線①)、本願良賀の証文の趣旨を守って、私財により堂舎・仏像の修造を進め、院中興隆の沙汰を行ったのであり(a傍線⑥、c傍線②、e傍線⑦)、院主として九品院に居住しているのであるから、院領として寄付された所領も院主が領知すべきだと主張する(a傍線⑦、e傍線④)。彼はまた「二条殿」(左大臣二条師忠)に「御祈禱」を申請し、それを認める下知状をも獲得したという(c傍線③)。栄範の述べるところでは、良忠は多武峯衆徒による「衆勘」を蒙った過去を持ち(e傍線①・③)、許されて寺内に帰住した後も院中を興行せず、先師の遺跡を荒廃させたとして(b傍線①・④、c傍線④)、「非二院主器量一」と決めつける(b傍線⑤)。一方、自身は良賀の門弟でないにもかかわらず、「院内無想之計略」により院中興隆の功績をあげ「惣別之忠勤」に励んだとして、自分こそ院主の器量だと主張している(e傍線⑦)。

以上の分析により、本相論の内容はおおむね把握できたものと思う。次節では、この相論がいかなる経緯で発生したのかを検討していきたい。

二　相論発生の経緯

【史料1】Aで良忠は、弘安九年（一二八六）の相論が起こったそもそもの契機として、文永四年（一二六七）冬に当時の院主良性が殺害された事件をあげている。実は、この事件の詳細を知り得る史料が残っている。一つは、『勘仲記』裏文書所収の【史料3】である。【史料1】・【史料2】と同様に、『鎌倉遺文』の翻刻を校訂した。

【史料3】九品院院主良算重申状（弘安六年十・十一月巻、『鎌倉遺文』一八―一三六四八）(9)

□（大）和国多武峯九品院々主良算重言上、

□□（欲カ）被早任二先度御沙汰旨一、忩被レ経二御奏聞一、可レ令二召断罪一由、仰□

□□寺強盗殺害放火刃傷以下交名人輩事、

□進

□巻　悪党人交名　綸旨幷長者宣二通　院宣幷関東御□

贓物注文、

□慶敏以下交名悪党人等、去文永之比、為二強盗一打二入同寺九品院一、□□

□令レ殺二害良性一之後、盗二取若干米銭以下資財等一之間、依二訴申一、被□

□聞、可レ尋二究犯否一之由、就レ被レ下二　院宣於武家一、被レ召二交名之輩一之□

□尊参洛之間、先就二当参一、被レ定二犯否一之処、至良性殺害幷□□

□慶敏以下交名之輩等所行之由、出二慶弁白状一畢、則以二彼状一□□

」聞之処、被レ下二彼状於明法一、任二勘状之旨一、於二慶弁・英尊一者、既以被流「
」□之、慶敏以下八人下手張本等、恐二自科一不参之間、建治二年五月「
」日法印□□雖レ被レ下二数ヶ度召文一、敢以不二叙用一、剰彼輩等□（吐カ）悪口□「
」□戸追二返　長者幷別当坊御使一之条、希代勝事候也、凡匪至此□「
」於二所々一合戦・夜討・引剥・苅田以下狼籍（藉）、都以無二絶期一者哉、乗一□「
」然間頻就二訴申一、連々雖レ被レ下二召文一、于今不二事行一之間、差二日限一「
」下召文、一向不参上者、不レ可レ有二其期一者、早任二先度御沙汰旨一、□（忩カ）「
」聞、被レ仰二付武家一、為レ被二召断罪一、重言上如レ件、

もう一つは、【史料3】の作成者である良算が正安四年（一三〇二）に弟子宛に記した、塔堂・干川両名田地とは別の水田の処分状である。これは関係部分のみ引用しよう。

件水田者、舎兄僧良性之私領也、而去文永四年十一月十七日多武峯悪党慶弁以下強盗人等、相二寄多楽院温室一、令レ殺二害良性一之上、打二入住坊九品院一、盗二取資財重宝一之内、同彼本券等盗取之条、一国顕然也、然間、舎弟僧良筭訴二申子細於　長者殿下一之処、道理有レ限之間、於二彼遺領一者、良筭可レ令二領掌一之旨、賜二　長者宣幷寺家御成敗一了、其上立二紛失（状脱カ）一、多年知行之処、敢以無二違乱一、(10)

この二つの史料から、良性殺害事件とは、文永四年（一二六七）十一月十七日、「多武峯悪党」慶弁・慶敏・英尊らが多楽院の温室に押し寄せて良性を殺害し、続けてその住坊九品院に打ち入り、米銭・文書等の資財を盗み取った事件であったことが分かる。(11)

また、【史料1】A傍線①の「以殺害之□（張カ）「」□仰二武家一、被レ処二流罪一畢」の部分に関する詳細も【史料3】からうかがえる。良算は関白鷹司兼平に裁許を求めると同時に、治天の君である亀山上皇にも良性殺害

の犯人の逮捕・処罰を求めて告訴しており、「可㆑尋㆓究犯否㆒」との院宣の発給を受けて、「武家」＝六波羅探題（北条義宗）が交名人の召喚に動いている。[12] 容疑者のうち、慶弁・英尊の二人は上洛・出頭して犯行を自供し配流されたが、慶敏ら八人は参上せず、数回の召文にも応じないどころか、氏長者・別当坊[13]の使者を追い返して更なる狼藉行為に及んだという。以後、この事件がいかなる結末を迎えたのかは不明であるが、いずれにせよ、弘安九年の院主職相論関係史料や正安四年の良算の処分状にも事件の顚末が述べられていることから、文永四年の院主良性殺害事件が以後の九品院の展開にとって画期となる出来事であったことは間違いなかろう。

それでは、ここまでの検討をもとに、本相論が発生した経緯を復元してみたい。まず、九品院を創立した「本願」は、良性・良忠らの師である良賀という多武峯寺僧である（【史料1】A傍線①・⑨、B傍線①、【史料2】a傍線⑥、b傍線③）。彼が自身の住坊として同院を建てた時期は明確ではないが、専玄という僧の記した建長四年（一二五二）四月の田地売券に、先祖相伝の私領を「多武峯九品院御塔供田料」として沽却したとあるから[14]、建立はそれ以前ということになる。良賀は文永四年（一二六七）以前に没するが、死に際して置文（証文・寄文）を作成し（【史料1】B傍線①、【史料2】a傍線⑥・c傍線②・e傍線②）、多数の田地を「惣寺依怙」に寄進した（【史料2】e傍線③）。そして、九品院の院主職は良賀の遺弟良性が継承したのである。

ところがその後、良忠が本願良賀の命に背き、惣寺に寄進された田地の私的知行を図ったとして、良性は良忠と共に多武峯衆徒の治罰（「衆勘」）を蒙ってしまった（【史料2】e傍線①・③）。そして文永四年十一月十七日、良性は多楽院の温室において慶弁・慶敏・英尊らに殺害され、住坊九品院の資財も奪い取られてしまうのである。おそらく文永末年〜建治初年の頃[15]、良忠はようやく衆徒により罪科を免ぜられて寺内に帰住した（【史料2】b傍線④・c傍線④）。間もなく良性舎弟の良算が、良性の遺領の回復を目指して行動を開始し、建治二年（一二七六）五月十七日、その領掌を認める長者宣を獲得した。同時に彼は、良性を殺害した慶弁・慶敏らを「悪党」として院に告訴し、彼らの一部は六波羅探題により逮捕・処罰されることとなった（【史料3】・良算処分状）。その後、良算は所領田畠に関する紛失状を作成して興福寺三綱の証判を得、更に良性遺領のうち稲渕荘内塔堂・干川両名田地を、良賀の門弟である良忠に売却した。

一方、九品院自体は良性殺害事件以後、放置され荒廃していたものと思われる。ようやく弘安四・五年（一二八一・八二）頃[16]、多楽院の沙汰により寺僧栄範が院主に補任された。彼は九品院に移住すると、本願良賀の置文に基づき、自らの私力によって堂舎・仏像などを復興するとともに、二条殿（二条師忠）に申請して同院をその祈禱所とした。やがて、栄範は院主の地位と九品院居住の事実を根拠として、同院領塔堂・干川両名田地の領有を主張し、現地に使者を派遣して知行の実現を図った。両名進退権侵害の危機に直面した良忠は、弘安九年（一二八六）二月に関白鷹司兼平に提訴した。こうして、家司勘解由小路兼仲を奉行として裁判が開始され、「三問三答之訴陳」（【史料1】D）が行われたのであるが、相論がいかなる形で決着を迎えたのかは不明である。

三　鎌倉後期の多武峯と摂関家・興福寺

ここまで二節にわたり、弘安九年（一二八六）の多武峯九品院相論の内容とその発生の経緯について明らかにしてきた。以上の検討結果を踏まえて、本節では鎌倉後期の多武峯の実態に関する論点をいくつか提示してみたいと思う。

まず最初に、当該期における多武峯の寺僧組織について考えよう。本相論において栄範は、自らの院主職補任を「多楽院之沙汰」（【史料2】a傍線⑤）・「院内之沙汰」（a傍線⑧）・「一院之計」（c傍線①）・「院内計」（b

傍線②）によるものと一貫して主張している。多楽院は、多武峯寺内に建立された「別院」の一つである。[17]『桜井町史　続』によると、中世後期の多武峯は、平等院・南院・浄土院・多楽院という、教学・所領を異にする四院で構成されており、各院には多数の被官坊が建立され、大和国の国人が先祖の菩提のため一族・子弟を入寺させていたという。[18] 一方の「一院」・「院内」は、文脈から多楽院を指すものと判断して間違いなかろう。この「一院」とは、いったいどのような組織であろうか。また、多楽院（「一院」）は九品院とどのような関係にあったのだろうか。

それとともに、もう一つ注目されるのが「惣寺」・「満寺」である。一般に「惣寺」とは、中世の寺僧集団全体、またはそれより限定された成員から構成される、衆議により運営される執行機関を表す語である。[19]【史料2】e傍線①・③に見える多武峯のそれは、九品院本願の良賀より田地を寄進される対象であり、その田地の私的知行を図った良忠らを「衆勘」に処することのできた存在である。では、当該期の多武峯の「惣寺」とはいかなるものであり、また「一院」とはいかなる関係にあったのだろうか。

ここで想起したいのが、中世延暦寺・園城寺の大衆組織に関する下坂守氏の研究である。[20] それによれば、中世の延暦寺・園城寺では、房舎を有する寺僧は「一院」という居住地域を単位とする生活共同体に所属していた。一院は、年臈をもってなる「宿老」と「若輩」で構成されており、衆議により運営され、「公物」と呼ばれる独自の財源を持つなど、きわめて強い独立性を有していた。そして、それら一院が結集して構成されるのが「惣寺」であった。惣寺は一院の上位に立ち、各院の間を調整しつつ全体としての意思を形成しており、また独自の公物を所有していた。園城寺では惣寺のもとに北院・中院・南院が存在しており、延暦寺は惣寺―「院々」（東塔・西塔・横川）―「谷々」という構造を持っていた。各レベルの共同体で大衆が主体となり、衆議による運営を行っていたのである。

右のような延暦寺・園城寺像は中世後期の史料を中心に組み立てられたものであるが、多武峯が天暦十年（九五六）に延暦寺末寺・無動寺別院となったことを考えれば、その組織や構造が多武峯に導入されていたことは充分想像できる。実際、【史料1】・【史料2】にうかがえる多武峯の衆徒組織のあり方は、右の延暦寺・園城寺のそれと対照させて見れば非常に理解しやすいように思われる。つまり、鎌倉後期の多武峯も延暦寺・園城寺と同様、「惣寺」のもとに多楽院をはじめとする複数の「一院」が存在する重層的な構造を有しており、各一院には寺僧がそれぞれ房舎を構えて居住・生活していたと推測されるのである。九品院もまた、少なくとも栄範の院主職補任の段階では、「一院」多楽院のもとに属する住房の一つであった。【史料2】c・dの「多武峯多楽院内九品院注置状案」という記述も、この点から理解が可能であろう。そしてこのように、各一院に房舎を構えて共同体を形成し、総体で惣寺を形成していた当該期の多武峯寺僧が「衆徒」と呼ばれていたのである。[21]

この多武峯の惣寺・一院もまた、衆議により運営されていたと考えられる。その根拠となるのが、【史料2】e傍線③の「衆勘」である。延暦寺における「衆勘」は、具体的には僧名帳から名前を抹消して大衆の成員資格を剥奪することであり、衆会による手続きを経て房舎破却・所領没収などの検断が執行されたという。[22]良性・良忠に対して多武峯の惣寺が行った「衆勘」も、「為二満寺衆徒一被二治罰一」（【史料2】e傍線①）とある点から、衆徒の衆議を経て決定されたと推測される。また「□当寺衆徒之免除、令二帰住一」（【史料2】c傍線④）とあることから、多武峯における検断は、寺外への追放をその一つの内容としていたと考えられる。九品院院主職の剥奪や所領の没収もおそらくその際に行われたのであろう。[23]なお、正中二年（一三二五）二月日付の「多武峯大札禁制条々之事」[24]には、寺内の一部の僧侶が国内の悪党を引き入れて蜂起し、種々の狼藉行為を行う事態となったため、「則満寺随二聞及一莅二彼所一、任レ法加二一同治罰一、被レ没二収坊舎所領一、可レ追二却其身一矣」

（第一条）とする規定があり、鎌倉末期の多武峯では「満寺」が検断権を持ち、坊舎・所領の没収や身柄の追放を行っていたことが分かる。また、その第二条に「一類之族、（中略）於二寺中郷内一、閣二寺家三綱一、不レ得二満寺評定一、致二私検断一云々」と見えることから、「満寺」の公式の検断は「寺家三綱」の承認と「満寺評定」の判断を必要としたものと思われる。[25]

以上のように、鎌倉後期の多武峯は、「惣寺」と多楽院以下の「一院」という重層的な衆徒組織を有していた。そして、栄範はこの多楽院に所属する寺僧と考えられ、惣寺―多楽院の存在を背景に、九品院院主職と稲渕荘内塔堂・千川両名田地の領掌を主張していたのである。良忠が「良性之遺領遺跡者、停二止峯□□坊一可レ為二良筭之進退一」（【史料1】B傍線②）と、多武峯側の介入を嫌う姿勢を見せていたのも、彼が惣寺の「衆勘」を蒙って寺外に追放された経歴を持っていたためと考えられるのである。

このように、多武峯惣寺・多楽院の力を背景に自己の権益を主張する栄範に対し、良忠は建治二年（一二七六）に摂関・氏長者鷹司兼平の長者宣を得て所領の領有権を確保し、弘安九年（一二八六）に再度兼平の法廷に提訴した（【史料1】A）。また、多武峯の「別院」が公家・武家の祈禱を行うこと自体は問題ないが、院主職や所務については「摂録（籙）御成敗」を蒙るのが傍例だと主張している（【史料1】C傍線①、【史料2】d傍線②）。良忠は摂関・氏長者の鷹司家を頼って長者宣を獲得し、それを根拠として栄範に対抗し、惣寺・多楽院の力を排除しようとしたのである。これに対して栄範も「二条殿御祈禱」を申請し、二条師忠よりその承認を得た（【史料2】c傍線③）。【史料1】Cであげられた別院念仏院も近衛殿（近衛家基）の「御祈禱所」とされており、多武峯の坊院の中には摂関家の祈禱所となるものがあったことが知られる。栄範は鷹司家と並ぶ五摂家の一つである二条家の名を持ち出して、良忠の主張の相対化を図ったものと考えられる。

前掲「多武峯大札禁制条々之事」の第六条には、寺僧が坊舎の附属や遺領の分配以下の相論を起こした場合、

「於二□（寺カ）家一被レ究二訴陳一、可レ蒙二満寺評判衆議一」こと、「若衆議難二一決一者、進二入訴陳状殿中一、請二文殿勘状一、可レ仰二長者御裁許一」ことが定められている。寺僧相互間の相論は寺家で訴陳の応酬を行い、満寺の衆議による裁断で解決すること、それが困難な場合にのみ氏長者の裁許を仰ぐことが規定されており、自身の裁判の自律性・独立性を維持しようとする多武峯側の姿勢が見られる。このような規定が出されたのも、九品院相論の良忠のような、寺家・惣寺を介さずに直接藤氏長者の成敗を仰ごうとする者が存在し、それによって寺内の判断が混乱するケースが実際にあったからではなかろうか。

もう一点、多武峯と興福寺との関係の様相にも言及しておきたい。【史料1】Aによると、建治二年（一二七六）に長者宣を獲得した良算は、更に良性遺領に関する紛失状を作成し、興福寺三綱の証判を得ていた（傍線②）。また、稲渕荘が一乗院家領であることから、良忠は一乗院（信昭）に栄範の濫妨を訴え、その成敗を受けている（傍線⑧）。良忠は、惣寺—多楽院の力を背後に持つ栄範に対抗するため、興福寺の紛失状や一乗院家の下知状をも法廷に持ち出したのであり、寺僧間の相論が当事者どうしの争いにとどまらず、多武峯惣寺と興福寺・一乗院との対抗関係につながっているのである。

『多武峯略記』によると、承安二年（一一七二）八月に「南淵坂田寺」を多武峯の末寺とする長者宣が出されたという。(26) 一方、中世前期の興福寺一乗院に関する史料である『簡要類聚鈔』には、末寺の項に「稲淵庄（寺カ）在末庄 国栖庄」という記述がある。(27) 稲渕荘はこれらの寺院と関係する荘園と考えられ、当荘が多武峯・一乗院との関わりを持つ根拠はあったと思われる。しかし、稲渕荘が一乗院領化した経緯や、塔堂・千川両名田地が良性所領（多武峯九品院領）となった事情については、これ以上の史料が残っておらず不明と言わざるを得ない。少なくともここでうかがえるのは、一乗院の所領である稲渕荘の中から、塔堂・千川両名の田地が何らかの理由で多武峯寺僧の手もとに流れ、多武峯の一坊院である九品院の所領に組み込まれていたということである。こうした事態が当時大和国内で他にも見られたのかどうかを明らかにする用意は今の筆者にはなく、今後の研究に委ねる他はない。ただ、我々はこれまで、両寺の対立関係については嗷訴や武力衝突にどうしても目を向けがちであった。しかしその一方で、興福寺側の所領の一部が多武峯側の領有するところとなる事態が現実に存在したのであり、こうした当該期の複雑な土地領有関係が、両寺間の矛盾を増幅させる一つの原因となった可能性があることを指摘しておきたいと思う。

おわりに

本付論では『勘仲記』裏文書所収の多武峯九品院相論関係史料を分析し、相論の内容や発生の経緯を復元するとともに、鎌倉後期多武峯の衆徒組織や摂関家・興福寺との関係について若干の考察を行った。筆者自身、寺院史・宗教史については門外漢であるので、先行研究・史料の見落としや初歩的な誤り、あるいは充分考察しきれていない点なども多々あると思う。大方のご批判・ご教示を頂ければ幸いである。最後に本論で詳しく論じ得なかった、公家政権と六波羅探題による検断システムの問題について簡単に述べておきたい。

鎌倉後期における犯罪被疑者の検断手続きを、【史料3】から復元すると次のようになる。まず、訴人（良算）が犯人の逮捕・処罰を求め、交名注文などを副えて公家政権に告訴する。関係文書は治天の君（亀山上皇）に奏聞され、訴えが認められれば六波羅探題に事件の処理（「可㆑尋㆓究犯否㆒」）を命じる院宣が発給される。それを受け取った六波羅探題（北条義宗）は、交名注文に基づいて容疑者を召喚し、出頭した者（慶弁・英尊）を拘束して事件について取り調べ、「白状」等の報告書を奏聞する。院は受理した文書を明法家に下し、その罪名勘申に基づき、公家政権の名で罪刑（配流）を決定するのである。

この方式は、寺社紛争における張本の処罰でも採用されていた。弘安二年（一二七九）に起こった石清水八幡宮の嗷訴では、張本の日吉社末寺赤山神人蓮法法師を逮捕するよう命じる亀山の院宣が六波羅探題に下されており、天台座主よりその身柄を受け取った六波羅探題は、事情聴取を進めてその内容を奏聞している。そして、院評定で蓮法の流罪が決まると、六波羅探題はその決定に基づき蓮法を薩摩国に配流している[28]。治天の君が六波羅探題に検断を命じる院宣（綸旨）を発給し、六波羅探題が取り調べの結果を奏聞するルートが形成されていること、公家政権が被疑者の捜索・逮捕の指令と罪科の決定、六波羅探題が検断指令や処罰の執行という役割を担っていることが分かる。また時期はやや下るが、六波羅探題に召し捕られた伊賀国黒田荘悪党覚舜・大江清高らの罪名について、「武家状幷使者申詞等　奏聞之処、件輩可レ処二流刑一之旨、可下令レ仰二遣武家一給上」と関東申次西園寺公宗に命じる後醍醐天皇の綸旨が発せられており、悪党検断の場合でも同様の手続きがとられていたことがうかがえる[29]。このように、公家政権と六波羅探題が密接にリンクする検断の手続きが、少なくとも建治年間には整備されていたのである。

〔注〕

（1）　網野善彦「多武峯の墓守」（同『日本中世の百姓と職能民』平凡社、一九九八年、初出一九八八年）、泉谷康夫「鎌倉時代の大和国―興福寺と多武峯を中心に―」（『高円史学』九、一九九三年）、黒田智「大織冠像の破裂と肖像―中世における肖像と「名付け」―」（『年報中世史研究』二三、一九九八年）など。多武峯の歴史全般に関しては、桜井町史編纂委員会『桜井町史　続』（桜井市、一九五七年）、奈良国立博物館編『大和の神々と美術　談山神社の名宝』（奈良国立博物館、二〇〇四年）を参照した。

（2）　森茂暁「申状の世界―『兼仲卿記』紙背に見る訴訟―」（同『鎌倉時代の朝幕関係』思文閣出版、一九九一年、初出一九八九年）、同「藤原兼仲の職務と紙背文書」（同右著書）。

(3) 網野氏も前掲注(1)論文で、『勘仲記』裏文書を多く用いながら、鎌倉後期における多武峯墓守の活動の実相について明らかにしている。

(4) 【史料2】dについて、『鎌倉遺文』ではもう一紙と接続する形で翻刻されている。だが、二紙目とされた文書(正応元年七月巻)は、

　　宮禰宜競望之篇者、追可レ被ニ糺明一者哉、仍粗重言上如レ件、

　　　弘安九年十月　日

と読むことができ、「宮禰宜」の語は多武峯構成員の職名としてふさわしくないと思われる。従って、この文書は本相論とは無関係と考えられるので(文書名も「某重申状」とすべきである)、本付論では考察の対象外とした。またa・cは、『鎌倉遺文』では一続きの文書とされているが、本付論では別個のものとして扱った。なお、本付論でとりあげた『勘仲記』裏文書の校訂と内容分析および相論過程の復元に当たっては、平雅行氏・正木有美氏のご教示を得たほか、関西・名古屋・東京の研究者で構成する「勘仲記裏文書の会」における成果にも依拠している。同研究会による、右の文書以外の『勘仲記』裏文書の翻刻・校訂と内容研究の成果については、勘仲記裏文書の会「史料研究　『兼仲卿記』紙背文書　正応元年二・四・五・六月巻」(『国立歴史民俗博物館研究報告』一五三、二〇〇九年)、同「史料研究　『兼仲卿記』紙背文書　正応元年八月巻」(『国立歴史民俗博物館研究報告』一八六、二〇一四年)を参照されたい。また、原本調査の際には、国立歴史民俗博物館(当時。現武蔵大学)の高橋一樹氏より種々のご高配を賜った。

(5) なお、Eを作成した延陳は、担当奉行人である勘解由小路兼仲と何らかのパイプを持つ人物とも考えられるが、詳細は不明である。

(6) 永仁二年(一二九四)正月四日、前年暮に権中納言に補任された勘解由小路兼仲は、着陣の儀を前に、自邸で日時勘文の入った筥を「家司前山城守信俊宿禰」から受け取っている(『勘仲記』同日条)。この人物は、弘安七年(一二八四)十二月六日に、近衛府生秦弘文を人長職に補任する「蔵人少輔殿」兼仲の奉書を作成した「前山城守信俊」、および正応二年(一二八九)二月二十三日に行われた兼仲子息の蔵人秀才光資の献策に出仕

した「前山城守信俊」と同一人物であろう（『勘仲記』各日条）。前山城守信俊は勘解由小路家に家司として仕える人物であり、【史料1】Cの宛所の「山城前司殿」も彼を指すと推測される。そうであるならば、Cは良忠が「山城前司」信俊を介して、奉行兼仲に自らの主張を伝達しようとした書状と考えられよう。なお『勘仲記』裏文書には、Cと同様に「山城前司殿」を宛所とする文書が計三点ある〈弘安四年ヵ〉八月二十九日興福寺三綱等書状〈弘安五年冬巻、『鎌倉遺文』一九―一四四三七〉、〈年欠〉五月晦日豪隆書状〈弘安七年四月・閏四月巻、『鎌倉遺文』二〇―一五一三〇〉、〈正応六年ヵ〉二月二十三日内膳奉膳秋信挙状〈永仁二年正月巻、『鎌倉遺文』二三―一八一一六〉）。

（7）このことから、【史料2】e傍線⑥「栄範改名之由」は、【史料1】Bの欠失部に含まれる内容と考えることができる。

（8）ただし、cとe、dとbはいずれも文章がつながっておらず、元はそれぞれの間に最低一紙が貼り継がれていたと推測される。

（9）『勘仲記』弘安七年九月巻には、以下の四点の裏文書が収められている。同様に『鎌倉遺文』の翻刻を校訂した。

i　関白家御教書案（『鎌倉遺文』二〇―一五二九五）

関白殿御気色所レ候也、仍執達如レ件、

□

十二月二日　　右大弁 在判

謹上　陸奥左近大夫将監（北条義宗カ）

ii　某書状案（『鎌倉遺文』一九―一四四八〇）

長者宣、自余者略レ之、

慶弁・英尊罪条有無間事、委 ⌈

就二訴陳一、被レ尋二法家一之処、□□□発□ ⌈

庭、偏起レ自二造意之源一、其科可為冂
厥咎争可レ遁哉、典章之所レ推、賊盗冂
云、相二准減死罪一等一、可レ被レ処二于遠冂
流一由申レ之、然而於二慶弁一者、優老被冂
當二近流一、於二英尊一者、宥刑被レ定二中流一冂
者也、且又良性遺領并資財等、停二□（止カ）冂
□□□押妨一、可レ為二良筭之進退一、□□冂

iii　六波羅御教書案（『鎌倉遺文』一九―一四四七七）

六波羅殿御文案、先御代駿河殿御時、

多武峯九品院住僧良筭申慶弁
以下輩事、重訴状・具書謹進二上之一候、
所詮、先召二□（張）帳本慶弁一、可レ相二尋子細一候、
於二与力仁等一者、追可レ致二沙汰一候、以二此旨一、可レ有二御
披露一候、恐惶謹言、
　　七月九日　　　左近将監平（北条）義宗　在御裏判
進上　民部卿殿（藤原経光カ）

iv　多武峯九品院強盗殺害放火以下狼藉人交名注進状案（『鎌倉遺文』一九―一四四七八）

大和国多武峯九品院強盗殺害放火以下狼藉人交名、
　合
慶敏　　源尊　　玄実
賢弁　　済舜　　円憲
此六人者居所多武峯、

延実居所杉　俊厳居所越知　此二人者離山、

右、注進如ㇾ件、

これらi〜ivの裏文書はいずれも【史料3】と筆跡が酷似している上、iとiiおよびiiiとivはそれぞれ同一の紙に書かれている。またivは、【史料3】に記載された副進文書のうち、「悪党人交名」に該当すると考えられる。更に、『勘仲記』弘安七年九月巻には、【史料3】やi〜ivとやはり筆跡が酷似する文書が収められており（『鎌倉遺文』一九―一四四七九）、これは【史料3】記載の副進文書のうち「贓物注文」に該当すると考えられる。以上から、本巻所収の五点の文書は【史料3】の副進文書である可能性が極めて高い。なお、iiiの差出人である北条義宗は、文永八年（一二七一）十二月から建治二年（一二七六）十二月まで六波羅北方探題の任にあった。

(10) 正安四年十月十五日良算水田処分状（大宮文書、『鎌倉遺文』二八―二一二六二）。

(11) 前掲注(9)年月日未詳贓物注文案には、「銚子三枚　輿二丁　鉢大少三百余」、「幕四帖　釜七　鍋廿　甕三百余」、「黒馬一疋　米五千余石　銭三千余貫」の記載があり、九品院が相当の資財を保有する住坊であったことがうかがえる。

(12) 【史料3】によれば、張本逮捕を命じる院宣が下されたのは建治二年（一二七六）五月前後であるから、院宣の発給主体は亀山上皇、六波羅探題は北条義宗が該当する。

(13) この「別当坊」は多武峯別当と考えられる。後代の史料によれば、多武峯別当は代々青蓮院門跡が務めるという。村井章介・勘仲記の会「『勘仲記』弘安九年冬記―翻刻と注釈―」（『鎌倉遺文研究』二八、二〇一一年）一三五頁の『勘仲記』同年十二月二十二日条頭注を参照。

(14) 建長四年四月十五日僧専玄田地売券（雨森善四郎氏文書、『鎌倉遺文』一〇―七四三五）。

(15) 良忠が寺内に帰住したのは、本相論が起きた弘安九年（一二八六）より「十余年」（【史料2】c傍線④）前のことであるから、逆算すると大体文永末年〜建治初年頃になる。

(16) 栄範が九品院に移住したのは、弘安九年より「四・五年之程」（【史料1】A傍線④）以前であるから、逆算して弘安四・五年頃ということになる。

(17)『多武峯略記』下（『群書類従』巻四三六）。

(18)前掲注（1）『桜井町史　続』（秋山政孝氏執筆部分）。

(19)久野修義「中世寺院の僧侶集団」（同『日本中世の寺院と社会』塙書房、一九九九年、初出一九八八年）。

(20)下坂守「中世寺院における大衆と「惣寺」—「院々谷々」の「衆議」の実態—」（同『中世寺院社会の研究』思文閣出版、二〇〇一年、初出二〇〇〇年）。

(21)弘安二年八月二十日多武峯寺言上状（『勘仲記』弘安六年春巻裏文書、『鎌倉遺文』一八—一三六七三）に「宿老等重申状」とあり、（弘安二年ヵ）十二月八日多武峯執行上座性継請文（同弘安七年十二月巻、『鎌倉遺文』一八—一三七九三）に「満□（寺カ）老少之衆会」とあるから、多武峯の衆徒にも宿老・若輩という年臈に基づくグループが存在したと推測される。

(22)下坂前掲注(20)論文。

(23)良算・良忠側は、良性殺害に際して「悪党」らが九品院に押し入り資財を盗んだと主張するが、これも惣寺の「衆勘」決定を経て行われた検断行為であった可能性がある。

(24)国立公文書館内閣文庫所蔵写本。外題は「多武峯大札禁制条々之事　全」となっているが、内容は①正中二年二月日付「多武峯大札禁制条々之事」（本史料）、②建武五年後七月付「重記録」、③永正四年正月日付「重記録」、④大永三年十二月二十五日付置文の計四点の史料で構成されている。また、見返しに「日本政府図書」・「修史局図書印」と刻された朱蔵印がある。奥書によると、原本は多武峯の元住僧の家に伝わったもので、明治九年（一八七六）に小河一敏という人物がこれを謄写したという。①は前掲注（1）『桜井町史　続』および泉谷前掲注(1)論文に翻刻されているが、文字に異同があるため、改めて写本を調査し校訂した。近代の写本であるので信頼性に若干不安は残るが、内容的には多くの興味深い点が含まれている。なお、佐藤進一・百瀬今朝雄・笠松宏至編『中世法制史料集第六巻　公家法・公家家法・寺社法』（岩波書店、二〇〇五年）には、「談山神社記録六」所収の本史料が寺社法六四号として収録されている。

(25)　鎌倉期において衆徒の申状は、検校と上座・寺主・都維那の三綱が署名する文書と共に上部権力に上申されており（例えば、嘉禄三年八月八日多武峯寺言上状〈春日神社文書、『鎌倉遺文』六―三六四六〉、弘安二年六月十六日多武峯寺申状〈『勘仲記』弘安六年冬巻裏文書、『鎌倉遺文』一八―一三六一三〉）、延暦寺の「寺家」に相当する、文書の取り次ぎなどの職務を担う寺務運営機構が多武峯にも存在したことが分かる。なお、前掲注(24)「多武峯大札禁制条々之事」には、これが「三輩一同之群議」により作成されたと記されており、前任・現任の検校や三綱・十禅師その他の寺僧が署判を加えている。前掲注(1)『桜井町史　続』は、この「三輩之衆議」が政所・三綱を含め一臈・二臈・三臈を代表とする僧徒による集会であり、多武峯一山の意志決定機関であったとする。

(26)　前掲注(17)史料。

(27)　『簡要類聚鈔　第一』（『京都大学国史研究室所蔵　一乗院文書（抄）』）。この史料については、大山喬平「近衛家と南都一乗院―『簡要類聚鈔』考―」（同『ゆるやかなカースト社会・中世日本』校倉書房、二〇〇三年、初出一九八五年）を参照。また（文治二年ヵ）五月一日一乗院信円証判藤氏長者宣案（『春日大社文書　一』二二〇号）にも「隆継法橋申南淵寺国栖庄事」とある。なお『簡要類聚鈔』に、鎌倉期一乗院家の中核所領である「十二ヶ所御領」の一つとして「南淵」が見えるが、この南淵荘は本相論の稲（南）渕荘とは別の荘園であろう。

(28)　『吉続記』弘安二年五月七日・二十一日条、『花園天皇日記』正和三年閏三月四日条。なお、鎌倉時代の寺社紛争の処理をめぐる六波羅探題の機能・役割については、本書第四章「鎌倉時代の寺社紛争と六波羅探題」を参照。

(29)　（嘉暦三年ヵ）十月十四日後醍醐天皇綸旨案（東大寺文書一―一―一三四、『鎌倉遺文』三九―三〇四二〇）。なお、当該期の悪党検断の方式とその実態については、近藤成一「悪党召し捕りの構造」（永原慶二編『中世の発見』吉川弘文館、一九九三年）、および本書第五章「鎌倉後期の悪党検断方式に関する覚書」、本書第六章「勅命施行にみる鎌倉後期の六波羅探題」を参照。

終章

本書では、六波羅探題が担っていた様々な機能・役割の分析を通して、鎌倉時代の公武関係の推移・特質およびそこにおける六波羅探題の歴史的位置について考察してきた。最後に、これまでの考察結果をまとめるとともに、今後の課題を提示しておきたい。

一

第一章では、京都の警固、すなわち京都とその周辺の警察・治安維持および寺社の嗷訴入京の阻止や紛争の武力制圧を素材に、六波羅探題による警固のあり方やそこにおける公家政権との関係について、承久の乱以前と比較しながら考察し、成立期六波羅探題の歴史的位置を明らかにした。六波羅探題が成立する以前の後鳥羽院政期においては、院が京都の警固における指令・動員の主体であり、院が検非違使尉や院下北面・西面の武士などとして組織・把握した在京の軍事貴族・武士に直接指令を下して警固に当たらせた。その中には御家人として幕府との関係を持つ武士も多数存在していたが、警固体制の大枠としては、白河・鳥羽院政期以来の警固の方法が基本的に踏襲されていた。承久の乱後、公家政権の寺社嗷訴・紛争の鎮圧指令は六波羅探題に下されるようになり、六波羅探題は西国守護や京都大番役勤仕などにより在京する御家人を動員していた。しかしながら、群盗蜂起など洛中の治安維持に対しては、個々の事件に際して探題被官や一部の御家人で対処する程度の消極的姿勢を貫いており、六波羅探題は成立当初から京都の警固を主導していたわけではなかった。しかし、承久の乱での戦後処理で幕府が院の武力を解体したため、京都の警固をめぐり公家政権側が六波羅探題に依存する姿勢が強まり、結果的に六波羅探題の関与は深まっていった。その後、将軍九条頼経の上洛から寛元四年（一二四六）の政変に至る政治変動の過程でなされた公武間の政治決定によって、篝屋や在京人といった六波羅探題の「洛中警固」体制が構築された。寺社嗷訴・紛争に関しても、治天の君（院・天皇）から六波羅探題に制止の指令が発せられ、六波羅探題が在京人以下の御家人を動員するようになった。平安期より武士が担ってきた都の平和維持の機能は六波羅探題によって継承され、六波羅探題が主導・統轄する「洛中警固」システムとして整備されたのである。

第二章では、都の平和維持とともに武士の重要な役割とされていた王の守護に着目し、六波羅探題が現地統轄に当たっていた京都大番役における御家人の勤仕先を素材として、大番役のあり方の変化やそこにおける鎌倉幕府と王権との関係について考察した。平安末期に成立した当初の大番役は、内裏のみを警固対象とする軍役であった。しかし、承久の乱後に幕府は京都大番役制度を整備し、その実施・管理に関する主導権を掌握した。その中で、遅くとも後堀河院政期には、内裏だけでなく院御所も大番役の勤仕先とされた。軍事・検断を国家的職能とする権門として中世国家における地位を安定化させた鎌倉幕府は、院御所大番役の確立により、天皇のみならず院も含めた中世王権全体を守護・統制する役割を担う存在になったのである。一方、本来そのような国家的守護の枠から相対的に自由であった院は、承久の乱における後鳥羽上皇の敗北と幕府の主導する院御所大番役の確立を契機として、王権としての自律性を制約されるようになった。王の守護の機能は鎌倉幕府によって掌握・整備され、権門体制的秩序もまた幕府の主導のもとに維持されるようになったのである。

補論では、内裏の大番役をとりあげ、その成立・展開と内裏・天皇との関係について考察した。内裏大番役は高倉天皇の段階に、平氏による閑院内裏の警固体制の一部を構成する軍役として成立し、高倉天皇の居所である閑院内裏と密接な関係を有していた。大番の武士は閑院内裏を守護する武力としてその警備に当たっていたのであり、その陣中には大番の現場担当者の宿所も存在した。平氏滅亡後、後鳥羽天皇が閑院を内裏として継承したことにより、源頼朝も閑院内裏を警固の対象とする大番をそのまま継承した。承久の乱後、幕府は大番役の実施・運営に関する主導権を確保し、院御所大番役を確立させて院とその御所をも警固の対象に組み込んだが、閑院内裏はその廃絶に至るまで、大番役を勤仕する御家人たちの守護の対象として重要な意味を持ち続けたのである。

第三章では、六波羅探題・鎌倉幕府による公家儀礼への関与に注目し、中世前期に新日吉社において開催された小五月会をとりあげ、その基本的性格と展開、そこにおける院と六波羅探題・幕府との関係について考察した。新日吉社小五月会は王家の家長である院が主催する年中行事であり、院の御幸のもと、院司が儀礼の運営に当たり院北面の武士や院随身などが騎射芸・馬芸を奉仕することで院との主従関係を確認する場であるとともに、院がこれらの武芸集団を組織している自己の威勢を観衆の貴族らに誇示する場でもあった。この性格は承久の乱後も継承されたが、一方で、公家政権内での基盤が脆弱であった後堀河・後嵯峨両上皇にとって、小五月会は王家の家長としての地位を明示する舞台としても重要な意味を持っていた。天福元年（一二三三）の小五月会において、後堀河上皇は兄の尊性法親王と連携しつつ、運営体制を整備するなど儀礼開催に向けて周到な準備を行うとともに、幕府に流鏑馬役の調進を要請した。これは、九条道家らが公家政権の主導権を握る中で、王家としての確立を目指す後堀河上皇以下の後高倉王家の政治的事情を背景とするものであった。宝治元年（一二四七）の小五月会復興も、前年の寛元四年の政変という公武にわたる政治変動を反映したものである。後嵯峨上皇は院随身による競馬の馬芸と御家人による流鏑馬の騎射芸を小五月会の場で披露することにより、幕府との協調・融和関係を顕示した。彼は院を中核とする権力・秩序が幕府の支持を背景に成り立つものであることを示し、自己の王家の家長としての権威と正統性を喧伝しようとしたのである。小五月会はその後も毎年開催されたが、やがて貴族・近衛官人らが出仕を難渋するようになり、両統分立開始期における儀礼の性格変化や寺社の嗷訴・紛争の増加も相俟って、運営に支障が生じるようになった。亀山法皇によって小五月会の興行が進められたものの、嘉元三年（一三〇五）の嘉元の乱と亀山の死を契機に小五月会は退転したのである。

第四章では、中世国家にとって最大の政治的・軍事的問題であった寺社紛争をとりあげ、その処理をめぐる六波羅探題の機能・役割と公家政権・幕府（関東）との関係について考察し、公家政権・幕府との相互関係から六波羅探題の政治史的位置を明らかにしようとした。承久の乱以前は院が紛争当事者の説得や裁定、在京軍事貴族・武士を動員しての武力制圧など、寺社紛争の解決の全般を主導しており、乱後も紛争解決の主導権自体は依然として公家政権が掌握していた。一方、六波羅探題は成立当初、承久の乱以前の官軍と同様に嗷訴の防御や紛争の鎮圧に従事するに過ぎなかったが、北条重時の北方探題就任以降、公家政権の指令を受けて、被官なども駆使しながら、紛争の武力制圧だけでなく関係者の逮捕・尋問・処罰や寺社に対する指示伝達・交渉などにも当たるようになった。また、公家政権と六波羅探題との間で、指令・報告の意思伝達や相互の意見調整がなされる方式も形成された。こうした仕組みは、北条重時が自ら内々に寺社側と交渉し、公家政権中枢部の意思の形成・実現に関与したのが既成事実化したものであった。関東の寺社紛争解決への関与はまだ多くなく、探題首班北条重時は執権北条泰時との協調関係をもとに、北条氏権力の京都における代表者として、公家政権と連携しつつ寺社紛争の処理に当たっていたのである。こうした六波羅探題の諸機能や公家政権（治天の君）との関係は、北条重時の鎌倉下向後も維持され、鎌倉後期には手続き的にも整備された。しかし、幕府の寺社政策の変遷などを背景に、治天の君が主体的役割を担う従来の紛争解決方法は次第に困難となり、鎌倉後期には関東が寺社紛争の調停に全面的に関与せざるを得なくなった。その中で六波羅探題は、関東への状況報告や公家政権への関東の意思の伝達、および紛争解決案の寺社への提示と交渉という機能も果たすようになった。この頃、探題職が北条氏一門の幕府内における昇進の一階梯となり、また畿内・西国支配体制の再編・強化が必要となる中で、探題府の人員組織や諸制度が整備された。六波羅探題はその充実した機構をもって、寺社紛争の処理をめぐり公家政権・幕府間の連絡を緊密化し、両者の政治的・軍事的合意の形成を支えるとともに、その実現に努める存在となったのである。

第五章・第六章では、鎌倉後期に畿内・西国の訴訟案件に関して六波羅探題が院・天皇の指令を施行する勅命施行をとりあげた。第五章では、勅命施行の機能のうち本所一円地悪党の検断に着目し、その方式の成立のあり方、および鎌倉後期の公家政権と六波羅探題との関係における位置について考察した。六波羅探題による院宣・綸旨の施行は、当初は寺社紛争の鎮圧や京都の警固においてなされていたが、鎌倉後期になると畿内・西国における個別の紛争にまで対象の範囲が拡大した。本所一円地悪党の検断方式もこの流れの中で成立したものと考えられる。しかし、それは幕府法の制定など公武権力の主体的な動きによると言うよりも、個々の悪党事件において公家政権・六波羅探題が個別に対応することで蓄積された処理の先例が既成事実化した結果として制度化したものであった。そしてその背景には、悪党の鎮圧・排除と所領支配の維持・再構築を目指す訴訟当事者（荘園領主）側の徹底的かつ執拗な訴訟運動が存在したのである。この悪党検断方式は、悪党の召し捕りから処罰までを一連の過程とする、公家政権と六波羅探題が一体となって行われた手続きであり、鎌倉時代の寺社紛争における張本の検断と同様の方法で実施された。両者が密接に連携して行われた検断手続き全体の中に、鎌倉後期における本所一円地悪党検断の方式も位置づけることができるのである。

　第六章では、右の悪党検断を含む勅命施行システムの実態について、裁判・紛争の内実や訴訟当事者の性格、施行の実際面とその影響・効果を中心に検討し、その歴史的意義と鎌倉後期における六波羅探題の位置について考察した。この時期、訴訟当事者の一方が地頭御家人・武家被官であるにも関わらず、訴人が案件を直接六波羅探題に提起せず、六波羅探題による勅命施行を公家政権に要請する場合があった。これは、六波羅法廷での裁判における不利な現状の打開や権益の維持・確保の手段として、訴人の側が意図的に要請したものであった。六波羅探題も基本的に勅命の趣旨に従う姿勢をとったため、勅命施行は時には相論・裁判の方向を一変させ得る効果を発揮した。そのため、訴えられた地頭御家人・武家被官の側は、勅命を施行した六波羅探題によって権益拡大の動きを封じ込められることとなった。一方、六波羅探題の勅命施行システムは、前述のように悪党の検断という機能を持ち、時には公家裁判における所務の裁許の強制執行を事実上果たすこともあった。いずれにせよ、院・天皇の意思の施行が検断の形で行われたため、「悪党」として告発された荘園住民以下の論人・被疑者側は、その厳しい制裁措置を免れようと合法・非合法様々な手段を行使して抵抗し、権益の維持・確保に努めた。また、勅命施行により、案件が両統対立その他様々なレベルの対立・抗争に結びつくなど、紛争の長期化や「悪党」の再生産といった結果を招くこととなった。六波羅探題は基本的に院・天皇の意向に沿う形でその命令を施行しており、勅命施行そのものが公家政権と六波羅探題との対立や後醍醐天皇らによる討幕の動きを惹起したわけではない。しかし、六波羅探題は勅命施行によって、諸階層の不満・反発を一身に受けざるを得ない立場に追い込まれたのであり、結果として建武政権成立への社会的条件が整えられていったのである。

付論では、勘解由小路兼仲の日記『勘仲記』の裏文書から、弘安九年(一二八六)の多武峯寺内九品院の院主職およびその所領をめぐる相論に関する文書をとりあげ、翻刻の校訂や文書の成立順序、相論の内容や発生の経緯といった基礎的分析を行うとともに、鎌倉後期における多武峯の実態に関して、寺院構造や運営形態、摂関家や興福寺との関係から論点を提示した。また、公家政権と六波羅探題とが密接にリンクする検断システムの存在についても指摘した。

二

以上の考察結果をもとに、鎌倉時代の公武関係における六波羅探題の展開過程と歴史的位置について、その機能や性格の変化を中心に整理しておこう。

成立当初の六波羅探題の主要な任務は承久の乱の戦後処理であったが、次第に寺社紛争の鎮圧や京都の治安維持などの新たな職務を担うようになった。それにもかかわらず、六波羅探題の機構は充分整っておらず、その活動において探題首班やその分身とも言うべき被官の占める比重は大きかった。例えば、承久の乱後に検非違使庁の警察能力が低下する中、探題被官などが洛中における群盗蜂起に個別に対応していた。寺社嗷訴・紛争においても、公家政権の指令を受けた探題首班は、被官や大番衆以下の在京御家人らを現地に派遣し、その制圧に当たっていたのである。

寛喜二年(一二三〇)に六波羅北方探題に任じられた北条重時は、兄の執権北条泰時の信任のもとで公家・

寺社対策に従事した。六波羅探題の寺社紛争の処理機能はそれまでと比べて大きく発展し、紛争関係者の検断や公家政権・寺社との交渉にも当たるようになり、公家政権と六波羅探題との間に双方向の意思疎通の回路も形成された。また、摂関九条道家・将軍頼経父子を東西の核とする公武権力の融和が深まる中で、「洛中警固」や京都大番役の制度の整備が進展した。幕府が国家的検断を職能とする軍事権門としてその地位を安定化させ、自らの主導により権門体制的秩序を維持するようになる中で、六波羅探題は京においてその役割を具体的に担う存在として位置づけられ、王と都の守護を主導するようになったのである。寛元四年（一二四六）の政変をはじめとする公武の政治変動を経て、後嵯峨上皇・将軍宗尊親王父子を頂点に、鎌倉の執権北条時頼・連署北条重時と京都の六波羅探題（重時流）との連携による公武の協調体制が確立すると、右に見た六波羅探題・幕府による王と都の守護のあり方はほぼそのまま継承され、また、新日吉社小五月会で六波羅探題や西国有力御家人が流鏑馬を勤仕することを通して院と幕府との融和も誇示された。一方で、この段階でも六波羅探題の制度化・機構化は充分に進んでおらず、依然として探題首班個人あるいはその被官を含む家政により運営される存在としての性格が濃厚であった。当時の探題首班は、在京人以下の御家人を統率して王と都の守護に従事するとともに、寺社紛争解決に向けての合意の形成とその実現に携わり、時には自ら寺社紛争の解決や政局などにも関与する政治的な存在だったのである。

モンゴル襲来を契機に幕府は国内支配の再編に迫られ、北条氏による西国支配が強化されていった。その中で建治三年（一二七七）に六波羅探題の体制改革が行われ、北条時村・時国が探題職に任命されると同時に、西国守護が評定衆としてその中枢に進出した。これ以降、探題首班は重時流の世襲から北条氏一門諸家の回り持ち制となり、その地位は北条氏の昇進上の一ポストと化した。一方で、畿内・西国支配や寺社紛争処理の実務を担う奉行人などの人員組織が充実し、裁判制度や両使制などの整備も進展した。六波羅探題は探題首班と被官を中心に、評定衆・奉行人・在京人などによって構成される機関（探題府）に変貌したのである。こうした中で、寺社紛争の処理に関しては、関東の幕府の介入が強まるのに伴い、六波羅探題は自己の組織をフルに活用しつつ、公家政権と幕府による合意の形成とその実現を実務的に支えるようになっていった。また、この時期には、公家政権と六波羅探題が一体となって進める本所一円地悪党検断の方式が、個別事例の蓄積・既成事実化の形で成立し、悪党事件をはじめとする畿内・西国の所領紛争においても六波羅探題による勅命施行が行われるようになった。こうして六波羅探題の悪党検断や所領裁判などの役割が拡大し、やがて洛中の警備・治安維持と畿内・西国支配の二つが六波羅探題の中核的機能として意識されるようになったと考えられる。「一　六波羅トハ、洛中警固并西国成敗御事也[1]」という『沙汰未練書』の認識は、このように歴史的に形成されたものだったのである。

以上のように、六波羅探題は公家政権との関わり合いの中で、鎌倉幕府の国家的職能である検断を京・畿内西国で遂行するとともに、その機能を次第に多様化・拡大させていった。六波羅探題は、各段階における様々な政治・社会情勢の変動に対して、自己の機構や性格を変化させながら対応し、公家政権と幕府との結びつきの維持・強化に努めた。言い換えれば、六波羅探題は中世国家の要として、鎌倉時代の各段階における権門体制的秩序を維持・再生産する存在だったのである。

しかし、鎌倉後期における寺社紛争の激化や悪党の頻発といった新たな動向に対して、六波羅探題は充分な対応をとることができなかった。公家政権・幕府が従来の権門体制的秩序の枠組みに基づき、それらを抑圧する姿勢をとったからである。もちろん、勅命施行システムの形成はそのような社会的動向への対応として理解することができるが、勅命施行が行われれば行われるほど諸階層の反発・抵抗は激化し、混乱は次第に広がっていった。そして、そのような社会的矛盾は、京と畿内近国において公武権力の政治意思の実現を担っていた六波羅探題に集中することとなった。後醍醐天皇らによる討幕に際して、その矛先が真っ先に六波羅探題に向けられた原因はここにあったのである。

三

本書を終えるに当たり、今後の課題をいくつかあげておきたい。

まず、本書では公武関係の見地から鎌倉時代政治史をトータルにとらえる必要性を強調してきたが、その一方で、六波羅探題や公家政権の権力機構については未解明な部分が依然として多く、右の目的のためにも個別の分析が不可欠である。六波羅探題に関して言えば、例えば在京人は、六波羅探題の「洛中警固」体制や畿内・西国における指令遵行・支配に欠かせない組織として重要な位置を占めていたのであり、更なる検討が必要である。

次に、本書では六波羅探題の滅亡それ自体については充分考察できなかった。本書は六波羅探題と公家政権との協調関係を重視しており、その滅亡に関しては、六波羅探題がいわば鎌倉時代における権門体制的秩序の矛盾の結節点にあったために諸階層の不満が集中し、結果的に滅亡につながったとした。しかし、六波羅探題と公家政権との関係あるいは六波羅探題・公家政権・幕府三者の関係の中に六波羅探題滅亡の要因が存在していたのかどうかは、なお検討の余地がある。六波羅探題と公家政権が協調関係にあったにもかかわらず、なぜ後醍醐天皇は討幕に向かったのか、あるいは六波羅探題がいかにして後醍醐のような存在を生み出したのか。こうした点を、六波羅探題と公家政権の間の矛盾という視点から説明する作業も必要と思われる。また、後醍醐以下の反幕府勢力がいかなる理由でまず六波羅探題の攻撃に向かったのか、その具体的過程を明らかにすることも必要であろう。本書を名実ともに完結させるためにも、六波羅探題滅亡論は今後の重要な課題である。

更に、本書では南北朝・室町期への展望も殆ど行えなかった。本書の関心で言えば、寺社紛争への対処の仕組みやそれをめぐる公家政権（北朝）と室町幕府との関係、あるいは勅命施行について、その実態面における鎌倉後期と南北朝期との相違や特色を明らかにする必要がある。近年進展の著しい中世後期公武関係史研究や室町幕府研究などの成果を吸収しつつ、鎌倉後期から南北朝・室町期までを一貫した視野でとらえ、公武関係の視角から六波羅探題と室町幕府との連関性について解明していかなければならない。

最後に、本書の六波羅探題論・公武関係史論を中世国家論として発展させていくことも課題となろう。権門体制論・東国国家論といった既存の国家論をいかに批判し昇華・発展させていくべきか、あるいはそれらに代わる新たな中世国家論を構築することが可能かどうか(2)、本書で明らかにしたことをもとに更に研究を進めていきたいと思う。

〔注〕

（1）『沙汰未練書』（佐藤進一・池内義資編『中世法制史料集第二巻　室町幕府法』岩波書店、一九五七年）。

（2）中世国家論に関しては、石井進「日本中世国家論の諸問題」（同『日本中世国家史の研究』岩波書店、一九七〇年）以来、中世に統一的な国家を想定できるのかという疑問が絶えず提起されている。近年においても、「国家」とは何か、中世「国家」をいかに論じるべきか、それは把握可能なものなのかといった、国家論そのものに関わる根本的な議論がなされている（新田一郎「日本中世の国制と天皇―理解へのひとつの視座―」〈『思想』八二九、一九九三年〉、同『中世に国家はあったか』〈山川出版社、二〇〇四年〉など）。

初出一覧

序　章　新稿

第一章　六波羅探題の成立と公家政権―「洛中警固」を通して―（『ヒストリア』一七八、二〇〇二年）

本文を一部書き換え、史料・注を若干補うとともに、近年の研究動向に言及するなど大幅に加筆したが、基本的論旨の変更はない。

第二章　鎌倉幕府京都大番役の勤仕先について（『待兼山論叢』史学篇三六、二〇〇二年）

原論文発表後に検出した、もしくはご教示により知り得た事例を本文・表3に補充し、文章構成を一部改めるなどの改稿を行った。論旨も一部変更している。

補　論　王権・内裏と大番（髙橋昌明編『院政期の内裏・大内裏と院御所』文理閣、二〇〇六年）

注の体裁を他の章と統一するとともに、第二章と重複する部分を削除し、原論文発表後の研究動向を踏まえて文章を補充するなど、全面的に改稿した。

第三章　新日吉社小五月会と院・鎌倉幕府（『史敏』九、二〇一一年）

本文の一部の書き換えや誤字の訂正などの補訂を行った。

第四章　鎌倉時代の寺社紛争と六波羅探題（『史学雑誌』一一七―七、二〇〇八年）

本文を一部加筆し、注の一部を削除・補充したが、基本的論旨の変更はない。

第五章　新稿

第六章　鎌倉後期の勅命施行と六波羅探題（『ヒストリア』一六七、一九九九年）

原論文の「はじめに」を「問題の所在」に差し替え、第五章との重複部分を削除し、文章構成を改めるなど全面的に改稿したが、基本的論旨の変更はない。

付　論　鎌倉後期多武峯小考――『勘仲記』裏文書にみえる一相論から――

（上横手雅敬編『鎌倉時代の権力と制度』思文閣出版、二〇〇八年）

史料の補充や翻刻の訂正、注の追加などの補訂を行った。

終　章　新稿

あとがき

本書は、二〇〇四年一二月に大阪大学大学院文学研究科に提出した博士論文「六波羅探題の成立・展開と公家政権」をもとに、その後に執筆した論文を加えて再構成したものである。博士論文については、二〇〇五年三月に博士（文学）の学位を授与された。ご多忙の中、審査の労を執ってくださった平雅行先生・梅村喬先生・村田路人先生には厚く御礼申し上げたい。なお、本書は、独立行政法人日本学術振興会平成一六〜一八年度科学研究費補助金（特別研究員奨励費）による研究成果を含んでいる。

私はもともと、鎌倉時代の公家政権について研究したいと考えていた。高校までの日本史の授業や一般の日本史叙述において、鎌倉時代以降が武士・武家中心となることに強い違和感を抱いていた私は、大阪大学入学後に黒田俊雄氏の権門体制論や橋本義彦氏の院評定制に関する論文を読み、鎌倉時代でも公家政権が中世国家において一定の位置を占めていたことに大きな関心を持った。そこで、卒業論文では鎌倉時代公家政権の裁判をテーマに選ぼうと考えたのであるが、その時点で既に公家訴訟制度に関する研究は相当程度進展しており、私は具体的に何を論じたらよいのか固めきれないでいた。そうした折、指導教員の平雅行先生から、研究段階としては公家裁判の制度の内容ではなく実効性こそが問題ではないかとのご助言を頂いた。それを踏まえて文献を読み直し史料を集め、鎌倉中・後期公家訴訟における執行機能というテーマで何とか卒論をまとめることができた。大学院に進学してからも鎌倉期公家政権について勉強を続けていたのだが、公家裁判の実効性という問題について考えれば考えるほど、鎌倉幕府、特に六波羅探題の存在を無視することはできなくなった。そこで修士論文では、鎌倉後期の所領紛争や悪党問題を素材に治天の君と六波羅探題との関係について論じることとし、これが第六章の原論文のもととなった。私が鎌倉時代の公武関係とそこにおける六波羅探題の歴史的位置を研究課題とするに至ったのは、以上のような経緯による。武士嫌いの私が（さりとて公家が好きということでもないが）、こうして武家を対象として研究書をまとめることになるとは思いもしなかった。

本書を成すまで、私は多くの方々に支えられてきた。特に、大阪大学日本史研究室に入って以来、平雅行先生からは数多くの厳しくも温かいご指導・ご助言を賜った。現在の私の研究スタンスや日本史に対する視角など、先生から受けた影響は多大なものがある。しかし私はと言えば、研究の方向性をめぐってしばしば迷走し、論文もなかなか書かないなど先生にご心配をおかけしてばかりで、先生の大阪大学ご退職に本書の刊行を間に合わせることもできなかった。おそらく私は、先生の数多い教え子の中で最も出来の悪い者の一人であろうが、今はただ本書をもって、多年の学恩に報いたいと思う。また、村田修三先生には、大学院のゼミや『政基公旅引付』の読書会においてご指導いただき、勉強不足だった中世後期について多くの知見を得ることができた。さらに、神戸大学の市沢哲氏には、日本学術振興会特別研究員の受入先をお引き受けくださり、神戸大学の中世史ゼミに参加させていただいたことで、様々な研究について学ぶことができた。

大阪大学日本史研究室では、白川哲郎氏・伴瀬明美氏・真木隆行氏・前田徹氏・大田壮一郎氏・田村正孝氏・松永和浩氏ら中世史の先輩・後輩に恵まれ、多くの助言や励ましの言葉を頂いた。また、大阪歴史学会中世史部会に参加する中で、大村拓生氏・廣田浩治氏・古野貢氏・樋口健太郎氏・生駒孝臣氏・正木有美氏ら他大学の研究者と交流し、多様な議論を交わすことができた。これらの場では、時に研究報告の内容について徹底的な批判を受け、半泣き状態で帰宅することもあったが、そうした厳しさをも含む場において得た様々な学問的刺激が、今の私にとって貴重な糧になっていることは間違いない。さらに、日本史研究会の研究委員を務めたことも良い経験となった。引っ込み思案の私にとって大会・部会の取り仕切りといった仕事は苦手で、周囲には迷惑をかけ通しだったと思うが、その中で様々な研究に接し、多くの研究者と知り合えたことは収穫だった。特に、二〇〇六年三月例会の企画・開催にあたって川合康氏にお会いし、それを機に多くのご教示を頂けるようになったことは、自分の研究にとっても大きな意味を持った。

加えて、二〇〇二年に栗山圭子氏との共同幹事により立ち上げた「勘仲記裏文書の会」にも触れておきたい。もともとこの会は、同世代の研究者による中世政治史の研究会が周囲に少なかったことを不満に思っていた私が、二〇〇一年の日本史研究会大会の日に栗山氏に話を持ちかけたことをきっかけに発足したものである。この研究会を通して、水野智之氏ら他地域・他分野の研究者と学問的交流を深めることができただけでなく、会の研究成果を公にすることができたのは幸いであった。

この他にもお世話になった諸先生・諸兄姉は数知れない。全ての方々のお名前をあげることはできないが、この場を借りてお礼を申し述べたい。

改めて全体を読み直してみると、不充分な点ばかりが目につく内容ではあるが、ひとまず本書の刊行を一つの区切りとして、次の新たな研究課題に取り組んでいきたいと思う。ともあれ今は、ようやく刊行にこぎつけることができたという安堵と喜びの気持ちでいっぱいである。

しかし、それとともに自覚しなければならないのは、本書を世に問うことで、自身の研究成果が日本中世史の研究史上に位置づけられ、今後の日本中世史研究の発展に自らが責任を負うことになったという事実である。私自身、そのような責任を今後いかなる立場で果たすこととなるのか、今のところ見通しは全く立っていないが、これから様々な形で接することになるであろう後進の研究者に対して、自分がどのような日本史研究の未来像を提示することができるのか、これまで先学が積み重ねてこられた日本史研究の成果の何をどのようにして引き継ぎ発展させていけばよいのか、私なりに模索を続けていきたいと思う。

大阪大学の平先生の研究室で、清文堂出版の前田正道氏に初めてお会いしたのが二〇一一年七月のこと。今年の夏と同様に暑い日であった。それから本書の刊行には四年以上もの歳月を費やしてしまったが、前田氏には辛抱強くお待ちいただいた。深く感謝を申し上げたい。また、原稿の下読み・校正や索引の作成に当たっては、生駒孝臣氏・曽我部愛氏・前田英之氏、および大阪大学大学院の大上幹広氏・田村亨氏・永山愛氏にお手伝いいただいた。あわせて御礼申し上げる。

最後に私事で恐縮だが、今も郷里の長崎で、私が研究者として一人前になることを願いながら暮らしている父の孝と母の幹乃に本書を捧げることをお許し願いたい。二人の存在なくして本書は生まれなかった。

二〇一五年一〇月

木村　英一

【タ　行】

【ナ　行】

【ハ　行】

【マ　行】

【ヤ　行】

【ワ　行】

研究者名索引

【ア　行】

【カ　行】

【サ　行】

【タ 行】

【ナ 行】

【ハ 行】

【マ 行】

【ヤ 行】

【ラ 行】

【ワ 行】

地名・寺社名索引

【ア 行】

【カ 行】

【サ 行】

【ヤ　行】

【ラ　行】

【ワ　行】

【マ　行】

【ナ　行】

【ハ　行】

【タ　行】

【サ　行】

人名索引

【マ　行】

【ヤ　行】

【ラ　行】

【ワ　行】

【タ行】

【ナ行】

【ハ行】

【サ　行】

事項索引

【ア　行】

鎌倉時代公武関係と六波羅探題　索引

木村 英一（きむら　えいいち）

〔略　　歴〕
1973年　長崎県長崎市生まれ
1995年　大阪大学文学部史学科卒業
2002年　大阪大学大学院文学研究科史学専攻博士後期課程単位修得退学
　　　　日本学術振興会特別研究員などを経て
現　在　滋賀大学・関西大学等非常勤講師　　大阪大学博士（文学）

〔主要論文〕
「大阪府河内長野市天野山金剛寺所蔵中世根来版について」（三派合同記念論集編集委員会編『新義真言教学の研究』大蔵出版、2002年）
「中世前期の内乱と京都大番役」（高橋典幸編『生活と文化の歴史学5　戦争と平和』竹林舎、2014年）

鎌倉時代公武関係と六波羅探題

2016年1月20日　初版発行

著　者　木村 英一

発行者　前田 博雄

発行所　清文堂出版株式会社

〒542-0082　大阪市中央区島之内2－8－5
電話06-6211-6265　　FAX06-6211-6492
http://www.seibundo-pb.co.jp

印刷：亜細亜印刷株式会社　製本：株式会社渋谷文泉閣

ISBN978-4-7924-1037-7　C3021